6880

AU-DELA DU RHIN

8° M
7410

17021 — Laval, imp. CHAILLAND, rue des Béliers, 2.

LUCIEN VIGNERON

AU-DELA DU RHIN

(Prusse Rhénane, Bade, Bavière)

DELHOMME ET BRIGUET, ÉDITEURS

PARIS	LYON
13, rue de l'Abbaye, 13	3, avenue de l'Archevêché, 3

1892

A

MADAME LA BARONNE SEILLIÈRE

NÉE DE LANDRIAN

———

Je lui dédie ces pages. Elle aussi est la *bonne Lorraine*. Nul plus que moi ne connaît sa bonté, sa foi, sa piété, sa générosité, son courage. Et nos deux noms écrits à la première page de ce volume montreront à l'Allemand que nous n'avons pas oublié notre vieille devise nancéenne : *Non inultus premor !*

Paris, 30 août 1891.

UN LORRAIN.

BIBLIOTHÈQUE R. L. ... ARCHIVES.

AU-DELA DU RHIN

(PRUSSE RHÉNANE — BADE — BAVIÈRE)

CHAPITRE I

Du côté de Bâle.

Il faut réserver les voyages en France pour le moment où l'on
aura cinquante ans. — Belfort. — La Suisse française. — Arrê-
tez-vous à Sainte-Ursanne. — Visite au château de Porentruy.
— Les deux âmes de la patrie. — Le vieux Bâle. — Un conducteur de tramway en extase devant l'armée fédérale. — Baden-
en-Argovie; les trois choses qu'on y peut faire.

A quoi bon courir si loin pour chercher un joli
site et voir un pays curieux? me disais-je un jour
en franchissant la frontière, selon mon habitude de tous les ans. En France, il est certain
qu'on trouve déjà de quoi satisfaire les plus
difficiles : du moins on le dit. Mais pratique-
ment je n'en sais rien; je m'en doute seulement,
en voyant les Français qui ne quittent jamais
leur pays et les étrangers qui y affluent. En
France, oui, il y a Paris et ses environs, Versailles, Fontainebleau, Chantilly, Compiègne,
Pierrefonds, Chevreuse et la Bièvre; il y a la
Normandie et la Bretagne, l'Auvergne, les Pyrénées, la Savoie et le Dauphiné, la Franche-

Comté, Nice, Cannes, et tous les bains de mer de la Manche et de l'Atlantique, mais là, vraiment, n'est-ce pas? attendons que nous soyons vieux pour voir tout cela, et pendant que nous avons des jambes, marchons, courons; plus tard, nous restreindrons notre cercle.

Et puis, tenez, jamais je n'ai été aussi libre qu'à l'étranger, jamais je n'ai trouvé autant de sujets d'intérêt et d'observations, jamais je ne me suis amusé et distrait mieux. Voici par exemple, en passant la frontière de l'est, voici Belfort, Belfort et son lion. Très beau sans doute, par le site et par les souvenirs, mais « quelle horrible ville! me disait une dame autrichienne, Dieu! comme je m'y suis ennuyée! — Mais parfaitement, Madame, et moi aussi, par la raison que les plaisirs et les distractions qu'offre Belfort sont très restreints, à moins qu'on ne soit maréchal des logis d'artillerie ou clerc de notaire, et encore! »

Eh bien quoi! j'ai raison! il n'y a qu'un hôtel à Belfort où l'on puisse coucher et manger convenablement; partout ailleurs, c'est-à-dire dans les deux autres auberges, vous trouverez à redire sur quelque point : ou la chambre sentira cette odeur écœurante que l'on sait, ou le garçon qui sert à table aura les mains sales, ou votre serviette sera toute mouillée et ornée de franges peu artistiques, ou il y aura des souris, ou le beafteck sera mal cuit et les pommes pas assez sautées. Un seul hôtel, où l'on soit passablement, quand il y a de la place, et encore il faut se soumettre au désagréable supplice de la table d'hôte, sous le regard inquisiteur et malveillant ou impudent d'un commis-voyageur ridicule, ignorant et détestablement hâbleur....

Dans la ville, rien à voir, si ce n'est l'église, qui est ordinaire, et le fameux lion collé sur le rocher de la citadelle par Bartholdi, et qui a, je l'avoue, assez mâle tournure. Quand vous aurez vu un régiment passer, fini Belfort! N'entrez jamais dans un café le soir, vous y seriez en mauvaise compagnie et sur des tréteaux vous y verriez se trémousser et vous entendriez chanter de misérables maillots. Pouah! — Une fois je vis deux étrangers, une dame et un monsieur entrer là; on leur servit un verre de bière qu'ils repoussèrent avec horreur, et au premier couplet du maillot, la dame pensa s'évanouir; heureusement que la porte était tout près.

Si un cocher vous propose une course dans la campagne, je ne vois pas pourquoi vous n'iriez pas à l'orée des bois voisins; mais ne cherchez pas à dîner dans un restaurant champêtre; le vin y est frelaté et la viande immangeable ou introuvable. N'acceptez pas de faire le tour des forts; d'abord vous ne pourriez pas entrer dans l'intérieur, et si vous tirez un livre ou un papier de votre poche, on vous prendra certainement pour un espion prussien.... toutefois, si vous cherchez des aventures de voyage, je vous laisse libre....

Enfin, enfin, j'étais encore heureux cette fois-là en franchissant la frontière à Delle. On passe à la douane, on subit le désagrément connu, qui consiste à ouvrir sa valise et à déranger tous les petits objets qui sont casés si soigneusement dans leurs coins! et quand on ferme sa valise après, elle se trouve toujours trop étroite. Je me suis demandé souvent pourquoi il y avait des douaniers commodes et pourquoi il y en avait d'exigeants! Je me suis demandé souvent pourquoi on perdait tant de temps aux gares frontières! Quelles misères et quelles petites tyrannies dans tout cela; c'est à faire hausser les épaules. Quand on voyage on trouve bien des fois que l'espèce humaine n'est pas belle et que l'homme est un drôle d'animal.

Un pays monotone pendant une bonne demi-heure après Delle. Puis les collines succèdent à la plaine, les montagnes aux collines, un souterrain, deux souterrains.... et vous arrivez dans une petite gare perchée tout en haut d'un immense viaduc. On crie :

Sainte-Ursanne!

Ici, mes amis, il faut descendre où vous n'y connaissez rien; c'est là un très joli pays, entendez bien : du haut du viaduc vous voyez tout en bas un vallon délicieux au fond duquel coule une rivière encadrée de saules. C'est le Doubs français, quoique vous soyez en Suisse, puis des collinettes boisées, puis là-bas, un peu plus loin, accoté au rocher, un joli village avec un pont sur l'eau, et vous êtes si haut, si haut pour voir tout cela qu'il semble que vous pla-

niez dans les airs, emporté par quelque gigantesque oiseau ou par un ballon.

Avec le chemin de fer que vous quittez et le
train qui s'en va, vous laissez toute civilisation
moderne; dans la cour de la gare on trouve un
vieux coche et un jeune postillon qui vous
fourre dans sa machine et introduit votre valise
dans une caisse fixée à l'arrière. Je voudrais
bien savoir, si vous aviez une malle un peu
grosse, comment on la caserait : on ne pourrait
pas et on viendrait la chercher avec une
brouette....

Car ce n'est pas loin que vous allez. Par un
chemin en lacets le coche descend dans la vallée au bord de l'eau et en quelques instants
nous voilà devant Sainte-Ursanne; la voiture
s'engouffre sous la voûte d'une porte, une vieille
porte de l'enceinte murée, s'il vous plaît; au
bout de cette voûte une auberge avec une enseigne qui se balance et grince comme dans
les romans d'Alexandre Dumas; trois pas encore
et une autre auberge avec une autre enseigne
qui grince et se balance pareillement : « Nous
voici arrivés *au Bœuf*, Messieurs, le *Bœuf* est le
meilleur hôtel de l'endroit. — Jeune polisson,
nous sommes bien obligés d'en passer par là,
bon hôtel ou mauvais, *Bœuf, Lion, Aigle* ou
Faucon, c'est tout un pour nous, du moment
que tu as ta commission pour amener les malheureux touristes à tel endroit, tu les y amènes,
pas vrai?... »

Et vous croyez que nous sommes sauvés

maintenant? ah bien oui! l'auberge du *Bœuf*
est pleine : une dame de Paris, deux messieurs
de Belfort, une famille italienne, trois Anglais;
il n'y a plus qu'une chambre, et quelle chambre!
un repaire où l'on pourrait tout au plus loger
les domestiques ou les mendiants des grandes
routes; trois lits, trois lamentables lits avec
d'odieuses paillasses, éclairée par une microscopique lucarne répandant en ce lieu désolé
une parcimonieuse lumière. Nous poussons des
cris d'effroi, mon compagnon et moi; bien sùr
le *Bœuf* est un coupe-gorge, on assassine ici....
L'hôtesse a une mine rébarbative, à ce qu'il
semble du moins; elle n'a même pas daigné
monter avec nous jusqu'à l'obscur repaire pour
nous le montrer, et nous a confiés à une fille
rousse qui pelait des carottes juste de la couleur de ses cheveux.... Brrrrr! nous redes-
cendons consternés, pensant à aller à l'autre
hôtellerie là-bas sous la voûte; mais on se consulte. « Le père Arnault a deux chambres, si
on lui demandait de les prêter à ces messieurs
pour deux ou trois jours? » Nous acquiesçons à
cet arrangement et on nous conduit à la brune
dans une ruelle, et devant une maison assez
proprette où il y a un banc de pierre tout près
de la porte d'entrée; sur le banc un vieillard
de soixante-cinq à soixante-dix ans, un géant,
avec une barbe blanche qui lui descend jusqu'à
la ceinture; il est vêtu d'une petite blouse bleue,
porte un petit chapeau de feutre et fume une
courte pipe : c'est le père Arnault.

Le marché est conclu : nous avons deux chambres, deux chambres de paysan cossu, pour deux francs par jour chaque.... elles sont bien meublées, enjolivées naïvement; mais le lit !... Toujours défectueux les lits suisses ! c'est cependant la Suisse française ici; mais c'est la Suisse et il n'y a qu'en France qu'on a un bon coucher. Patience ! quand nous arriverons en pays allemand, c'est là que nous aurons le droit de nous plaindre : pour le moment nous coucherons sur une paillasse.... il le faut bien; allons ! c'était notre destinée.

Les fenêtres ne ferment pas, les portes non plus; le cabinet de toilette est à la cuisine sur l'évier, le confortable fait absolument défaut; aussi la nuit n'est pas bonne. Le lendemain matin, nous nous réveillons au chant des cantiques; toute une bande de petites filles a entonné à tue-tête :

> C'est le nom de Marie,
> C'est le nom le plus beau....

Nous leur jetons des bonbons : la bande grossit, tous les enfants du village sont là et on nous donne un véritable concert.

Nous partons à l'auberge pour déjeuner : heureusement que nous sommes ici mieux traités que nous n'aurions pu le penser, on nous sert des plats peu variés, mais sains et réconfortants, une petite piquette, un gros fromage en boîte qu'on racle éternellement sans l'user; tout cela servi dans l'embrasure d'une fenêtre, sur

une table rustique, pendant que nous sommes
assis sur des tabourets de bois. Rien de la table
d'hôte, pas de commis-voyageur, pour l'instant....

Nous sortons. Naturellement Sainte-Ursanne
tient tout entier dans la main. Sept à huit
cents habitants groupés dans quelques maisons
réunies autour de l'église et du cloître.... une
belle église et un joli cloître, ayant appartenu
à je ne sais quel monastère d'autrefois et qui
font maintenant l'ornement de ce pittoresque
village; ce n'est pas tout : derrière l'église on
trouve un grand bâtiment qui a été certainement un couvent autrefois et si on sort du village par une autre belle porte on arrive dans des
jardins; tout au fond il y a un escalier qui serpente le long des flancs de la montagne et amène
à un petit ermitage délicieusement juché là-haut.

Quand on redescend on se trouve dans l'embarras pour prendre un des trois ou quatre
sentiers qui filent dans la campagne. Irons-
nous du côté du viaduc, ou sur les hauteurs en
face, ou le long du Doubs? N'importe où, allez!
c'est beau, c'est frais, ce n'est pas ordinaire :
la solitude complète, de l'eau où vous pouvez
baigner vos pieds fatigués, des noisetiers où
l'on braconne tout à son aise, de belles vaches
qui paissent dans la prairie et qu'on peut admirer en se couchant à côté d'elles sous l'ombre
d'un noyer, des fermes où l'on entre pour demander à boire une tasse de lait en compagnie
de quatre ou cinq vigoureux marmots qui brail-

lent à plaisir après s'être roulés dans la mare voisine.

Nous rentrons à l'auberge pour dîner à côté d'un commis-voyageur. Celui-ci est convenable parce qu'il est Suisse ; nous le faisons causer : il voyage pour placer des horloges et des montres, il déteste les Allemands et leur joue tous les tours possibles en se faisant passer pour Français, il dit que Boulanger est un farceur et tout républicain qu'il est, lui Suisse, prétend que les Français ne sont pas faits pour la République.

Le surlendemain, nous avions gagné Porentruy ; c'est une drôle de petite ville d'un caractère indéfini : elle est loin de la gare et presque tout entière composée d'une grande et large rue qui va en montant.

Nous allâmes loger au *Cheval Blanc* ; on n'y était pas mal, mais les voyageurs de commerce qui encombrent cet hôtel et y sont chez eux, font fuir le paisible touriste qui cherche la tranquillité et le repos et veut passer inaperçu. Nous résolûmes de voir le château et de partir le plus vite possible.

Ce jour-là était un dimanche ; nous nous rendîmes à l'église située dans la partie haute de la ville ; on y disait la messe et l'église était pleine de bons Suisses et de bonnes Suissesses en larges chapeaux de paille ornés de rubans de velours. Rien d'extraordinaire, si ce n'est le prêtre que nous vîmes donner la communion, et qui avait revêtu pour cette cérémonie un large surplis sans manches qui lui allait assez bien, comme tous les vêtements un peu amples, mais qui doit être fort incommode. Derrière l'église on a une vue splendide sur la contrée environnante, nous regrettâmes de n'avoir pas assez de temps pour faire quelques excursions dans les villages voisins; cette campagne accidentée et ces collines bleues nous promettaient de l'agrément.

Porentruy a un château, celui qui appartenait autrefois aux princes évêques de Bâle. Certes! ce qui en reste, un grand corps de bâtiment et une tour élevée donnent une haute idée de ces seigneurs; ils l'étaient de toutes façons et dans la force du terme. Murs épais, vastes corridors, salles immenses, réfectoire et chapelle bien conçus, cour d'honneur magnifique, souterrains et oubliettes dont la vue fait frissonner, tel est le château de Porentruy converti aujourd'hui en orphelinat cantonal.

Nous avions tant vu de ces vieux châteaux en tant d'endroits que nous nous souciions médiocrement de mettre les pieds dans celui-là; c'est toujours à peu près la même chose. Nous le regardions donc à l'extérieur, quand tout à coup la porte s'ouvrit et un portier à l'air souffreteux, avec des allures de maître d'école, tenant des clefs à la main, nous invita à entrer. J'hésitai : « Je vous préviens, mon garçon, lui dis-je, que je n'ai pas un maravédis en poche, je ne puis rien vous donner. — Cela ne fait rien Monsieur, reprit-il, cela ne fait rien, entrez, je serai heureux de vous montrer la maison. » Oh! le

bon Suisse ! Et il nous la montra la maison de
fond en comble; arrivés dans les souterrains,
il nous fit voir un cachot affreux où un célèbre
paysan, sans doute Müller ou Mosis, fut enfermé
par l'ordre d'un évêque de Bâle, pour avoir tenté
de soulever le pays dans le courant du XVII⁰ siècle; il resta ici de longues années tout comme
Monte-Cristo, mais à l'encontre du prisonnier du
château d'If, il n'en sortit pas.... et pendant qu'il
m'expliquait cela le bon jeune homme parlait
d'une voix douce que démentait parfaitement
l'expression de sa physionomie; il me parut alors
sentir le fagot tout autant que le paysan martyr.
Ne vous fiez pas trop à ces douces figures-là : s'il
avait pu tenir un évêque de Bâle, le seigneur n'aurait pas remonté l'escalier, je vous l'assure. On
montre dans une salle les portraits des évêques;
c'est tout à fait dépourvu d'intérêt; j'aime
mieux un tableau qui représente le château au
temps de sa splendeur. On nous fit voir aussi
un donjon et des oubliettes et notre guide jeta,
dans un grand trou noir, un tortillon de papier
enflammé pour nous faire sonder de l'œil les
profondeurs. Il ventait horriblement quand
nous descendîmes de la tour par un escalier
extérieur et pour nous mettre à la porte sans
nous avoir rien demandé, je dois le dire, on
nous fit prendre un autre escalier dans la maison; les marches étaient larges et hautes : nous
allions, allions toujours, sans pouvoir trouver la
fin. Nous étions un peu inquiets, quand tout à
coup nous fûmes devant une porte; la porte

poussée, chose curieuse! nous étions dans la
rue en pleine ville, tandis que pour arriver à
l'entrée principale il avait fallu faire un assez
long trajet dans la campagne.... Pauvres petits
orphelins que nous avons rencontrés là-haut,
jouant silencieusement dans les grandes cours
épiscopales sous la surveillance d'un pâle scro-
fuleux, quel avenir vous est-il réservé? J'ai bien
peur que dans la vie vous ne marchiez toujours
marqués d'un sceau indélébile, avec la mélancolie de vos dix ans. Je suis reconnaissant à
votre gardien de m'avoir montré le sombre
château: mais vrai! j'eusse mieux aimé voir
là-haut des cornettes blanches et des robes grises
et entendre ce dimanche-là les éclats de rire de
notre gaieté gauloise....

— Bâle! nous voilà à Bâle et où irons-nous
nous caser? Bâle, je l'ai vue vingt fois; on ne
peut désormais éviter Bâle, depuis que nos bons
amis les Allemands ont déployé toutes les res-
sources de l'esprit tudesque pour nous empêcher de revoir Strasbourg.... alors nous voici
obligés de passer par la frontière suisse pour
aller en Italie, en Autriche, en Allemagne,
voire même en Alsace; jamais je n'avais vu
jusqu'ici une ville aussi ennuyeuse que Bâle.
C'est que je ne l'avais vue qu'en passant; j'ai
acquis cette fois la conviction que Bâle mérite
l'attention du touriste; il pourra s'y arrêter
quelques jours.

C'est dommage que les hôtels qui sont situés
près de la gare « centrale » soient si près du

bruit et de la fumée, car il en est de bons et
d'excellents. On peut aller *aux Trois-Rois :* c'est
sur le Rhin, mais c'est cher. Rien d'agréable
pourtant, le matin quand on se lève, comme
d'ouvrir sa fenêtre et de se trouver absolument
au-dessus de l'eau ; la maison baigne ses fondements dans la rivière : on dirait une arche de
Noé qui vogue sur la mer dans un courant
rapide. Tout à côté, le vieux pont du Rhin,
qu'on peut, il semble, toucher du doigt ; il
me fait craindre que l'arche n'aille se heurter
tout contre ses piles. Le pont est en aval. Moi,
j'ai été me loger une fois *aux Trois-Rois,* l'hôtellerie des princes, une autre fois je suis venu à
l'hôtel *Krafft,* de l'autre côté du Rhin, au Petit-
Bâle ; c'est aussi sur l'eau, ou du moins sur le
quai et les prix sont abordables.

L'antique, vénérable et riche ville de Bâle,
comme je l'ai vu appeler quelque part, capitale
du canton de Bâle-Ville, se trouve sous le 47ᵉ degré 15′ de latitude nord et le 5ᵉ degré 15′ de
longitude est de Paris, à l'endroit où commence
la vallée du haut Rhin, à l'angle nord-ouest de
la frontière suisse. Les anciens l'appelaient la
Porte d'or. Trois vallées principales : celles de
la Birse, du Birsig et de la Wiese viennent y
opérer leur jonction ; c'est une place financière,
industrielle et commerciale de premier ordre ;
et ce qui fait la richesse de Bâle c'est surtout
l'industrie de la soie, des couleurs et de la
teinturerie. Bâle est le Lyon de la Suisse.

L'attrait de la ville consiste surtout dans ses

beaux environs qui offrent de jolies excursions à faire. Déjà nous l'avions remarqué aux approches de la ville, et nous nous disions à Délémont, à Laufen, et plus loin vers l'arrivée : Comme il ferait bon s'arrêter ici ! comme ces villages sont bien et gentiment situés ! comme les auberges ont bonne mine et comme les routes paraissent bien entretenues, et les bois touffus et ombreux ! Hélas ! on ne peut s'arrêter partout ; on a toujours un petit plan de voyage : quand donc m'en irai-je sans plan ni but et m'arrêterai-je au hasard comme je l'ai fait à Sainte-Ursanne ? Eh bien ! c'est précisément parce que je l'ai fait une fois, que je n'ai pas recommencé, car j'avais un petit plan. Les plans sont désastreux ; souvenez-vous de celui qui portait l'honorable nom de Trochu.... Quoiqu'il en soit, on m'accordera qu'un pays où l'on aperçoit les sommets des Vosges, du Jura, de la forêt Noire et la chaîne des Alpes suisses, est un pays intéressant ; or, ce pays-là c'est celui où nous sommes.

Le climat de Bâle est très doux ; les fruits et les légumes y mûrissent quinze jours ou trois semaines plus tôt qu'à Zurich, Berne et Lucerne ; la température moyenne de l'année est de 10 degrés centigrades.

La ville de Bâle est divisée en deux parties inégales, le Grand-Bâle et le Petit-Bâle. Trois ponts, dont deux magnifiques, réunissent les deux parties ; le troisième est le vieux pont, le vieux pont du Rhin allemand : celui que l'on

trouve dans tant de villes là-bas. J'aime ces
vieilles cités qui ont conservé leur physionomie
si caractéristique. Et il faut bien l'avouer, c'est
là-bas vers le Rhin ou l'Escaut ou les Pyrénées
que l'on doit aller pour retrouver les maisons à
pignons, les porches sculptés, les sombres tours,
les donjons féodaux, les ponts de bois couverts,
les beffrois à carillons et cent autres anti-
quailles.

Quel malheur que notre Révolution ait tout
cassé, tout brisé, tout anéanti, pour faire table
rase et édifier sur un terrain nivelé! oui! oui!
qu'on me laisse dire! Il y a du bon dans le contraste permanent, quotidien offert par les deux
civilisations, les deux manières de faire, les
deux arts, les deux esprits, les deux âmes d'un
même peuple. Cela se manifeste par l'architecture, par le spectacle des rues, des places
et des maisons. Et que dis-je? les deux âmes....
mais non! c'est la même âme toujours, c'est le
même esprit qui apprend, qui grandit, qui
s'élève, qui s'orne de qualités diverses : il était
ainsi, il y a des centaines d'années, tel il est
maintenant.... Ce spectacle, mes amis, c'est tout
simplement votre vie à vous, la vie sociale, ce
spectacle, c'est la patrie! et la patrie est toujours belle à voir....

Ici à Bâle, par exemple, dans cette vieille ville
dont l'origine se perd dans la nuit des temps,
voici la place du *Münster*; c'est la plus ancienne
partie fortifiée de la ville, c'était le *castrum* de
l'établissement romain. Cette cathédrale, c'est

le centre de la ville, mais de la ville en tant que municipe et organisation politique; car au VIIIe siècle, quand nous retrouvons Bâle comme ville, elle est en même temps siège d'un évêché et quand on avait dit : « l'évêque », on avait tout dit.

L'évêque, en effet, était le seigneur, le prince de l'empire, il siégeait dans les diètes impériales et dans les assemblées des Etats; tout relevait de l'évêque; tous les péages, tous les droits lui étaient dus et la bourgeoisie lui était aussi soumise.

Vous voyez sur la place du Marché cette belle façade gothique et ces créneaux armoriés; c'est l'Hôtel de Ville de Bâle et vous tournez une autre page d'histoire : au XIIIe siècle la corporation des artisans acquiert des droits politiques, la bourgeoisie s'émancipe et la cité devient une des sept villes libres...

Cette porte Saint-Alban avec sa belle tour, cette autre tour de Spalen, carrée, flanquée de deux tourelles rondes, et qui est d'un effet si pittoresque, deux vieux monuments qui vous rappellent la splendeur de Bâle après le grand tremblement de terre de 1356 qui détruisit la ville. Celle-ci est reconstruite et quand tout est achevé elle possède une enceinte avec 40 tours, 42 barrières et 1,199 créneaux autour du Grand-Bâle, et 9 tours, 6 barrières et 300 créneaux autour du Petit-Bâle.

Si vous visitez le Münster, tout vous parlera du fameux concile convoqué par Martin V et où Amédée de Savoie fut élu et couronné en grande solennité dans cette maison dite *Zur Mücke* où se tenait le conclave. Ces temples grandioses vous redisent le nom du réformateur de Bâle, Jean OEcolampade.

Et tout, je vous le dis, tout dans cette ville, dans le cœur et le centre de la cité, parle de l'histoire d'autrefois.... ces rues étroites, ces petites boutiques, ces vieilles fontaines....

J'ai beau chercher dans mon cher Paris : sans doute, j'ai le Louvre, le Châtelet, Notre-Dame, l'hôtel Saint-Paul, mais c'est tout; c'est trop, trop moderne; cela ressemble trop à une ville américaine et je suis tenté de maudire Haussmann et les ingénieurs, les tramways et les lampadaires électriques; quand nous aurons le chemin de fer élevé (*elevated railroad*), ce sera complet. Vive le point de vue utilitaire! A bas les vieux souvenirs! Tout au marteau du démolisseur!...

Une chose que l'on ne sait pas non plus, ce sont les nombreuses excursions grandes et petites que l'on peut faire autour de Bâle. Les petites : Lange Erlen, le Grenzacherhorn, Sainte-Marguerite, Saint-Jacques sur la Birse, Ober Tüllingen, Grenzach le long de la forêt de la Hardt, Petit et Grand-Huningue (souvenirs français !), Muttenz, Bruderholz.

Les grandes : Arlesheim et château de Birseck, les bains et les ruines de Schauenburg, Liestal, chef-lieu de Bâle-Campagne, Bienenberg, les ruines du château de Pfeffingen, les ruines de Landskron, Mariastein, l'établissement de pisciculture de Huningue, le château de Roteln, l'église de Sainte-Crischona, la grotte des Gnomes de Hasel, Laufenburg, etc.

Que de jolies promenades dans la romantique vallée de la Wehra! puis à Todmoos, dans les vallées de la Murg, de l'Alb, de la Schlücht, dans celles de la Birse et de Münster, celle-ci appelée « la vallée des belles horreurs ». Comment se fait-il que je me sois laissé aller à accepter une excursion à Baden-en-Argovie? Il y a comme cela en voyage des inconséquences et des décisions prises qui renversent toutes les données du sérieux voyageur. Je voulais aller à Fribourg-en-Brisgau, puis dans le Taunus, nullement à Baden; pourtant le fait historique existe; j'ai été à Baden-en-Argovie pour faire plaisir à un charmant compagnon que cette excursion hantait. Je ne m'en repens pas du reste.

— Ces chemins de fer suisses sont délicieux comme les bons Suisses eux-mêmes. Les bons Suisses! il faut que je vous conte sur eux une histoire, d'abord :

J'étais à Bâle, devant la gare centrale, un peu avant de m'embarquer : survient un détachement d'infanterie et un autre de cavalerie à pied. Les blonds enfants de l'Helvétie aux yeux doux couleur de pervenche, prennent des airs vainqueurs quand ils sont sous le harnais fédéral; j'en fus frappé et je fis tout haut une réflexion :

— « Tiens ! voilà de beaux soldats ! »

Ah bien ! ma réflexion ne fut pas perdue ; elle tomba dans les oreilles d'un conducteur de tramway qui n'était pas sourd.

— « N'est-ce pas? Monsieur, fit-il. Regardez-les, ces gaillards-là ; ils sont cent mille comme cela, tous montagnards, bon pied, bon œil, bons chasseurs de chamois et de coqs de bruyère. La Prusse a fait une jolie bêtise en nous cherchant querelle ; elle a fouetté notre épiderme patriotique ; ma foi tant pis ! qu'elle n'y vienne pas ! nous saurions bien défendre nos défilés et nos montagnes, allez ! et vous savez, les bons Suisses seraient féroces, parce que nous autres, nous n'irions pas à la frontière pour un roi, mais pour nos femmes, nos enfants et nos maisons. »

Le conducteur de tramway sent ensuite le besoin de donner un témoignage de satisfaction à l'armée fédérale et il apostrophe le chef du détachement, un sergent, et lui demande pourquoi on ne joue pas un petit air de trompette ; mais le sous-officier lui répond d'un air courroucé, par quelques paroles que je n'entends pas. Diable ! interpeller ainsi bourgeoisement un guerrier sous les armes !

Les chemins de fer donc sont délicieux (1) ; on y trouve des voyageurs et des employés qui mettent en pratique les trois grands principes : liberté, égalité, fraternité ; le Suisse est très

(1) Ces lignes avaient été écrites avant l'affreuse catastrophe de Mœnchestein (juin 1891).

liant et aussi très conciliant, — je ne veux pas
faire un jeu de mots, mais ce sont deux qualités
que je lui ai toujours reconnues en voyage et
ailleurs : — si on ajoute à cela que les chemins
de fer sont les moins coûteux de tous, on verra
qu'il fait bon voyager en ce pays.

— Baden se trouve sur la route de Bâle à Zurich ; en quelques tours de roue on arrive à Brugg,
après avoir traversé un beau pays accidenté et
longé le Rhin. Brugg, ville coquette qui doit
son nom à un pont de pierre d'une seule arche
jeté hardiment sur l'Aar encaissée et bouil-
lonnante. Tout contre s'élève au bord du fleuve
une vieille et forte tour aux murailles noircies
d'où saillissent en grimaçant deux têtes de
géant à moitié rongées par le temps. C'est là
tout près, au pied du pic de Gebenstorf, que se
rencontrent trois rivières qui accourent de trois
directions différentes : l'Aar qui sort du grand
massif de glaciers de l'Oberland bernois et qui a
traversé les beaux lacs de Brienz et de Thoune,
Interlaken et Berne ; la Reuss qui arrive du
Saint-Gothard en nous parlant du pont du Diable, de Gœchenen, d'Andermatt, du lac des
Quatre Cantons, du Rigi, du Pilate et de Lucerne ; puis la Limmat avec laquelle nous allons
faire connaissance.

Tableau vraiment gai, plein de vie et de soleil,
ce matin-là, que l'immense plaine, découpée en
presqu'îles, avec ses champs plantureux, ses
riches prairies, ses arbres fruitiers, ses nombreux et industrieux villages !

Mais nous arrivons dans un étroit défilé que
côtoie une plaine fertile et qui s'appuie contre
le versant de la chaîne orientale du Jura. Cette
ville coquette et gracieuse, c'est Baden; cette
rivière qui coule là dans le fond, séparant les
monts Lagern du Schlossberg, c'est la Limmat.
En moins de temps qu'il n'en faut pour écrire
une ligne, on sort de la gare, on trouve un omnibus et on s'y installe, on roule par les jardins
et les rues, on arrive au milieu d'un grand
caravansérail, on monte un escalier, on entre
dans une jolie chambre, qui donne sur la montagne voisine, qu'on peut toucher avec la main.
C'est un rêve! Je demande où nous sommes, on
me répond que je suis au *Verenahof*....

Et vous savez? toujours ce beau parfum d'an-
tiquité que j'aime : vous croyez que je plaisante,
peut-être? — Ecoutez! Baden est l'une des villes
les plus anciennes de la Suisse, c'est la plus
antique de ses stations thermales, et Tacite, le
vieux Tacite lui-même, l'appelle « une localité
qui s'est transformée en municipe, et qui est
extrêmement fréquentée pour l'excellence de ses
eaux »; en beau latin, comme Tacite savait le
faire : *In modum municipii extructus locus,
amœno salubrium aquarum usu frequens !* »

J'ai fait trois choses à Baden-en-Argovie : je
me suis promené, j'ai dîné et j'ai été au *Kurhaus.*

Trois promenades. Une le long de la rivière :
l'allée de la Limmat est un fort joli endroit que
je recommande; une autre en ville : la petite

cité, avec ses rues et ses places proprettes, sa haute tour flanquée de quatre tourillons, ne manque pas de pittoresque; une troisième promenade a été une « course au clocher » de Wettingen, en pleine campagne : j'étais fatigué, je suis revenu en chemin de fer; rien de plus commode.

J'ai dîné à l'hôtel où l'on mange admirablement pour un prix modique; mais j'aime encore mieux le repas que j'ai pris près du vieux pont couvert, sur une galerie en bois qui surplombait la rivière et qu'escaladaient des capucines : deux verres de bière et deux plats allemands; des plats fantastiques, des choses drôles, encore moins chères qu'à l'hôtel, bien entendu, et bien plus originales.

Enfin j'ai été au *Kurhaus;* mais je m'en moque pas mal, parce que tous les *kurhaus* du monde, et les *kursaals,* et les casinos, et tous les lieux de réunions, je les ai en profonde aversion; ah bien! ce n'est pas la peine de quitter Paris et le boulevard qui est bien plus récréatif, je vous jure. Quelle rage que celle qui consiste à rechercher les casinos, mes amis! Je vous jure bien que les esprits vraiment distingués, les Parisiens intelligents. vraiment dignes de ce nom, ont autre chose à faire, quand ils sont en villégiature, que d'aller contempler les abdomens des gros Germains et ouïr une musique plus ou moins wagnérienne. Que les Suisses me pardonnent, mais le kurhaus de Baden que j'ai voulu entrevoir m'a semblé un rendez-vous de nos bons amis d'outre-Rhin, et quant aux toilettes, Mesdames, elles ne sortaient point de chez Worth, vous pouvez m'en croire.... Tous ces fagots-là, roulant des yeux en boule de loto, faisant des grâces et s'épiant méchamment.... Pouah! je ne suis pas en vacances pour m'amuser ainsi.

J'aime beaucoup la réflexion trouvée dans un opuscule sur Baden : « Le séjour ici n'est ennuyeux que pour celui qui, lui-même, est ennuyeux! » et immédiatement après, un plaidoyer en faveur du vaste Kursaal.... Bonté divine! c'est à dégoûter de venir à Baden, Messieurs les hôteliers qui nous faites lire ces opuscules.... Mais voyons! nous avons bien la prétention d'être un peu fin de siècle, et le temps des attrape-mouches est passé!... Ceci dit, je reconnais volontiers que les eaux sulfureuses de Baden ont du bon pour la goutte, les rhumatismes et les paralysies, que le *Verenahof* a un propriétaire charmant, que l'installation des chambres et des bains y est très confortable, et qu'on peut faire de jolies promenades aux environs. Après tout, je ne suis pas un ogre!...

CHAPITRE II

Un chapitre sérieux.

Le catholique qui entre en Suisse par Bâle, comme celui qui arrive par Genève, a le cœur douloureusement serré au souvenir des luttes que l'Eglise a eu à soutenir même dans ce pays de liberté. La lutte n'est pas le monopole des catholiques français.

A Porentruy nous avions vu un château d'évêque transformé en asile cantonal; à Wettingen, près Baden-en-Argovie, nous avions trouvé des écoles installées dans un ancien couvent; à Sainte-Ursanne on rencontre un grand beau couvent abandonné; partout des vestiges de religion, partout des ruines qui sont des souvenirs de temps plus heureux. Et si nous parcourions la Suisse, nous en trouverions à chaque pas. C'est que la persécution s'est déchaînée dans tout ce pays de mœurs si paisibles en apparence, avec une violence inouïe.

Les protestants, après avoir demandé la tolérance pour eux-mêmes et l'avoir obtenue, ont montré une cynique intolérance vis-à-vis des catholiques, le fait est certain, et aussitôt qu'ils ont eu la majorité dans les Conseils de la nation suisse, ils s'en sont donné à cœur joie. Pendant près de trois cents ans, presque toutes les grandes villes de la Confédération sont restées rigoureusement interdites aux prêtres catholiques (1).

Cela ne pouvait durer; il vint un moment où la patience des persécutés eut raison des persécuteurs, mais cela ne dura pas longtemps : ceux-ci, s'unissant aux représentants de la franc-maçonnerie et du radicalisme le plus éhonté, se sont portés aux dernières extrémités dans ces derniers temps. Qu'y ont-ils gagné? D'un côté ils ont pu constater avec rage les progrès de l'Eglise en Suisse; de l'autre ils sont eux-mêmes descendus si bas, si bas, que certains vont jusqu'à nier les dogmes les plus fondamentaux, comme celui de la divinité de Jésus-Christ. Ces protestants donc souvent ne sont même plus dignes de ce nom.

On sait quelle est la constitution politique du pays : c'est une confédération d'Etats indépendants; chaque Etat ou chaque canton étant maître chez lui, mais devant pourtant l'obéissance aux décisions de la diète fédérale qui a son siège à Berne. Un canton est souvent entièrement catholique, un autre complètement

(1) D'après l'étude de M. Louvet, missionnaire ap. « *Les Missions catholiques au XIXe siècle.* »

protestant. Il en est qui sont mixtes. Il y a plus de cantons protestants que de cantons catholiques et dans les cantons mixtes la majorité appartient aux protestants; on voit où est le péril pour l'Eglise, surtout quand il s'agit de la majorité à la diète fédérale : les protestants tenaient leurs adversaires à leur discrétion. Néanmoins le catholicisme progressait : ainsi pour ne nous occuper que du pays que nous venons de parcourir, la paroisse de Bâle comptait en 1800 400 catholiques sans église et sans prêtres; elle compte aujourd'hui près de 12,000 catholiques, elle possède une belle église ogivale, des écoles florissantes tenues par les Frères des Ecoles chrétiennes et par les Sœurs de Portieux ; elle a un hôpital, un orphelinat de jeunes filles, un curé et six vicaires.

Si nous voulions nous occuper de Genève, nous pourrions montrer qu'en 1800, il n'y avait dans cette ville que 200 catholiques; en 1880, il y en avait 29,592 !

Ce qui a infusé parfois le sang catholique dans les veines du peuple suisse, ce sont les remaniements politiques; ainsi l'annexion du Tessin donne à ce pays 100,000 catholiques; l'annexion du Jura 35,000, lesquels entrèrent dans le canton tout protestant de Berne.

C'est en 1830 que se dessine le mouvement persécuteur. Une réunion tenue à Soleure à cette époque prenait une série de résolutions tendant à asservir l'Eglise. En 1834 on proclama les fameux articles de Baden qui peuvent se résumer en trois mots : suppression de l'autorité du Pape et de la juridiction épiscopale ; élection et révocation des curés par les comités paroissiaux ; main-mise des laïques sur tous les biens de l'Eglise pour en disposer en toute fantaisie.

En 1836, conformément à ces articles de Baden, nous voyons le curé de Porentruy exilé en France ; il meurt à Colmar où on lui fait des funérailles solennelles, et la persécution dure six années entières dans le Jura. Dans les cantons d'Argovie, de Thurgovie et de Zurich, l'Etat met la main sur les biens des couvents et chasse les religieux.

Les catholiques résistent ; les sept cantons de Lucerne, d'Uri, d'Unterwald, de Schwitz, de Zug, de Fribourg et du Valais forment entre eux la ligue du *Sonderbund* pour la défense de leurs intérêts politiques et religieux ; mais une armée de 50,000 hommes est réunie sous le commandement du général Dufour, par les soins de la diète, et écrase le Sonderbund en quinze jours. Les douze cantons Berne, Schaffouse, Argovie, Thurgovie, les Grisons, Appenzell, Bâle, Glaris, Zurich, le Tessin, Vaud et Genève étaient vainqueurs. C'était en 1847.

A partir de ce moment on ne se gêna plus avec les catholiques. L'évêque de Lausanne, Mgr Marilley, fut emprisonné, puis exilé jusqu'en 1855.

En 1871, tous les évêques suisses présentèrent un mémoire à la diète de Berne : il y était dit

que dans la plupart des cantons, le *placet* de
l'Etat était rigoureusement exigé pour la publication de toutes les bulles et brefs du Pape,
de tous les mandements des évèques.

Et qu'on juge de la bonne foi de ces protestants qui se sont institués ici juges suprêmes
en matière de foi et de discipline.

Le canton de Berne (1858) interdit un mandement sur les mauvaises lectures comme contraire à la liberté de la presse!!

Le canton de Bâle-Campagne (1861) interdit
un mandement sur les persécutions de l'Eglise
dans les *temps passés,* comme propre à fomenter
l'intolérance et la haine entre catholiques et protestants!!

C'est la fable du loup et de l'agneau. Disons
mieux : c'est le comble de la sottise!

Le canton de Thurgovie (1864) interdit un
mandement sur le denier de saint Pierre, parce
que cela tombe sous le coup de la loi contre la
mendicité!!

Le même canton (1866) refuse le *placet* à un
mandement qui prescrit aux prêtres disant la
messe la *collecte* pour le Pape. Ces excellents
Suisses de Berne s'imaginent qu'il s'agit d'une
collecte d'argent!!! Le mandement prescrivait
l'oraison *pro Papa....*

Argovie défend aux prêtres de se rendre à la retraite ecclésiastique, de prêcher plus d'une demi-
heure, etc. Ceci se passe en 1868, dans la troisième partie de ce siècle de progrès et d'intelligence! Il y a quelque chose de plus ridicule

encore, le même canton ordonne de lire en chaire un mandement laïque contre l'infaillibilité! En outre, les étudiants ecclésiastiques qui ont terminé leurs études doivent passer leurs examens devant des commissaires civils, représentants de l'Etat, lesquels décideront sans contrôle si le candidat peut entrer dans l'état ecclésiastique, oui ou non. Il faut avouer qu'en France nous avons encore plus d'esprit.

Nous en passons, et pour ne point sortir du canton que nous avons vu; nous ne parlons point de celui du Tessin par exemple où l'on condamnait à l'amende les pauvres femmes qui chantaient chez elles des cantiques.

Nous sommes en 1870. Monseigneur Lachat, évêque de Bâle, revient du Concile. Le diocèse de Bâle se compose de neuf cantons : Berne, Soleure, Argovie, Thurgovie, Bâle-Campagne, Bâle-Ville, Schaffouse, Lucerne et Zug. Il y a 675 prêtres dans le diocèse; quelques mauvais prêtres protestent contre l'infaillibilité pontificale; l'évêque les interdit; la conférence diocésaine laïque les soutient et intime à l'évêque l'ordre de les réintégrer dans leurs situations; celui-ci résiste comme de juste à de pareilles prétentions; il est destitué et on le jette à la porte de sa résidence de Soleure. Ceci se passait en 1872-73.

Le clergé du Jura bernois, de tout ce pays de Porentruy, avait fait cause commune avec son évêque; ils étaient 72.

La persécution est dans son plein; le culte

catholique supprimé dans 76 paroisses, les prêtres chassés obligés d'officier dans des granges, emprisonnés quand on peut les saisir, et des intrus installés dans les presbytères. Mais les Jurassiens restent fidèles et à Porentruy et à Délémont, on compte une douzaine d'assistants à la messe de l'intrus. Finalement 87 prêtres sont expulsés du canton de Berne. Que feront les fidèles? ils passeront la frontière chaque dimanche, s'ils le peuvent, et iront assister à la messe de leur pasteur réfugié en Alsace; on le leur défend : ils se réunissent alors dans leurs granges et chantent le *Kyrie*, le *Credo*, lisent le prône que leur curé leur envoie du lieu d'exil.

C'est admirable ! et quand l'un d'eux est malade et en danger de mort, on va en secret prévenir l'exilé qui, sans bruit, se glisse à travers les montagnes et les vallées, à la faveur d'un déguisement, comme les missionnaires de Chine ou d'Annam, au temps des martyrs. Cela dura deux ans. Dans tout le diocèse de Bâle, il n'y eut que 13 prêtres apostats et 2,000 vieux-catholiques, et pour toute la Suisse 5 à 6,000 vieux-catholiques et 40 intrus.

Nous ne raconterons pas ce que fut la persécution dans le canton de Genève, les spoliations, les expulsions, les profanations, les scènes hideuses comme celles de Chêne, l'admirable résistance du doux Mgr Mermillod, ses pieuses industries pour réparer le mal accompli ! les vaillants catholiques de la Suisse lassèrent à la fin leurs bourreaux.

Présentement dans les neuf cantons du diocèse de Bâle, il y a 666 prêtres et 400,293 catholiques; dans les six diocèses de la Confédération : Bâle, Coire, Saint-Gall, Sion, Lausanne et le Tessin, on compte 2,101 prêtres et 1,080,609 catholiques et les recensements officiels disent 1,169,906 en regard de 1,680,120 protestants. Le Pape Léon XIII est parvenu à faire l'accord entre les deux pouvoirs civil et religieux : il a pourvu aux vacances des sièges de Lausanne, de Bâle et du Tessin. Les protestants eussent mieux fait de se tenir tranquilles; le beau rôle n'est certes pas celui qu'ils ont joué.

CHAPITRE III

La Baden du Grand-Duc.

La nouvelle gare de Strasbourg. — Les vainqueurs à Capoue. — Déjà les brasseries. — Les soldats allemands. — Arrivée à Baden. — *Strasburger-Hof.* — Lichtenthal près Baden. — Pourquoi l'empereur Guillaume Ier logeait en garni. — L'honneur et le bon goût allemands. — Paix du soir. — La Fête-Dieu dans la montagne. — Table d'hôte anglaise.

J'arrivai à Strasbourg un soir.... Strasbourg ! la pauvre ville regrettée par tous les bons Français et qui fait saigner le cœur, lorsqu'on y arrive maintenant et que l'on y trouve l'étranger étalant son orgueil, son faste et.... notre argent devenu le sien.

Cette gare superbe n'est-elle pas un véritable étalage ? elle a déjà trouvé bien des détracteurs : on dit que c'est une gare militaire ; les quais sont en effet aménagés pour embarquer en un clin d'œil tout un corps d'armée. On dit qu'elle est incommode à cause des escaliers, des couloirs souterrains, des montées et des descentes ; qu'en cas d'inondation elle sera submergée et qu'on s'y promènera en bateau....

N'importe ! je la trouve belle, imposante. Ah ! les Allemands ! l'ennemi ! soit ! mais gens pratiques, après tout.

En arrivant, selon notre louable habitude, nous déposons notre valise à la consigne des bagages, afin d'éviter l'ennui des voitures d'hôtel et de nous rendre à pied, si nous voulons, à l'auberge que nous aurons choisie à loisir. Nul embarras; pas de longue attente. Un employé reçoit votre mallette, y attache un numéro, vous donne sur un papier le chiffre correspondant; tout marche comme sur des roulettes. Vous voulez manger, vous avez quatre buffets. Pour un marc et quelques *pfennig,* c'est-à-dire pour 1 fr. 50 ou 2 fr. vous avez un repas très passable dans une salle à manger grandiose. Regardez la fresque antifrançaise du vestibule d'en bas, — vestibule mal commode parce qu'il y manque des sièges pour s'asseoir; — regardez les deux mâts destinés à supporter les foyers électriques devant la façade de la gare, sur la grande place : ils sont décorés de l'écusson impérial et parfaitement beaux.

Ce qui est moins beau, c'est ceci : le train que je quitte est en gare, à quai; il séjourne ici un assez long temps avant de repartir pour Francfort; l'animation est grande en ce moment partout. Il y a sur le large quai des touristes, des officiers, des étudiants et des.... dames. Deux d'entre elles empêchent les passants de circuler en barrant le chemin avec leurs ombrelles. Un officier de hulans les aperçoit et avant de monter dans son compartiment, leur fait signe, ordonne qu'on lui serve un verre de *kirchenwasser,* leur offre d'y tremper les lèvres,

et vide ensuite le reste dans son gosier teuto-
nique. Hurrah! pour la vieille Allemagne! Est-
ce que le vainqueur s'amollirait dans les délices
de Capoue? Cela serait assez réjouissant pour
des Français. Apprentis voyageurs, en voyage,
quand vous verrez de semblables choses, tirez
la morale de ces spectacles immoraux.

On sait ce qu'il y a à voir à Strasbourg. Je
ne m'érige nullement en guide des voyageurs
et cite seulement les nouveautés : la gare, l'université; celle-ci située à l'extrémité de la ville,
vers le *Contad* et l'orangerie, est tout simplement magnifique. Quant à la cathédrale, il faut
la voir et la revoir sans se lasser. Faites aussi
à Strasbourg une visite aux brasseries tenues à
l'allemande, et vous aurez une idée très complète de ces endroits où chaque consommateur
est un tonneau de bière ambulant.

Ce sont des femmes qui servent ici; n'en
déplaise aux critiques, elles sont honnêtes, exté-
rieurement du moins, et fort alertes pour vous
apporter la bière de Munich, *Münchener bier*,
tirée devant vous, au tonneau qui sort tout
frais de la cave, par une trappe et un mécanisme
ingénieux.

La bière est servie dans des chopes à couvercle d'étain par demi-litre ordinairement; celle
qui vient de Munich est la meilleure et la vraie
bière des gourmets; aussi coûte-t-elle un peu
plus cher que la bière de Strasbourg. Deux
chopes et quelque chose à manger que vous
aurez choisi sur le *Speisenkarte,* mis à la dispo-

sition du public par la fille de brasserie à toute
réquisition, tout cela vous coûtera un marc et
demi; et vous avez par dessus une serviette *en
papier*. Vous pouvez ainsi vivre et prendre vos
repas à un bon marché exceptionnel; c'est un
des agréments d'un voyage en Allemagne. A
Strasbourg, si vous buvez la bière des Allemands, n'allez pas pourtant dans leurs hôtels
et préférez-leur les hôtels français; vous en trouverez encore quelques-uns aux environs de l'ancienne gare.

Une excursion toujours jolie ici est celle du
Rhin. On prend le tramway à la gare (*central
Bahnhof*), et l'on va jusqu'à la place Kléber ; là
on prend la correspondance pour la voiture qui
conduit à la Metzgerthor, et enfin une troisième
voiture qui est un tramway à vapeur et qui
vous amène jusqu'au *Rheinbrücke* ou pont de
bateaux sur le Rhin.

C'est vraiment un beau et splendide spectacle que celui du grand fleuve qui coule là à
pleins bords : Kehl est de l'autre côté, se profi-
lant au-dessus de l'eau avec des manières de
forteresse en miniature et des brasseries au milieu des bosquets. Il y a deux ponts sur le Rhin :
le pont métallique qui est une merveille architecturale et où passe le chemin de fer, le pont
de bateaux pour les voitures et piétons. Sur l'ancienne rive française, du côté de Strasbourg, on
a construit depuis deux ans seulement un restaurant très confortable appelé *Lust Rhein,* « les
plaisirs du Rhin » ; c'est en face du bureau des

tramways, situé lui-même tout près d'un petit
bois touffu. Il fait bon déjeuner là, devant le
Père Rhin, *Vater Rhein;* mais pourquoi faut-il
que la vue soit attristée par tous ces pelotons de
fantassins à casques à pointes qui passent conti-
nuellement sur le pont ? Mon Dieu! que de soldats! que de soldats! que de fer! que de fer!
Comme le roi des Lombards, dans la vieille
chronique du temps de Charles le Grand, je suis
terrifié. C'est trop vraiment, Strasbourg en est
remplie, les environs en regorgent.... et ils ne
sont pas beaux, là! ni beaux, ni aimables.

On connaît le type : figure rougeaude à cheveux blonds, favoris épais ou pas du tout de
barbe. Cette tête est coiffée du casque ou plus
souvent d'une affreuse toque sans visière pour
les soldats, avec une visière minuscule pour les
officiers et sous-officiers. La toque est haute et
large comme une boîte à fromage de Gerard-
mer; une petite cocarde noire et blanche,
comme un point microscopique sur l'étoffe
bleue du couvre-chef si déplaisant. Tunique
courte, bleu de Prusse, à boutons plats et jau-
nes, économiques, sans indications d'aucune
sorte ; pattes de couleur sur les épaules, avec le
numéro du régiment, collet rouge très haut,
pantalon noir, bottes montantes!

Non! ils ne sont point beaux! et ceux que
j'aime le moins ce sont les sous-officiers, qui, le
cou monté sur leur collet, agrémenté d'un galon d'or et d'un bouton insigne de leur grade,
ont l'air de porter un carcan et vous regardent

en roulant des yeux terribles et en tourmentant fiévreusement la poignée de leur sabre court où s'enroule une dragonne argentée. Certains officiers ne sont pas plus jolis ; j'aime assez pourtant les larges parements de leur tunique plus tombante et leur casquette a quelque fois meilleure tournure ; mais nos lieutenants d'infanterie et nos capitaines de cavalerie sont des Adonis et des Apollons du Belvédère à côté de tous ces Teutons qui ont beau faire : ils auront toujours du Hun et du Goth dans leur allure....

— On a déjà l'idée de cette méthode qui consiste à voir tout aussi bien que n'importe qui, et à dépenser beaucoup moins ; de Strasbourg nous allons à Baden-Baden, pour de là ensuite faire une excursion à travers la forêt Noire (*Schwarzwald*).

Vous avez bien préparé votre plan ; néanmoins ouvrez l'œil et tendez l'oreille partout où vous êtes ; il se trouvera peut-être pour vous comme pour nous, un excellent négociant alsacien, compagnon de wagon qui vous renseignera jusque dans les plus minces détails ; un compagnon comme celui-là, c'est un trésor, une vraie trouvaille et qu'on trouve, si l'on veut, assez facilement dans un compartiment de seconde classe où tout le monde ne se croit pas obligé d'être guindé, gourmé, rigide et compassé ; genre anglais, détestable genre importé chez nous par les insulaires qui sont insupportables à l'étranger, tout en restant très courtois et très serviables chez eux.

Encore une remarque, s'il vous plaît : ne prenez que des secondes. Mon Dieu! pourquoi pas? En Allemagne, il y a six places dans les compartiments de premières; les fauteuils sont en velours rouge et on y trouve des glaces, mais ordinairement personne, si ce n'est un prince ou un feld-maréchal; les secondes ont huit places seulement et sont recouvertes en drap gris, fréquentées par tout le monde, même par les officiers de l'armée; les troisièmes qui ne coûtent presque rien ne sont pas dédaignées même par la bourgeoisie et les gens bien tenus.

Nous arrivons à Baden-Baden au milieu des montagnes et nous allons à pied à la recherche du *Strasburgerhof* indiqué par notre Alsacien; c'est dans le haut de la ville. Quel charmant endroit que celui-ci! de l'eau courante, des villas pleines de rosiers en fleurs, des arbres magnifiques, des jardins, des maisons gaies, des hôtels de bonne mine, des pavillons blancs à travers les échappées de verdure. Et puis la montagne, la montagne; les sapins, et toujours les sapins; un pays tout boisé, tout frais, tout vert, tout propre, tout coquet. Nos chambres d'hôtels donnent sur des sites ravissants (notre *hôtel,* je devrais dire notre bonne auberge allemande); nous sommes servis par des fillettes qui nous font avaler un nombre incalculable de bocks et nous apportent des truites, de jolies truites grises, piquées de petits points rouges. C'est le poisson par excellence de la forêt Noire; on le trouve dans toute la montagne. La salle à man-

ger est curieuse à examiner; un coin meublé
d'une table ovale et de quelques chaises sert de
rendez-vous et de club ou cercle aux notables
du quartier; ils arrivent, s'assoient, se saluent
laconiquement, mangent un morceau de fromage de gruyère, puis boivent leurs chopes
qu'on change de temps en temps et fument
leur pipe sans dire deux mots de trop.

Visite à la Maison de conversation, à l'établissement thermal, à l'église ornée des tombeaux
des grands-ducs, etc., ascension obligée au
vieux château.... absolument divin! la vue est
divine, les horizons sont divins, parce qu'on
sent Dieu du bout du doigt; on voit la plaine
du Rhin où le *Vater Rhein* se promène comme
le seigneur de la contrée, on domine des masses
de verdure; c'est un Paradis terrestre.

.... Arrivés à Baden-Baden un mardi, l'avant-
veille de la Fête-Dieu, qu'on célèbre ici le jour où
elle tombe.... nous nous dirigeons le lendemain
par l'admirable allée de Lichtenthal, tout droit
vers le village qui porte ce nom et qu'on trouve
tout au bout. Ah! mes amis, faites cela quand vous
viendrez ici. Il y a à l'entrée du village, en face
de la vieille abbaye grand'ducale, deux hôtels;
l'un est l'autel de l'Ours (*Boeren*), de vieille réputation. Une dame de Strasbourg, exilée depuis la
guerre, que j'avais aussi rencontrée dans le train
et qui pleurait aux approches de la chère ville
me disait : « Quand nous allions à Baden, dans le
bon temps, nous descendions toujours à l'*Ours,*
prenez mon ours. » Ma foi! je ne l'ai pas pris,

j'ai pris l'autre à côté, l'hôtel *Ludwigsbad,* un
très bon endroit, où la chambre coûte 1 marc
50 pfennig, la pension 5 marcs par jour seulement. On ne peut désirer mieux ; c'est excessivement propre. L'entrée s'ouvre sous une galerie à jour ; les chambres donnent sur un jardin
qui longe l'extrémité de la magnifique allée....
Mais qu'est-ce qui donne donc l'idée de cette
allée en France ? Ah ! c'est cela ! la promenade
de Blanche-Fontaine, à Langres....

Nous étions à peine installés pour dîner sous
la galerie, quand le garçon, voyant passer une
voiture, s'écrie : *die Kaiserin!* « l'impératrice »!
Oui, l'impératrice d'Allemagne en personne,
faisant sa promenade quotidienne de Lichtenthal, en compagnie de la grande-duchesse de
Bade. Maintenant, je comprends pourquoi tout
le monde saluait un monsieur en voiture, que
j'ai rencontré près de la *Conversation,* se diri-
geant vers la maison Mesmer, *Mesmercheshauss;*
c'était le grand-duc !

Qu'est-ce que cette maison Mesmer, dont je
viens de parler ? Tout simplement un hôtel garni
situé dans *Werderstrasse,* la rue Werder, en face
de la *Conversation.* C'est là que le vieil empereur
Guillaume logeait quand il venait à Bade. Mais
pourquoi ne logeait-il pas au *Nouveau château*
grand-ducal ? Mystère ! Les uns disent que l'empereur aimant à se promener à pied dans l'allée
de *Lichtenthal,* en était tout près en logeant là.
Les autres affirment que Guillaume était avant
tout un soldat, et qu'en cette qualité il aimait

ce qui rappelle les camps, les campements, les lits de camp, les tentes.... J'avale difficilement cette explication.

Le plus beau c'est ceci : *Mesmer Hauss* est bien et dûment un hôtel garni ; quand l'empereur y venait, on congédiait les hôtes qui l'habitaient. Mais quand l'hôte impérial était parti, vite on raccrochait aux balcons de la maison et aux grilles du jardin la pancarte : *Zimmer zu vermieten !* « Chambres à louer ! » On m'a assuré qu'on avait pourtant la pudeur de ne pas louer la chambre à coucher du souverain. Mais ce n'est pas certain ; ce sont des juifs de Francfort ou de Berlin, des négociants très riches qui se précipitaient pour arriver au plus tôt, et à prix d'or pouvoir s'installer là. *Great attraction !* Un Français, naturellement, ne louerait pas, ni un Espagnol ; Herr Messmer n'était pas de cet avis ; il estimait qu'il y avait deux empereurs en Allemagne ! l'un s'appelait *Wilhem ;* l'autre.... l'argent. *Der kaiser Geld !*

Après notre dîner, promenade dans le village. Un village ! qu'on ne s'y trompe pas ! un village propre, coquet, bien stylé !... Les étrangers y passent à toute heure. On n'est pas cinq minutes sans entendre le roulement d'une voiture qui va à la *Fischkültüre*, établissement de pisciculture situé à *Geroldsau*, la charmante vallée voisine. Mais enfin ! c'est un village comparé à Baden-Baden. Je me dirige instinctivement vers l'église ; les rues sont pavoisées de drapeaux et d'oriflammes, bordées, de chaque côté, par une rangée de branches d'arbres verts et de feuillage coupés dans la forêt prochaine ; un ou deux reposoirs attirent mon attention : ils sont simples mais font preuve de goût. Vraiment il n'y a donc que dans mon pays que le goût, au moins dans les classes inférieures, ferait défaut? Il est certain qu'en Italie on a du goût, qu'en Espagne on a du goût; ici on en a, j'en ai donné la preuve. Nous en avons à Paris beaucoup, beaucoup quand il s'agit d'ornementation publique ou privée ; aussi dans certaines villes de France : mais, voyez nos cimetières populaires, nos quartiers ouvriers, les logements à bon marché, les faubourgs des grandes villes, les guinguettes des barrières et des banlieues ; il a fallu un François Coppée pour poétiser cela ; mais c'est un François Coppée : un autre y eût perdu son latin et ses vers.

Tout en pérégrinant, nous voici à l'extrémité du village, au pied d'une colline couronnée d'une jolie église en pierre rose tendre. On y accède par de nombreux escaliers ; mais c'est haut et ce doit être rude en hiver. En été passe ! et le coup d'œil sur l'allée de Lichtenthal, le village, l'abbaye et Baden tout au fond, vaut la peine qu'on se donne en montant. J'ajoute qu'il est huit heures, la journée a été superbe, le ciel est du plus pur azur, les oiseaux lancent dans les airs leurs dernières chansons, les cloches elles aussi se mettent à chanter, de tous les côtés retentit dans la montagne le joyeux *Angelus* du soir. Ces moments-là sont toujours bons dans la

vie. Paix, calme et sérénité, repos de l'âme,
oubli des misères quotidiennes, voilà ce que cela
veut dire.

Le lendemain jeudi, nous sommes réveillés
par le bruit des bombardes qui annoncent la
fête à grand fracas; à huit heures, messe dans
l'église paroissiale. Dès huit heures moins le
quart, elle est envahie par la foule; nous
avons donc bien fait de venir ici à temps pour
avoir un coin et nous asseoir en attendant la
messe. Je dis nous asseoir; on ne s'assied point
aujourd'hui, pendant l'office du moins. D'un
côté, à droite, les hommes en masse, ils sont
bien un millier; des paysans, laboureurs ou artisans, maçons, scieurs de long, à la figure rasée
ou à la longue barbe jaunâtre, aux cheveux
allemands, c'est-à-dire blonds, un peu longs,
mal taillés. Ils ont tous un livre et ils prient
avec recueillement, les jeunes gens comme les
hommes d'âge mûr et les vieillards. Non seulement ils prient; mais le saint Sacrement est
exposé et ils restent à genoux tout le temps de
la messe sans s'asseoir un moment.

L'autel est paré très convenablement, les tentures sont rouges partout : c'est plus ou moins
liturgique; n'importe! il se dégage de cette enceinte un profond sentiment de religion et de
piété. Voici que le suisse qui porte une redingote noire, un large ruban rouge et une canne
à pommeau d'or vient d'ouvrir la grande porte
à deux battants : c'est la confrérie du Saint-
Sacrement qui entre, précédée de son drapeau

tenu militairement par un beau gars, vrai type de grenadier prussien; les confrères ont tous à la boutonnière un ruban rouge comme insigne; ils vont se ranger dans les premiers bancs près du chœur.

Les femmes, blanchisseuses pour la plupart, en cheveux (encore une dérogation aux règles ecclésiastiques données par l'Apôtre), sont rangées dans les bancs à gauche.

L'officiant arrive et expose le saint Sacrement; le canon tonne, le porte-étendard vient devant l'autel et abaisse son drapeau avec une majesté que je ne saurais redire, la sonnette retentit, les cloches sonnent; c'est vraiment très beau et comme je ne suis pas un huguenot, je pleure presque d'émotion et d'attendrissement en songeant aussi à la France.

L'orgue joue assez bien : des voix de femmes sont mêlées à celles des chantres et cela ne nuit pas à l'harmonie, au contraire; il y a même là un mariage heureux de voix. A la prose du *Lauda Sion*, ce chant triomphal, le célébrant prend l'ostensoir et reste tourné vers le peuple après avoir chanté par deux fois : *Ecce panis angelorum, In figuris præsignatur;* le peuple continue le verset, le drapeau s'incline toujours. Oui, cela est fort beau! De même au *Tantum ergo* final, le prêtre prend encore entre ses mains le saint Sacrement et reste tourné vers les fidèles, puis il les bénit au verset suivant. Pourquoi n'avons-nous pas cette coutume chez nous? L'effet en est très grand!

Et maintenant la procession se déroule dans
les rues du village et dans la forme ordinaire;
les hommes sont tous là sur deux longues files.
Les étrangers qui passent mettent le chapeau à
la main; combien parmi eux ne sont pas catholiques; mais qu'est-ce que cela fait? Eh bien!
oui, je regrette qu'en France on ne comprenne
pas que les protestants ne réclameraient jamais contre nos processions catholiques et
nos processions dans la rue; il y a là une
guerre non pas seulement odieuse contre nous,
mais ridicule. C'est bien français, mais ce qui
serait français davantage ce seraient nos pom-
pes et nos rites catholiques transportés au dehors. Qui redira l'effet d'une procession marchant
sur les grands boulevards, du Château-d'Eau
à la Madeleine, avec deux ou trois musiques
militaires, et la troupe faisant cortège, et les
ornements sacrés des vingt paroisses riveraines,
déployés au grand jour, et nos gouvernants
marchant derrière le dais où le cardinal-arche-
vêque porterait lui-même l'ostensoir d'or! Hélas! que nous sommes loin de ce rêve et qu'il
faudrait peu pour nous en donner la réalité, et
que nos Parisiens en seraient charmés et surpris
à la fois!...

Table d'hôte à une heure, à l'hôtel Ludwigsbad.
La salle à manger très ombreuse, suffisamment
luxueuse et décorée, présente le coup d'œil ordinaire; le service est bien fait. Je m'occupe du
reste surtout des convives : trente personnes à
table! Au haut bout, un monsieur d'une tren-

taine d'années, figure rasée, dos voûté, air distingué, c'est un Russe; il vient ici depuis vingt
ans, tous les ans. Deux dames, Russes, elles
aussi; une dizaine d'Allemands, une collection
d'Anglaises, — deux ou trois familles, — une,
composée de la mère et de cinq ou six *misses*,
le tout originaire de Nottingham, mais n'y habi-
tant jamais et voyageant sans trêve ni repos.
Oh! elles ne sont point belles! Non! taille mince
et élancée, grands pieds, tête chiffonnée, toilette multicolore, sans trop de goût; mais elles
sont gentilles, discrètes, très unies entre elles,
et trouvent toujours quelque sujet de conversation calme et intéressant.

CHAPITRE IV

Distractions.

Le journal de Baden *Badeblatt* annonce cette
après-midi une foule de concerts à la Maison
de conversation ; concert le matin, de 7 heures
à 8 heures ; concert à 3 heures ; concert double
à 8 heures du soir : l'un est donné par la musique de la ville, l'autre par le 3ᵉ régiment d'infanterie, en garnison à Carlsruhe. Les deux
orchestres installés chacun dans un kiosque, à
la façon viennoise, joueront alternativement
leurs morceaux, huit ou neuf morceaux l'un,
autant l'autre. La musique militaire est dirigée
par le *maître de chapelle* N..., lisez chef de mu-
que ; tous les chefs de musique sont maîtres
de chapelle en Allemagne, même quand ils portent l'épée et l'uniforme. Je me rends à Baden
pour 8 heures du soir. Quelle admirable et toujours plus admirable promenade que l'allée de
Lichtenthal ! et comme je comprends les lignes
suivantes, écrites par celui qui a chanté la forêt

Noire sur tous les tons, M. Fernand Gueymard, un Belge enthousiaste et à bon droit : « En arrivant, j'admirai d'abord l'élégante cité, la colline sur les flancs de laquelle elle étage ses vieilles maisons coiffées de toits écarlates, ses grasses prairies, où dorment des villas et des châlets sans nombre, ses hautes montagnes emmitouflées dans un épais et sombre manteau de sapins; puis je me demandai quel était le peuple assez heureux pour vivre dans une pareille contrée....

A Bade, la nature est si belle et si riante, les forêts sont si mystérieuses et si poétiques, les vallons si fleuris et si coquets, qu'ils exercent sur ceux qui ont le bonheur de les connaître un irrésistible attrait. On voudrait y passer sa vie tout entière. Le boudoir le mieux capitonné y devient une vilaine et noire prison, dès que le soleil éclaire de ses premiers rayons les appas enchanteurs de la vallée de l'Oos. On s'y sent mal à l'aise et comme l'oiseau qui aspire à la liberté, quelque douce et dorée que soit sa cage, on brûle du désir de prendre la clef des champs. Parmi tant de charmantes promenades, on n'a que l'embarras du choix; mais encore ce choix n'est-il point facile, car ces allées, ces routes, ces sentiers, sont si pittoresques, si séduisants, qu'on ne sait auxquels donner la préférence.... » (*Au pays du Kirschwasser.*)

Exact, absolument exact! Et moi aussi, je me suis trouvé embarrassé pour choisir; que de jolies promenades autour de Lichtenthal et de Baden qui, malgré tout, ne valent pas peut-être *l'Allée!* Je la partage en trois parties : en marchant d'un pas ordinaire, il faut un quart d'heure pour chacune. En quittant Bade, la promenade commence immédiatement à la Conversation, devant le Théâtre. A droite des deux grandes rangées de chênes séculaires, un jardin anglais; à gauche, des pelouses vertes et des bouquets d'arbustes exotiques, des corbeilles de rhododendrons incomparables, puis la petite rivière de l'Oos, large de quelques mètres, profonde de vingt centimètres, et courant gaiement sur les cailloux. Au-delà une partie de la ville neuve, les riches hôtels Victoria, de Hollande, etc., la rue de Lichtenthal, la Maria Victoria Strasse, l'église luthérienne, la petite église anglicane de la rue Berthold, la coquette église gréco-russe, des villas de tout genre.

Deuxième partie : l'allée se continue, bordée à droite de splendides parcs et de quelques monumentales habitations : celles de Thürr, de Menschikoff, etc., bordée à gauche d'un immense vert tapis, qui est la propriété de *l'International Launtennis Club,* et où les raquettes et les maillets font des prouesses.

Troisième partie de l'allée : à droite, une grande et grasse prairie qui s'étend jusqu'à la brasserie Heck, près l'abbaye de Lichtenthal, aux pieds de *Cecilienberg,* mont de Cécile, et à gauche, de l'autre côté de l'Oos, toujours des habitations modestes et charmantes s'élevant au milieu des massifs fleuris et embaumés;

chaque maison semble un paradis, où l'on arrive par une passerelle légère et gracieuse, jetée
sur le pétulant ruisseau.

On conçoit que j'allais à Baden autant pour
jouir de ce spectacle que pour entendre la musique; à 8 heures moins un quart pourtant,
j'étais assis sur un banc, près de l'orchestre
militaire. Oh! le chef! *le maître de chapelle* de
ces musiciens soldats, quel type! Figurez-vous
un homme gros, ventripotent, qui fait crever
sa tunique; il a des épaulières comme tous les
musiciens militaires et des franges d'or qui
pendillent à l'extrémité; toute une ferblanterie
décorative couvre sa poitrine. Ce sont des croix,
des médailles; on voit qu'il a été à Sadowa, à
Sedan, à Paris. Il a un geste fréquent, il tour-
mente ses longs favoris, qui lui donnent un
faux air de ressemblance avec l'empereur Guillaume Ier; il gourmande ses hommes. il les
fait aller sur un geste de la main, il se tourne
et se retourne sur sa chaise pour voir s'il a
produit son petit effet sur les masses, sur le
pauvre vulgaire, comme moi, qui le regarde de
tous mes yeux, l'étudie, et au fond, me moque
de lui très sincèrement.

Pendant que ses cuivres font rage et nous servent toute sorte de choses, du Wagner, *Lohengrin* ou *Tannhauser*, des valses de Strauss, etc.,
les élégants et les élégantes se promènent ou
sont assis sur un triple rang de chaises devant
la Conversation. Où est le temps, le beau temps,
où quinze mille Français venaient tous les soirs

dans la *Spielzimmer*, le salon des jeux, apporter leur or, leur bon or de France, et dépenser joyeusement leur gain en noces et festins, en parties et en promenades, dont on se souviendra longtemps dans les hôtels de Bade et des environs? Maintenant, depuis le 31 octobre 1872, plus de tapis vert et plus de Français depuis la guerre. C'est la guerre qui a tué le jeu. Il y a bien toujours quelque quarante mille touristes qui viennent ici respirer et chercher la santé. On y vient surtout en famille. « Les étrangers donnent moins, me disait mon hôte, mais donnent plus régulièrement. »

Nous revenons le soir à dix heures par l'allée de Lichtenthal sans faire aucune mauvaise rencontre, sans rencontrer même personne. C'est une chose digne de remarque que les voleurs sont à peu près inconnus dans ce fortuné pays, bien que les étrangers ne manquent pas, au contraire, et que la plupart d'entre eux ne sortent guère dans la campagne à pied, sans avoir sur eux d'assez fortes sommes souvent. On n'entend jamais dire qu'ils aient été rançonnés par les gens du pays. Ceux-ci, du reste, braves gens, dont les étrangers font un peu la fortune et avec lesquels ils sont habitués à vivre, n'ont point de désirs illicites ; ils gagnent beaucoup, paraît-il, dépensent en proportion et travaillent de nouveau pour gagner et dépenser. Tout le monde, naturellement, s'en trouve bien ; et voilà un pays à peu près heureux, si le bonheur peut se trouver sur terre.

Vendredi. — Promenades sur le Cécilienberg, la montagne qui domine les deux vallées de Lichtenthal et de Geroldsau. Le grand-duc est décidément un homme intelligent. J'ai vu son portrait et celui de la famille grand'ducale dans la salle à manger de l'hôtel; d'abord, il est beau et ses enfants sont beaux; ensuite, il a eu le talent de nous vaincre, ce qui n'est pas peu; — nous lui revaudrons cela quelque jour, je pense; mais passons; — ensuite, il a eu le talent de se marier à la fille de l'empereur, rien que cela! puis il a marié ses enfants : l'une avec le prince héréditaire de Suède, l'autre est entrée dans la famille de Nassau, la plus riche famille princière d'Allemagne après les La Tour et Taxis de Ratisbonne. Mais là où j'admire l'intelligence du grand-duc de Bade, c'est en pleine campagne, dans les bois; partout où il se trouve un point de vue, il se trouve un banc très commode pour s'asseoir, s'appuyer et contempler à l'aise; partout où il y a une bifurcation de routes, il y a un écriteau et un poteau indicateur pour vous renseigner sur le chemin à prendre. Certes, je lui décerne un bon point à lui et à ses gardes forestiers. C'est ainsi que, perdu dans les allées du bois de Cécilienberg, je n'ai pas été longtemps sans trouver l'indication : « *Zur müehle Geroldsau, 35 minutes* — pour aller au moulin de Geroldsau, 35 minutes »; et un peu plus loin, même renseignement avec 5 minutes en moins; on n'est pas plus exact.... L'exactitude est la politesse des rois;

quel malheur que ces rois parfois brûlent et prennent Strasbourg!!!...

J'ai donc été à Geroldsau, sous l'ombre des grandes sapinières, le long des précipices, le long des ruisseaux courants. Au moulin, on trouve un jardin où l'on peut se rafraîchir à bon marché; les prix sont affichés sur les murs et les arbres. On s'engage ensuite dans la vallée, qui sent bon parce qu'on a coupé les foins tout récemment; on arrive au village très pittoresque, au milieu de prairies fleuries; on s'engage de nouveau dans la forêt et, un peu plus loin, on est à la cascade : une miniature de cascade, mais très réussie, surtout à cause du cadre, des plantes grimpantes, des lianes pendantes, des jours bien ménagés et des ombres bien placées.

Vous revenez par le chemin des voitures, si vous voulez; alors vous êtes plus vite rendu, mais couvert de poussière par les nombreux équipages qui vous croisent. Les paysans entassent les fourrages sur leurs chariots traînés par des bœufs, les scieries grincent des dents le long de la route; ça sent bon le sapin coupé.... Les bonnes gens vous disent tous : *Guten Tag, mein herr!* et quand on passe devant les châlets de Lichtenthal, ô poésie! vous trouvez des enseignes telles que celle-ci : « *Irmengard N..., blumenmacherin.* Irmengarde, fleuriste. » Plus loin, une croix de pierre qui date de 1775 : on voit que les iconoclastes français n'ont pas passé ici; plus loin, un joli tableau : c'est une petite fille très mignonne, les cheveux blonds coiffés d'un chapeau de paille noire, le sac au dos, comme un soldat absolument; elle revient de l'école et s'arrête au bas d'une fenêtre qui encadre une autre tête blonde : un petit garçon. On voudrait voir le petit garçon au pied de la fenêtre et la petite fille en haut. Je dis ce que j'ai vu, malheureusement je ne sais pas assez d'allemand pour avoir pu écouter la conversation qui avait l'air très fournie.

Samedi. — Rien qu'un ciel pur, une nature verdoyante et tranquille.... le repos, le délicieux repos. Vu une Allemande, une jeune fille ou une jeune femme : à une heure, elle arrive dans le jardin de l'hôtel, s'installe à une table, demande à manger; à trois heures, elle mangeait encore; à quatre heures, elle buvait encore. Après avoir absorbé teutoniquement deux grandes bouteilles de bière de Carlsruhe, elle s'est levée et est partie à ses affaires.

Vers six heures, comme j'étais en train de prendre mon *souper,* une de nos longues Anglaises vient délibérément à moi, engage la conversation; elle avait vingt ans. Je suppose qu'elle a voulu tout simplement faire un exercice de français; elle avait connu la fille d'Emile Souvestre, là-bas à Brighton, je crois; c'est à peu près tout ce que j'en ai pu tirer.

Dimanche. — Messe entendue à l'abbaye, à sept heures. Ce sont les religieuses de l'ordre de Cîteaux qui, cachées derrière leurs grilles, chantent l'office sur un ton plaintif et mélancolique. L'église regorgeait encore de fidèles; j'ai dû me tenir debout pendant près d'une heure; pas même de place, devant moi, pour m'agenouiller à l'élévation, tellement on était pressé les uns contre les autres.

Promenade dans les rues qui sont au-dessus de l'allée de Lichtenthal, vers Baden; d'abord à la *Léopoldshoe*, un point de vue, trouvé peut-être bien par le grand-duc Léopold, qui a commencé le Bade moderne, lequel lui a élevé une statue au bas de la *Sophienstrasse*. Les rues que je parcours, et qui appartiennent moitié à la ville, moitié à la campagne, ont nom *Friedrichstrasse, Kaiserwilhemstrasse, Werderstrasse* : les noms des deux souverains et du célèbre général badois que nous connûmes trop en 1870. Ce ne sont que villas et palais dans les jardins et les fleurs. Certainement, grâce aux montagnes et aux perspectives, c'est plus beau que Passy et Auteuil, à Paris. Ce que je n'aime pas, ce sont les écriteaux multiples portant la mention : *Verbotener Eingang, Verbotener Durchgang,* « passage ou entrée défendus. » C'est sans doute pour se mettre en garde contre les indiscrétions des étrangers; eh bien! qu'on mette une grille, qu'on la ferme! quelques frais de plus; la belle affaire! Messieurs les favorisés du sort! Près de l'abbaye, une autre inscription est plus réjouissante : *Haus und Garten und Wald zu verkaufen;* « châlet, jardin et forêt à vendre. » Ah! comme il ferait bon là six mois de l'année!...

.... Pris un bain au second étage du *Fried-richsbad,* les bains de Frédéric, les plus beaux du monde; toutes les baignoires étaient prises jusqu'à midi, force m'a donc été d'aller dans les bains de société, les bains communs; je ne devais pas m'en repentir. J'ai vu là une *restauration* réussie et complète des bains antiques, des thermes romains; architecture et décoration pompéïennes presque partout, salles grandioses, vastes piscines; on a fait grand.

En arrivant, on vous donne une cabine où vous vous déshabillez. Il y a à votre disposition un tiroir fermant à clef où vous pouvez déposer vos bijoux et votre argent : la clef se suspend à un cordon attaché au caleçon. Puis on vous introduit dans les salles à piscines. Il y a des piscines d'eau froide et d'eau chaude : une de celles-ci est à fond de sable. Rien de curieux comme de descendre là-dedans et de s'y coucher tout de son long. Vous avez à vos côtés dix ou quinze compagnons, gros ou maigres, qui ont des figures plaisantes : l'un en face de moi, — nous étions couchés dans l'eau, en rond, — ressemblait à un de ces gros Vitellius que nous connaissons par les médailles romaines.

Après les piscines, bains de vapeur et douches. Tout est installé princièrement : douches en pluie, en spirale, en jets forts, et quand vous en avez pris tout votre saoûl, vous passez dans une autre salle, entre les mains de garçons qui vous tendent d'abord un peignoir chaud, puis vous habillent ensuite avec une robe longue, un casque à mèche, des chaussettes de toile et des sandales. Ainsi déguisé, vous vous dirigez vers la salle de repos, meublée de divans en velours rouges, de lits de camp et de *rocking-chairs* américains; les garçons vous roulent littéralement dans des couvertures de laine et vous abandonnent pour la sieste. Encore une fois, j'ai rêvé de Rome et de Pompéï. Une cloche d'église mise en branle vint me rappeler à la réalité; sans cette cloche l'illusion pouvait durer jusqu'au moment où je repris mon costume ordinaire dans ma cabine.

En revenant je passe par la rue *Marie-Victoire* et j'entre à l'église russe. Vingt personnes au plus devant les saintes images de *l'iconostase* fermé en ce moment : quelques messieurs, des dames et leurs suivantes qui se prosternent et se signent à la russe, dix fois par minute. Bientôt pourtant le prêtre officiant ouvre la barrière qui le sépare des fidèles et paraît à leurs regards : il est vêtu d'une longue chape violette, bordée de galons d'or; il porte au cou une large étole de même nuance. L'autel est petit et très chargé : d'abord un grand chandelier à sept branches, puis le livre de l'Evangile, puis la Croix. Quand le prêtre se tourne vers les assistants, les bénit avec le ciboire recouvert d'une étoffe violette, et qu'il a derrière lui, comme décor, le grand candélabre au mystérieux symbole, l'effet est saisissant. A la fin de la messe, a lieu le baisement de croix; le prêtre donne en même temps à chaque assistant un petit morceau de pain bénit. Le bedeau vint faire la quête un peu avant, il passa devant moi et je remarquai dans son plateau plusieurs pièces d'or.... Ce n'étaient pas tout à fait les premiers venus que j'avais à mes côtés....

Il est 8 heures du soir; je me promène solitairement dans l'allée et je vois nos Anglaises, pieuses anglicanes, se rendant, le livre à la main, au temple, pour faire leurs dévotions. On n'oublie pas tout à fait Dieu au milieu des plaisirs de Bade....

CHAPITRE V

Dans la forêt Noire.

L'idéal du voyageur : course à pied. — Un conte du chanoine
Schmidt. — Diligence wurtembergeoise et officier poméranien.
— Ascension de la *Hornisgrinde*. — L'auberge qu'on ne trouve
plus. — Nous revoyons l'officier poméranien.

Nous trinquons joyeusement avec un de nos
amis arrivé à Baden pour nous voir, nous l'em-
barquons ensuite pour Triberg, le pays des coucous ; nous aussi nous irons de ce côté, mais par
le chemin des écoliers et des touristes, par la
vallée de la Murg.

Un matin une bonne voiture nous amène à
travers l'allée et le joli village de Lichtenthal
jusqu'à la pisciculture *Fischcultur;* là nous con-
gédions notre cocher, nous mettons sac au dos
et nous partons pour *Gernsbach,* à travers les
bois.

Deux heures de marche ; au bout de la première nous sommes à un carrefour ; un banc
rustique, tout neuf, adossé contre un arbre, nous
invite à nous asseoir ; nous déposons notre sac
et nous nous étendons avec délices. Mais en
tournant les yeux vers l'autre côté de la route,
dans l'herbe, sous les sapins, couché, nous

voyons quoi ?... Un homme d'aspect rude et
rébarbatif; il se lève, il a un énorme gourdin à
la main.... Qu'est-ce que cela? mon Dieu!... Ce
n'est pas tout.... pour achever de nous faire
dresser les cheveux sur la tête, il vient à nous,
s'arrête un instant au milieu de la route assom-
brie par les ramures et porte à sa bouche un
sifflet d'où il tire un son strident et prolongé....
O brigands de la forêt Noire! ò contes du chanoine Schmidt! ò réminiscences littéraires peu
agréables! Nous nous rappelons une foule de
choses terribles et ne sommes pas du tout rassu-
rés. Un autre homme surgit à quelques pas; les
deux brigands viennent à nous, et au moment
où nous allons crier merci et tendre notre porte-
monnaie malheureusement assez bien fourni au
début du voyage, ils nous souhaitent le bonjour
et nous demandent poliment où nous allons....
Nous apercevons alors la plaque grand'ducale;
ce sont deux gardes forestiers du *Gross-Herzog*.
Dieu soit loué!

Nous débouchons dans la vallée de Gernsbach
au milieu des faneurs et des faneuses et nous
sommes bientôt dans le pittoresque village, at-
tablés dans une auberge véritable devant n'importe quel plat. Après déjeuner, nous allons
nous étendre sur les bords de la Murg, au milieu
des hautes herbes, en face d'un marché et d'une
scierie, puis nous revenons attendre la diligence
de *Forbach,* sur le pont de la rivière.

Clic! clac! la voilà la bonne patache des anciens jours; on nous hisse à bord, et nous som-

mes installés sur la seconde banquette de devant, derrière le postillon et un autre voyageur. Le postillon wurtembergeois — car nous sommes dans une voiture de la poste wurtembergeoise — trône réellement sur son siège comme un roi, il porte une veste à brandebourgs, une casquette plate allemande, et en bandoulière un cor dont il joue, en arrivant dans les villages que nous traversons.

Le voyageur son voisin est habillé comme tout le monde, mais il ne parle pas comme tout le monde. Il nous apprend bientôt qu'il est officier prussien et Poméranien, il déteste l'Allemagne du Sud parce que ses habitants sont des abrutis qui ne comprennent pas même la langue, la vraie, la pure langue de Berlin, capitale de l'Allemagne ! Un chariot s'avance péniblement devant nous ; le conducteur va à pied, près des chevaux ; un soldat de la ligne est monté sur le char rustique et il a déposé à ses pieds son casque, son fusil et son sac. « Voyez cet animal-là, nous dit notre officier, que nous sommes bien forcés de subir ; il est bien Allemand, mais du Sud ; comme ça se voit ! un Allemand du Nord, Messieurs, un soldat berlinois est un homme qui se respecte ; l'honneur militaire lui commanderait de continuer son chemin à pied, sans aucun adoucissement et de s'éreinter sous son casque, son fusil et son sac ; voilà comment nous sommes, nous !... »

Ainsi soit-il ! sa faconde ne nous empêche pas d'admirer le paysage. La forêt Noire, c'est la

Suisse, moins grandiose, plus joujou, moins belle, peut-être plus jolie ; les routes sont admirablement bien entretenues ; des écriteaux partout qui indiquent exactement le chemin ; on ne peut s'y tromper et puis tout est propre et rangé, comme dans un parc anglais, comparaison souvent faite, toujours exacte. Cascades, ruisseaux, montagnes, vallons, précipices et sapinières jusqu'à Forbach ; gentils villages, rustiques moulins ; du bleu et du vert, et même un chamois qui fuit sous les arbres et que notre cocher excite en sonnant du cor comme un vrai piqueur.

A Forbach, arrêt pour relayer ; on boit à l'auberge un verre de *kirschenwasser* et on admire pour la première fois les grandes pipes à foyer de porcelaine contenant exactement de 40 à 50 grammes de tabac ; une pareille pipe dure trois heures sans s'éteindre.

Nous nous remettons en route pour *Schœnmunzach* et nous y arrivons vers le soir. La diligence nous a coûté à chacun deux marcs. Installation pour la nuit dans une sorte d'hôtel au milieu d'un paysage sévère ; visite à la verrerie royale, — nous sommes ici dans les Etats du roi de Wurtemberg — où l'on nous fait voir la fabrication du verre, au moyen de lunettes bleues ; marché conclu avec un guide pour la journée du lendemain ; nous nous couchons.

Le lendemain notre guide arrive : un solide gars de 18 à 20 ans ; il se charge de nos deux sacs et de nos pardessus. Nous restons la canne

à la main; une véritable promenade par consé-
·quent; elle durera jusqu'au soir: huit lieues bien
pleines. Il s'agit d'escalader la *Hornisgrinde,* la
plus haute montagne du Schwarzwald; excur-
·sion de touristes absolument, excursion agréable si l'on veut simplement marcher, faire de la
·gymnastique; mais je ne la recommencerai plus,
parce que j'ai trouvé que le but était nul ou à
peu près. D'abord aux trois quarts de la montée
·assez douce jusque-là, on doit s'engager dans
le lit à peine desséché d'un torrent; puis arrivé
·au sommet, parcourir le sol spongieux et élas-
tique d'immenses tourbières; cela fait, on arrive
·à une petite tourelle; on monte au sommet au
moyen d'une échelle et on regarde la vue sur la
plaine du Rhin, Strasbourg et l'Alsace. Comme
toujours on ne voit rien; le ciel est nuageux
neuf fois sur dix; à quoi bon cette course alors?
il vaudrait mieux contourner la montagne pour
·gagner le *Mummelsee....*

Pour nous, nous avons encore la fatigue de la
descente, par des sentiers remplis de pierres
glissantes et roulantes. Notre guide badois,
·jusque-là muet comme une carpe et sérieux
comme tous les poissons, s'émeut et parle; il
vient d'apercevoir un coq de bruyère qui s'enfuit
à tire-d'aile, *rara avis.* Il a même découvert trois
·ou quatre plumes tombées sur le bord du chemin, et il pousse des exclamations admiratives
·en nous distribuant les plumes que nous atta-
·chons joyeusement à notre chapeau.

Pendant ce temps-là qu'était devenu notre

Poméranien ? nous ne le perdions pas de vue, hélas ! il avait fallu dîner avec lui la veille à Schœnmunzach et déjeuner avec lui le matin avant le départ. Voici le ton général de notre conversation ; ton aigre-doux comme on le verra :

— « Ah ! vous prenez un guide pour vous montrer le chemin et porter votre sac ?

— Mon Dieu, oui ! nous autres Français, vous savez, malgré tout, il nous reste toujours un peu d'argent pour nous permettre de faire les choses bien à l'aise. »

Là-dessus nous le saluons poliment et nous partons pour le devancer.... nous avons l'heur de le rencontrer deux fois pendant la route, en montant à la Hornisgrindre et en descendant.

— « Eh bien ! Messieurs, c'est fatigant, n'est-ce pas ?

— Comment ! vous voulez rire. Vous ne savez donc pas que nous sommes capables de faire nos dix lieues par jour sans broncher.... Mais, c'est une qualité nationale, cela ! » Et par bravade, nous entonnons une gaie chanson gauloise.

Le Mummelsee est un petit lac enfoncé dans la montagne et encadré de tous les côtés par de hauts sapins qui donnent à ses eaux une couleur sombre et noire comme celle des lacs écossais. Le lac a sa légende, ses ondines qui viennent le soir danser des rondes folles à sa surface, et qui, nouvelles sirènes, cherchent à séduire le pâtre ou le voyageur trop confiant. Dans cet ordre d'idées poétiques on vient faire de temps en temps une promenade sentimentale sur ses

bords; nous y rencontrâmes deux jeunes fiancés
qui ramaient languissamment dans une bar-
que, pendant qu'un petit restaurateur voisin
faisait résonner avec son cor les échos d'alentour. Si le sentimentalisme s'est réfugié quelque
part et n'y craint point le ridicule, c'est bien
en Allemagne.

Déjeuner à *Seebach,* village bâti le long de la
route : le maître de l'auberge, lui, n'aime pas
les Allemands du Nord, et regrette le bon temps
où les Français lui apportaient leurs beaux
louis d'or.

Après Seebach, toujours marchant, nous voici
à *Ottenhofen;* très pittoresque village et très
pittoresque auberge. Un rez-de-chaussée et un
étage seulement; au rez-de-chaussée, une salle
irrégulièrement construite; des tables massives,
des chaises ou escabeaux de bois, où le dossier
plein est agrémenté d'un trèfle découpé à jour;
un coucou qui nous écorche les oreilles. Nous
mangeons de la choucroute, nous buvons de la
bière et d'excellent kirsch; nous sommes servis
par un gros homme qui a tout l'air d'être le
bourgmestre ou le bailli de l'endroit; sa dignité
est suprême, ses façons protectrices. En haut,
une grande salle presque vide de meubles; quatre chambres à coucher s'ouvrent sur cette
salle, deux à chaque extrémité; les fenêtres des
chambres sont à tabatière et fort étroites; on
peut juste y passer la tête. Et vraiment ça en
vaut la peine, car le spectacle est si frais, si
calme, si doux, si rustique que je n'en détachais

pas mes yeux. Un ruisssau qui court en bas sur des cailloux blancs, des prés en bordure, des maisons à pignons entourés de noyers, la montagne qui s'élève tout derrière et les grosses vaches qui mugissent en paissant.... La paix règne en ces lieux; le bonheur doit y habiter plus qu'ailleurs.

En voiture le lendemain jusqu'à l'ancienne abbaye de Tous les Saints (*Allerheiligen*) transformé en hôtel meublé et en restaurant. Ici, ce ne sont pas tant les ruines de l'abbaye qui frappent que le paysage qui les entoure et que les cascades qu'on trouve tout près, sur la jolie route qui va à *Oppenau* et que nous prenons après déjeuner.

Pendant le repas, nous voyons entrer dans la salle notre Prussien; pour le coup, c'est trop fort! nous l'aurons donc toujours sur le dos! mais il met le comble à la mesure quand il entame le sujet suivant :

— « C'est une belle chose que les voyages.... mais vous avouerez, Messieurs, qu'un Allemand est bien privé; désormais il ne peut plus aller à Paris, avec la façon d'agir des Français à son égard....

— Bon Allemand! ne dites pas cela; l'Allemagne est le premier pays du monde; elle a de si bonne bière et de si bonnes saucisses; les Champs-Elysées ne sont point à Paris, mais ici; restez-y. »

Nous payons, nous saluons et nous partons.

D'Oppenau à Fribourg en chemin de fer.

CHAPITRE VI

Fribourg et environs.

J'ai eu cinq ou six ans tout comme un autre. Dans cet heureux temps (je ne sais pas pourquoi on appelle toujours heureux temps cet âge si inconscient), j'habitais Nancy, la capitale de la Lorraine. J'ai vécu plusieurs années dans les *Pavillons*, tout au bout du faubourg Saint-Pierre, à l'ombre du clocher du Bon-Secours. Les Pavillons ! Un ancien rendez-vous de chasse de Stanislas, je crois; une jolie terrasse, un grand jardin en pente vers le canal, avec un petit bois et dans chaque pavillon trois chambres: une galerie vitrée reliait les deux ailes. Je vois toujours se promenant dans la galerie une vieille dame, grande, maigre, très ridée; elle n'avait pas l'air commode du tout, cachait souvent un martinet sous son fichu croisé et le faisait sentir aux petits espiègles qui lui jouaient des tours fort innocents, ma foi !

C'était la belle-mère d'un grand-oncle à moi ;
elle vivait chez mes parents, et nous l'appelions
tous « grand'maman ! » Signes particuliers :
elle portait un bonnet de soie noir à fond très
large, évasé en galette, comme toutes les vieilles
en portent là-bas dans nos villages lorrains-
alsaciens ; et puis elle avait été dans le temps à
Fribourg-en-Brisgau. Quoi faire ? Je n'en sais
rien vraiment. Elle filait au rouet et nous met-
tions mon frère et moi, des rognures de papier
dans l'axe du rouet. Ça tournait, ça tournait et
la rognure devenait un beau soleil blanc. La
vieille tante ne parlait pas beaucoup, quoique ses
lèvres remuassent toujours ; de temps en temps
on s'enhardissait jusqu'à lui dire : « C'est vrai,
grand'maman, que vous avez été à Fribourg-en-
Brisgau, *chez les Allemands ?* » Et elle hochait
la tête d'un signe qui voulait dire « oui. »

Oh ! Fribourg, le Brisgau, les Allemands, quel
mirage ! Cela a bercé mon enfance sans que
jamais je susse bien ce que c'était ; j'ai persécuté une fois ma pauvre mère pour qu'elle
me conduisît à Kehl, parce que Strasbourg,
pour moi, était trop français ; du reste, Lorrain
de langue française, j'ai toujours été tout à fait
Français et mon père est né dans le dernier
village français du côté de Saverne. Impossible
de joindre les Allemands ! ça été une longue
obsession jusqu'en 1870.... Hélas ! après, j'en ai
eu tout mon saoûl !

Mais Fribourg a toujours fui devant moi sans
que jamais je pusse l'atteindre ; c'est sans doute

pour cela que j'ai tant désiré voir Fribourg, et puis, chose étrange! j'y suis passé plus tard, en chemin de fer. A la gare, j'ai vu défiler devant moi une grande et belle flèche : la cathédrale, des maisons coquettes adossées à des montagnes vertes, des monuments, des casernes, des rues, des places régulières; ça me paraissait une ville très propre. Au bout, tout au bout, une prison à créneaux; sur le rempart de cette forteresse en miniature, un homme d'armes, un chevalier du guet, casque en tête et pertuisane sur l'épaule. J'ai aperçu cela, et pressé par le temps j'ai encore vu Fribourg, mon Fribourg s'évanouir au loin dans la montagne; il était donc décidé que je ne m'y arrêterais jamais.... Pardon! dix-neuf ans après la guerre, j'y suis venu, pas très rassuré pourtant; l'année précédente, les étudiants de l'université ayant fait un mauvais parti à deux innocents Français au buffet de la gare. J'y suis venu, néanmoins, j'ai vu et bien vu la ville tant désirée; il n'y a même qu'une chose que je n'aie point vue, c'est la prison qui m'avait frappé plus que tout le reste.

Pour être une ville propre, Fribourg est une ville propre, il n'y a pas le moindre doute à émettre là-dessus. Et déjà le paysage avant d'arriver est beau, clair, ensoleillé; à gauche, la plaine du Rhin, les Vosges dans le lointain; à droite la forêt Noire, des sites boisés, des masses profondes de verdure, des coteaux renommés comme celui de Markgrœfler, ce vin, très bon du reste, qu'on vous sert dans tous les restaurants de la contrée.

Fribourg est le chef-lieu du cercle du Haut-Rhin badois, la résidence d'un archevêque et le siège d'une université. 40,000 habitants dont un millier d'étudiants; dans toutes les rues coulent des ruisseaux dérivés de la Dreisam et qui ne contribuent pas peu à donner à la ville un cachet de netteté et de fraîcheur remarquables. Il y a beaucoup d'étrangers à Fribourg; bon nombre d'anciens fonctionnaires du Nord de l'Allemagne viennent manger leur retraite ici; c'est un très agréable endroit où, pour se promener et prendre de la distraction on n'a que l'embarras du choix, car les environs sont magnifiques.

Voulez-vous être logé modestement, mais confortablement, à l'anglaise? allez à l'hôtel *Victoria*, près la poste: aucun omnibus ne vous y conduira, par exemple : vous devrez vous y rendre pédestrement. Voulez-vous être logé dans une grande et vieille maison où les chambres immenses rappellent les pièces d'un château de fée, d'un manoir féodal? où les boiseries craquent, où les plafonds s'envolent à des hauteurs vertigineuses? allez à l'hôtel *Fæhrenbach*. Voulez-vous vous installer princièrement et coûteusement, rendez-vous à deux pas, en face de la gare, au *Zæhringer hof*, dont le patron nominal n'est autre que le fondateur de la cité, Berthold III duc de Zæhringen; et c'est son frère Conrad qui a posé la première pierre de la cathédrale : à eux deux ils ont fait la ville.

Cette cathédrale de Fribourg est le digne pendant de celle de Strasbourg; on dit même que c'est le même architecte, Maître Erwin de Steinbach qui aurait construit cette splendide pyramide en grès rouge qui flamboie sous le soleil d'été. Mais qui pourra jamais rien affirmer sur les fondateurs de cathédrales? il semble que l'origine de ces étonnants monuments soit aussi mystérieuse que celle du monde lui-même; littéralement elle se perd dans la nuit des temps. On sait que l'édifice existe, on l'admire, on l'aime, on en vit, on en parle et un inconnu plein de charme plane sur ces grandeurs. Ici encore l'œil de l'homme n'a pas vu, l'intelligence n'a pas compris, le ciel et les cathédrales qui sont le vestibule du ciel ne sont point révélés....

Pour bien jouir de la cathédrale de Fribourg, il faut monter à la tour jusqu'à la plate-forme octogone et jusqu'aux huit gigantesques croisées; la flèche a 356 pieds de haut; quand on la regarde en se penchant un peu en dehors, on dirait qu'elle traverse la nue et plonge dans l'infini.

Et puis il faut se promener sur la grande esplanade, devant le porche qui ressemble à un atrium peuplé de statues, enfin entrer à l'intérieur, rester longtemps à regarder le jeu de la lumière sur ces inimitables vitraux qui racontent longuement l'histoire de la noblesse, de la commune et des confréries.

Après, je vous l'ai dit, vous aurez mille promenades intéressantes à faire. Vous irez en voiture au Lorettoberg; c'est le soir qu'il faut aller vous perdre dans ce labyrinthe de verdure. Le matin, de préférence, vous irez au Schlossberg. Après avoir dîné au *Kopf*, vous descendrez dans la salle de concert et vous y entendrez de très bonne musique. Moi, j'y ai eu une surprise : tout ce que la ville contient de gens distingués se trouvait là, un soir; un orchestre fit entendre une quantité de morceaux, tous des maîtres allemands dont l'œuvre fut accueillie comme elle le méritait, avec une respectueuse déférence et un silencieux plaisir, voire même les productions du divin Wagner. Tout à coup, l'orchestre attaqua le célèbre passage de *Faust :*

Gloire immortelle de nos aïeux !

C'était fini ! un frémissement avait passé chez ces gros Allemands tout comme dans une assemblée de Français, fière, ardente, généreuse; l'enthousiasme fit éclater la salle en applaudissements. Qu'applaudissaient-ils ? l'âme de la patrie ou le nom d'un homme ?... L'homme est un Français, voilà tout ce qu'il y a de plus certain.

Mais ce qui fait surtout l'attrait de Fribourg, c'est que cette ville est le centre ou le point de départ d'une foule d'excursions dans la montagne. Mon compagnon de voyage et moi, nous nous décidâmes pour une course dans le nouveau chemin de fer qui va depuis peu d'années jusqu'à Neustadt, par le val d'Enfer en remontant le long du cours de la Dreisam. D'abord, de frais pâturages tout entourés de hauteurs boisées; cet amphithéâtre naturel a été trouvé si joli, qu'on l'a appelé un paradis, le royaume du ciel, *Himmelreich*. Les hauteurs se rapprochent et deviennent deux murailles à pic, séparées à peine par un étroit défilé dominé à l'entrée par les ruines du château de Falkenstein; c'est par antithèse qu'on a nommé cet endroit le val d'Enfer *Hœllenthal;* — juste de la place pour la route et la rivière.

Il fait nuit; nous sommes commodément installés dans le fond d'un wagon; nous avons corrompu à prix d'or le conducteur du train qui nous appartient corps et âme comme un lansquenet acheté par un seigneur du moyen âge, et il veille aux curiosités de la route pour nous les faire voir. Il nous appelle vivement pour nous montrer le *Saut du cerf,* une statue de cerf en bronze juchée tout en haut sur les roches, dans la partie la plus étroite du couloir; plus loin, dans les ténèbres, il nous désigne successivement *Hinterzarten* et le *Titi see,* dont les eaux miroitent sous la lumière tremblotante de la lune.

Nous arrivons à Neustadt assez tard. Une vieille patache vient nous prendre à la gare; il n'y a plus de place dans l'intérieur et je suis obligé de monter sur le siège à côté du cocher, ce qui me permet d'embrasser le paysage d'un coup d'œil. Ce n'est pas extrêmement curieux,

Neustadt; c'est une vieille petite ville industrielle de 2,500 habitants, au pied du Hochfirst; on y fabrique beaucoup d'horlogerie et de broderies d'or sur velours pour les bonnets de paysannes. Car il y a encore des bonnets badois, comme il y a des bonnets alsaciens; j'en ai vu le lendemain une jolie collection à la grand'messe. Le bon vieux temps n'est pas tout à fait disparu; les grands chapeaux noirs des hommes, les redingotes aux longs pans et aux larges boutons métalliques, tout cela fini, envolé! mais les pipes à long tuyau en caoutchouc et à vaste foyer de porcelaine, les bonnets fourrés, les bottes, les casquettes rondes et plates à l'allemande et à la russe, les vestes grises à brandebourgs et passepoils verts, les cors de chasse des conducteurs de diligences, les diligences elles-mêmes, sont restés. Comment voudriez-vous de Neustadt rejoindre la ligne de chemin de fer de Donaueschingen, Triberg ou Schaffouse, sans la bonne diligence des anciens jours?

Et puis ce qui reste, voyez-vous! c'est la nature, la belle campagne, l'admirable montagne, l'éternelle forêt. Cela est comme c'était il y a cent et deux cents ans et plus.... on ne change pas les essences et les espèces; une reine-des-prés est toujours une reine-des-prés, un myrtille noir balancera toujours au souffle du vent ses grelots roses et silencieux, et les touffes de campanules blanches et bleues répandront les mêmes parfums; les étoiles des myosotis vous rappelleront toujours ce qu'il faut vous rappe-

ler; les colonnades de la forêt, les sapins, les
pins, les peupliers suisses, les aunes, les frê-
nes, les noyers, les chênes chanteront toujours
leur hymne à la gloire de l'Eternel et vous met-
tront le cœur en joie. Immuable nature, toi
seule restes dans des conditions identiques à
toi-même, toi seule donnes le bonheur et la paix,
toi seule marches vers ta destinée sans violence
ni secousses, sans orgueil ni révolte, toi seule
obéis à l'ordre prescrit, dès l'origine, aux lois
faites par le Créateur; on ne saurait trop t'admirer et t'aimer....

Ce qui reste aussi dans la montagne, c'est le
type de maison : la maison allemande est invariable. Un cube de charpente dont les cadres
sont remplis par des briques et du plâtre; les
chevrons décrivent de grandes ogives sur les
murailles, les poutres sont apparentes à l'intérieur, les pignons sont tournés sur la rue, les
petites fenêtres à carreaux d'église éclairent ce
grand corps, des auvents sont pratiqués sous la
toiture et à chaque étage, la vigne vierge, le
lierre, les rosiers, montent sur la façade; allez à
Fribourg, à Bâle, à Schaffouse, à Lindau, à Nuremberg, à Francfort, dans le Nord ou dans le
Midi, vous retrouverez partout ce type de construction. Cela fait les délices du peintre, et en
vérité rien de plus artistique; si une de ces fenêtres, sur le bord de laquelle croissent des géraniums rouges, vient à s'ouvrir, et qu'un vieux
paysan en cheveux blancs ou une jeune fille aux
joues roses apparaisse, la maison vit, s'anime,

le tableau est complet. J'ai beau chercher dans
mon pays natal un coin aussi poétique, je ne
le trouverai pas sans peine; en Allemagne et
dans la forêt Noire, je le rencontrerai cent
fois....

Il est donc inutile de dire qu'à l'hôtel Adler
nous trouvâmes une auberge, un perron de sept
marches, une vieille enseigne grinçante, un
bon vieux corridor, une cuisine de l'ancien
temps, vaste comme une église, une salle à
manger convenablement meublée d'un immense
poêle de faïence verte, — ceci pour l'hiver, —
donnant sur un jardin qui fleurait la rose, l'œil-
let, la lavande, et toutes sortes de plantes villa-
geoises, — ceci pour l'été, — en haut, deux
bonnes chambres et deux bons lits ornés de rideaux blancs, quatre fenêtres ouvrant sur la
rue ou sur une ruelle voisine. Quand on regar-
dait du côté de la ruelle, on voyait tantôt un coq
hardi qui gourmandait de pauvres poules, tantôt
un maigre palefrenier qui étrillait un gros cheval, tantôt une accorte servante qui, les manches retroussées jusqu'aux coudes, coulait la
lessive. Je me déclarai suffisamment satisfait.

Le plus amusant, c'étaient les convives de la
tâble d'hôte, et parmi eux, deux jeunes gens,
un couple : pour une fois, je me réconciliai avec
les tables d'hôte. Seigneur, Dieu d'Abraham,
d'Isaac et de Jacob ! en France nous ne vous
connaissons pas ! nous sommes trop froids, trop
réservés, trop gourmés ! nous avons oublié que
vous avez dit un jour : « Allez, croissez, soyez

comme les grains de sable qui peuplent les
bords de la mer et comme les étoiles qui peuplent les cieux..., etc., etc.... » Les Français,
quand ils aiment, aiment discrètement et
gentiment; en ces matières il faut toujours
prendre garde d'être ridicule et d'étaler son
bonheur, lequel bonheur parfois est fragile
comme un cristal de Bohême ou un verre filé
de Venise. Bref, quand les Français viennent en
Allemagne, toutes leurs données sont renversées; ils arrivent au milieu d'une nation simple
et naïve, c'est l'âge d'or. Leur âge est comme
les cheveux de Gretchen, pas autrement. Idylle
et pastorale, pastorale et idylle, voilà le mot
d'ordre; Jacob cause avec Rachel, Isaac avec
Rébecca; ensemble ils vont à la fontaine, au
Titi see, à la gare du chemin de fer, à la table
d'hôte; tout le temps ils ont les yeux dans les
yeux, buvant leur souffle et leur âme. Evohé !
Evohé ! c'est hébraïque, c'est grec, anacréon-
tique et primitif. Eh bien ! j'ai vu là, j'ai vu
un grand dadais de vingt-cinq ans, qui sortait de la caserne et qui, pour se reposer
de la férule du *Hauptmann* et du coup de
pied du *feld-webel,* se laissait tranquillement
dorloter et mettre les morceaux dans la bouche
par une laide petite demoiselle qui avait des
yeux de poisson et des cheveux en filasse. Hurrah pour la romanesque Allemagne !

. . . .

« Les conducteurs sont *instruits à recevoir les
ordres* pour un déjeuner pendant le trajet de

Bâle à Offenbourg. Ces déjeuners *consistent d'une* tasse de bouillon, d'une assiette de viande froide, d'un plat de viande chaude et d'un pain.

» Les tablettes en métal argenté sont d'une construction élégante; elles contiennent une terrine, des plats, des assiettes, bouteilles, un verre, poivrière, salière et un couvert; elles *sont tellement construites* pour être placées sur les genoux, sans incommoder les voyageurs ou *causer un bouleversement* (!).

» Le prix d'un déjeuner est mk. 2, et est encaissé lors de la présentation par les employés du restaurant.

» Les plats vides sont retirés du coupé à Schwetzingen à *l'écoulement de plus de* quarante-cinq minutes (!). Les voyageurs sont priés de les déposer au-dessus de leurs places en attendant. — Friedrich Trauttwein Bahnhof restaurateur. »

Bons Allemands, *Post* de Berlin, *Gazette de Cologne* et *tutti quanti,* ne vous moquez plus de nous!... Mais l'important est de tenir ce petit billet et la tablette en métal argenté et garnie, dans le trajet de Bâle à Francfort. On ne meurt pas de faim.... tout est bien. Mais!...

CHAPITRE VII

Francfort et le Taunus.

Carlsruhe, ville morte, et Heidelberg, ville vivante. — Les étudiants balafrés : pourquoi? — Le grand tonneau et le *chemin
des Philosophes.* — Darmstadt et toujours des soldats. —
Francfort-sur-le-Mein et ses jardins. — Description d'une autre
gare de chemin de fer. — Châteaux anciens et châteaux modernes. — On peut être désormais poitrinaire impunément.

Laissant mon compagnon partir pour Cologne où je le retrouverai, je vais coucher à
Carlsruhe. Il faut changer de train à Oos et
prendre celui qui vient de Strasbourg. Pour
être plus sûr de mon affaire, je m'adresse avec
la plus exquise politesse à un vieux chef de
train qui avait contrôlé mon billet un peu auparavant. Oh! la laide figure de vieux qu'il avait!
une figure de vieille grand'mère, alsacienne ou
allemande, acariâtre et grincheuse. — « C'est
bien là mon train, n'est-ce pas? — *Ya!* Karlsruhe!
Karlsruhe! » Impossible de rendre l'expression
et l'intonation.... C'est la haine de l'étranger,
du Français, du touriste qui fait un voyage
d'agrément. Peut-être, vieux *schaffner,* as-tu
perdu un fils, dans la guerre, sur le sol français
et que tu te le rappelles trop en voyant l'*ennemi?*... Et nous!...

Carlsruhe est une ville qui suinte l'ennui par tous les pores. Quelques jolis hôtels aux approches de la gare; une assez belle rue qui conduit au château en passant par deux places assez vastes. Le château est ce qu'il y a de mieux : il a l'air grandiose et est grandiosement situé; il est entouré d'une série de maisons à arcades régulières et de frais jardins. On doit tout de même s'ennuyer beaucoup là-dedans!

.... Quelques heures après, j'étais à Heidelberg! Parlez-moi de ça! voilà un endroit qui a du cachet; c'est encore un peu Baden-Baden. Dans la ville même, rien à voir : les laids bâtiments de l'Université, des figures d'étudiants plus laides encore. J'en ai vu un qui passait à côté de moi avec le visage littéralement boursouflé par des cicatrices qui s'enchevêtraient les unes dans les autres. Mais, quelle sottise! quelle stupidité! mais, pourquoi ces ornements d'un goût plus que douteux? Comment sortir avec une trogne pareille? Et dire que cela durera toute la vie! Et dire que la rage des duels ne s'éteint pas et que l'Allemagne aura dans dix ans une légion de médecins et d'avocats qui seront des monstres repoussants; ils ne comprennent pourtant pas cela! Ma parole! les officiers de l'armée sont mieux; ce qui prouve qu'à l'école, quand ils étaient cadets ou étudiants, ils avaient plus de raison et se battaient moins fréquemment et moins bêtement.

On n'ose point passer à côté de ces messieurs à petite casquette et à écharpe de couleur; ils

tiennent tout le trottoir, ont des épaules excessivement larges, et peuvent vous heurter et
vous jeter par terre. Si maintenant c'est vous
qui les heurtez, attention! ils vous provoquent
et vous tailladent la figure.... ou peut-être, non,
ma foi! ils voudront tout simplement se faire
taillader par vous, pour montrer une nouvelle
cicatrice. Quels drôles de corps!

Le cachet à Heidelberg est dans le vieux
Schloss, dans ces ruines ensevelies dans le feuillage, dans ce fouillis inextricable de verdure et
de fleurs qui sentent délicieusement bon, dans
ce vieux tonneau si renommé où l'on a construit
sur le dessus une salle de bal et où l'on peut
danser, dans cette vieille tour fendue dont un
pan énorme est tombé tout d'un bloc dans le
fossé herbeux, sans que les pierres fussent désu-
nies, tellement elles étaient cimentées solide-
ment, et le mur a deux mètres d'épaisseur! Le
cachet est dans le point de vue dont on jouit à
la *Molkencur*, dans ces bancs rustiques si commodes qu'on trouve dans des coins ravissants
et où l'on peut s'étendre si bien à l'aise, dans
l'air, dans la lumière, dans les parfums.

Aussi, j'admirai tout ceci gratuitement et je
déjeunai au restaurant du Château au lieu de
déjeuner à la Molkencur; j'y allai pourtant! Un
larbin indiscret vint me décrire le point de vue
et après me proposer de prendre quelque chose;
il eut dix *pfennigen* et j'en fus débarrassé!

En descendant du *Schloss*, je m'arrête devant
l'étalage d'un photographe. Une photographie

représente un duel d'étudiants au sabre de cavalerie. Ils sont en train de s'éborgner mutuellement devant de nombreux collègues et les juges ordinaires du camp; décidément c'est pour la pose, allons!

Une autre vue les montre dans une brasserie : il fait tout noir, ils y boivent des chopes, ils s'y montrent en grand débraillé et ils ont écrit sur les murs : *Vivat, nox!... Vivat, nox!* Ah! que je le voudrais donc, mes bons amis! descendez donc dans la nuit pendant que nous monterons peut-être dans la lumière. Gœthe cependant disait, pour lui et pour vous : « *Mehr licht, Mehr licht.* Plus de lumière, plus de lumière! »

Je conseille, pour achever de connaître Heidelberg, de passer sur les deux ponts du Neckar, le soir venu, et d'aller sur le versant opposé se promener dans le chemin des philosophes, *Philosophen Weg,* au milieu des vignes. Il y a un beau point de vue sur le château et sur la vieille cité, et une brasserie célèbre, *Zum Philosophen hœhe;* on y boit de la bière passable et on y étudie sur place la moralité de la jeunesse studieuse d'Allemagne.... Avant de m'y rendre, visité une église catholique, du côté du *Burgweg,* qui m'a paru intéressante, comme architecture et disposition.

— Je quitte Heidelberg sans avoir dormi. Quels ronfleurs que ces Allemands, et quel malheur quand on les a pour voisins la nuit!... Impossible de fermer l'œil.... Je suis en troisième, pour voir les naturels du pays, mais j'éprouve encore un autre désagrément : mes compagnons de route sont des dragons, des musiciens qui sont venus donner à Heidelberg un concert et s'en retournent dans leur casernement. Il faut s'en accommoder bon gré, mal gré; ils sont assez propres; mais ça ne fait rien, mauvaise compagnie! Ils fument, passe encore, puis ils prisent, et font circuler la tabatière où ils puisent avec délices. Des soldats! des cavaliers! des dragons! a-t-on jamais vu cela? ils prisent de plus belle et l'un d'eux, qui a décroché son hautbois, fait chanter les autres; mais, par extraordinaire, ces Allemands chantent mal, disent des bêtises, se font des tours de corps de garde; ces soudards sont en goguette, on le voit.... J'attends Darmstadt avec impatience....

— Darmstadt suinte l'ennui comme Carlsruhe, — le repos de Charles! — C'est trop tranquille, trop reposant ces villes-là! A côté de la gare une immense esplanade pour les exercices militaires.... Où qu'on aille on ne voit que des soldats, des casques à pointes, des régiments qui passent, des exercices; oh! l'Allemagne est bien une grande caserne toujours; sachons-le! attention!

Rien à voir à Darmstadt. J'y rencontre une église catholique qu'on a construite sur le modèle du Panthéon d'Agrippa à Rome. Comme au Panthéon, elle est éclairée par le haut; mais quand il pleut, comme à Rome, on n'y entend pas la messe sous son parapluie, car l'orifice du haut est bouché par un vitrage. Sur le frontis-

pice, la dédicace laconique « Deo ! à Dieu ! » Dans
l'intérieur, le tombeau d'une grande-duchesse
d'origine bavaroise…. A côté de l'église, le palais
d'une autre grande-duchesse ; puis, je vais voir
le palais du grand-duc régnant : il n'est point
beau ; les jardins du château me paraissent
mieux. La Hesse ne m'a point séduit jusqu'ici :
nous verrons plus tard !

— Eh bien ! j'ai vu ! j'ai vu Francfort-sur-le-
Mein ; c'est une belle ville sans contredit, une ville
moderne. On est émerveillé en arrivant, par la
gare d'abord. A droite et à gauche les *Anlage,*
des promenades superbes, très développées, très
fraîches, très bien arrangées ; puis les rues neu-
ves de l'empereur Guillaume, *Frieden,* etc.

Voici le *Francfurter Hof,* l'hôtel de Francfort,
de magnifiques brasseries, des trottoirs larges,
des voies bien propres, bien blanches, et bien
larges. Un très grand air de ville riche, de ville
d'affaires et de cité à l'aise ; mais aussi des souvenirs de ville historique, de ville qui a joué dans
tous les temps un rôle considérable, jusqu'au traité
fameux qui porte son nom et que les Français se
rappellent, je pense ! Mais je n'y crois pas trop ;
on oublie si vite chez nous les misères comme
les bonheurs, les hontes comme les gloires.

J'allai donc me promener le nez au vent,
l'œil en arrêt, avec un plaisir indicible, sans
trop m'occuper de mes pauvres jambes qui ont
déjà tant fait pour mériter le repos. J'errais çà
et là, passant tour à tour dans le *Hirschgraben,*
devant la maison de Gœthe que je regardai,

Dieu me pardonne ! avec respect et vénération,
— le génie fait courber la tête, — passant devant
le *Dom* sur la place du *Rœmer*, sur la *Zeil*, devant la *Judengasse* où les vieilles boutiques juives ont disparu, — ce qui est grand dommage,
ma foi ! — mais m'extasiant en revanche, dans
le quartier des bouchers, devant les vieilles
échoppes, et les boutiques, et les billots tout
sanglants.... Où ai-je vu quelque chose de semblable? Certainement en Italie, et puis en Chine,
et peut-être en Espagne.... Allez à Francfort,
dans ce dédale de ruelles qui est autour de la
cathédrale, vous trouverez encore des coins intéressants et des scènes pittoresques pour l'artiste.

Comme les tramways sont commodes à Francfort !... Au sortir de la gare vous en prenez un
qui vous amène place Schiller, à l'extrémité de
la Zeil, — un peu trop vantée peut-être cette Zeil,
et qui ne vaut pas les grands boulevards, ceux
de Paris, ni ceux du *Ring* à Vienne. — Là,
Schillerplatz, vous avez deux promenades à entreprendre : ou vous vous dirigez, — toujours
avec le tramway, — vers le jardin zoologique
(*Zoologischer Garten*), ou vous allez du côté du
Palmen-Garten, un autre jardin fort beau. Si
vous allez au *Zoologischer Garten*, en suivant la
Zeil, vous êtes sûr de rencontrer une installation
modèle. J'y ai admiré les plus beaux tigres de la
création; j'y ai eu presque peur : une tigresse
s'étant approchée un moment de son royal
époux et lui ayant donné un vrai baiser, l'autre

lui rendit cette formidable caresse en l'accompagnant d'un rugissement qui fit trembler tous les échos d'alentour.

Si maintenant vous allez du côté du *Palmen,* vous traversez le quartier de *Bockenheim,* vous passez devant la Bourse et l'Opéra nouveau et très élégant, et vous êtes dans le quartier aristocratique. C'est Passy, Auteuil, Chaillot, l'avenue de Villers; les mêmes hôtels entourés de jardins, de parcs, encadrés dans la verdure et les fleurs. Toute la juiverie est là, je suppose, avec ses millions : ils sont à Francfort trois ou quatre cents millionnaires enrichis à la Bourse et dans les affaires.

Le panorama de la bataille de Wissembourg, qui se trouve de ce côté, est curieux à voir; mais l'artiste allemand y a tellement prodigué les turcos, qu'on jurerait que nous avons été les vainqueurs. L'entrée, qui coûte 2 marks, est trop chère.

Si les Allemands ont voulu nous écraser par la splendeur utilitaire d'un monument, c'est fait depuis que la nouvelle gare de Francfort est construite, c'est-à-dire depuis trois ans (1888). Le besoin de cette gare se faisait sentir. Auparavant la ville, une ville splendide à coup sûr, avait sept gares : le *Main Weser Bahnhof,* pour Cassel et Hombourg-Cronberg; le *Taunus b. f.,* pour Soden et Wiesbade; le *Main Neckar b. f.,* pour Darmstadt, Heidelberg, Mayence, Leipsig, Berlin; le *Hanauer b. f.,* pour Hanau et la Bavière; le *Bahnhof am Fahrthor,* pour Limbourg;

l'*Offenbacher b. f.*, pour Offenbach ; le *Hanau-
Bebrauer*, pour Fulda, Bebra, etc. Maintenant,
sur la rive droite du Mein, un peu en arrière des
anciennes gares du Neckar et du Taunus et de
la *Kaiser Strasse,* se dresse un colossal monument appelé *Central Bahnhof,* élégant, large,
bien proportionné, confortable, où tout a été
édifié, réglé, ordonné selon les exigences modernes ; je n'ai jamais rien vu de pareil. Et pour
faciliter les services on a installé les salles d'attente et les buffets en double, tout le long de la
façade de la gare, et quelles salles! quels
buffets! Meublés richement, éclairés à *giorno*
à la lumière électrique, même pour les troisièmes et quatrièmes classes. Dans cette gare,
vous trouvez de tout : des lavabos, des salons de coiffure, des établissements de bains,
de nombreuses fontaines avec gobelets d'argent, des water-closets qui sont le dernier
mot du genre, des chambres de consigne
pour les colis à la main, *handgepaeck.* Dans
un immense hall central sont, rangés et bien en
vue, les différents guichets de distribution des
billets ; on n'est jamais embarrassé pour trouver
l'endroit où l'on a affaire : quand le billet est
pris, un écriteau près du guichet vous rensei-
gne pour trouver la salle d'attente correspon-
dante. Sur le quai extérieur s'ouvrent les trois
grands halls de la gare abritant les différentes
lignes perpendiculaires au quai.... Ces grands
arcs reposant sur une base imperceptible sont
tout à fait semblables à la fameuse galerie des

Machines de l'Exposition de Paris. Les quais intermédiaires, le long des voies ferrées, sont d'une largeur étonnante; on sent, on voit que c'est fait, construit, créé pour les régiments qui passeront là, s'y embarqueront, y débarqueront avec armes et bagages. C'est l'affirmation de la puissance militaire présente et à venir, et sur le frontispice de cet édifice géant on aurait pu écrire : « Elevé grâce à la contribution de guerre ; construit avec les milliards français! » Non! non! mes chers compatriotes, ne vous confinez pas chez vous, en deçà de la frontière, dans vos bonnes maisons, à côté de vos grasses cuisines et à proximité des théâtres et lieux de plaisirs où l'on rit et l'on s'amuse parfois aux dépens de l'ennemi, qui hausse les épaules. L'Allemand lui, riait déjà de nos comédiens et de nos cuisiniers au temps de Frédéric le Grand et du maréchal de Soubise! Si vous voulez connaître l'ennemi pour le combattre dans les règles et nous assurer des chances de victoire, encore une fois, sortez de chez vous, apprenez sa langue sérieusement, venez le voir à l'œuvre chez lui et je vous réponds que vos idées changeront ; venez surtout chez lui voir la gare de Francfort, ce sera pour vous le sujet de longues et salutaires méditations....

— De Cronberg par l'omnibus il y a trois quarts d'heure de chemin jusqu'à *Kœnigstein :* inutile de dire que je les fis dans un bon landau et qu'un ami vint me chercher, — pas un Allemand : je n'ai jamais eu affaire pendant ce voyage qu'à des Suisses ou à des Belges, mais fort au courant des choses du pays. Bref, me voici en plein Taunus, dans le Taunus si frais, si boisé, si montueux, si pittoresque! Devant moi, la petite ville de Kœnigstein, avec de jolies villas et le château de l'ancien duc régnant de Nassau ; à l'ouest, au-dessus, les ruines considérables de la vieille forteresse ; au nord-est, un mamelon boisé couronné par d'autres ruines, celles du château de *Falkenstein*, puis le *Grand-Feldberg*, élevé de 880 mètres, couvert de forêts ; au sud, l'*Altkœnig*, la seconde montagne du massif. Sur le Feldberg un point blanc : l'hôtel des Ascensionnistes ; sur l'Altkœnig, un double mur gigantesque en pierres sèches, ancien refuge des habitants de la vallée du Mein, antérieur à l'époque romaine.

La baronne de S.... me reçoit dans son élégant chalet, situé à mi-côte, au milieu d'un grand parc, au-dessous de la propriété du duc. Depuis la terrasse la vue est admirable sur les bois et les vallons, dans la direction d'Eppstein. Le soir arrive : on n'entend plus aucun bruit, le ciel est splendidement étoilé. Nous restons longtemps à rêver en plein air : ce sont là de délicieux instants....

Il faut aller visiter au grand jour la vieille forteresse de l'électeur de Mayence. Les Français ont passé ici ; où n'ont-ils pas passé? et de même qu'à Heidelberg ils ont tout saccagé ; c'était en 1796. D'énormes casemates, de profonds souterrains, les ruines d'une belle maison d'habitation et d'une haute tour carrée, indiquent l'importance du château de Kœnigstein; il y avait place ici pour des milliers d'hommes et de chevaux. Les passages et les chemins à l'intérieur sont d'une largeur incroyable; on conçoit à peine comment de pareils ouvrages de guerre n'ont pu résister à l'ennemi.

Des châteaux, il y en a partout : Falkenstein, c'était le manoir de l'archevêque de Trèves, Kuno, bâti au xive siècle. A Eppstein, on en voit un autre qui date de 1120, et qui a appartenu à une célèbre famille qui a donné cinq archevêques à Mayence. Je me rappellerai toujours la jolie promenade que nous fîmes à Eppstein. C'était un dimanche : dans les restaurants et les brasseries, la foule, venue de Francfort, avait envahi toutes les places; les jardins regorgeaient de monde; on buvait de la bière et du lait, on dansait, on chantait. Le public était surtout composé de commis et de petites ouvrières; les vieux s'en allaient au château, d'où l'on a une belle vue. Un gardien facétieux a réuni là vingt ou trente débris, vieilles épées, vieilles lampes, vieilles ferrailles, nullement authentiques; il possède aussi un registre, et il demande aux visiteurs d'écrire quelque chose sur les pages blanches. Je verrai sans cesse la figure des bonshommes et des bonnes femmes qui se précipitèrent sur le registre, après que quelqu'un de ma connaissance y eut transcrit ces mots : « Sab-ak-bel-ker, chirurgien de S. M. le shah de Perse. »

Châteaux anciens, châteaux modernes; dans la forêt, là, tout près, se dresse un admirable manoir anglais, où l'on est tout étonné, après avoir cheminé longtemps dans les fourrés et les taillis, de trouver tant de confort et d'aimable hospitalité de la part des maîtres du lieu. Vaste vestibule, escalier royal, trois ou quatre salons en enfilade, hautes fenêtres d'où la vue s'étend sur les bois environnants, chambres du premier, sous-sols et cuisines; tout est réglé et arrangé pour un séjour permanent d'été et d'hiver. C'est l'habitation seigneuriale par excellence, mais sans clôture ni barrières d'aucune sorte; on arrive à la porte tout de go et les lièvres et les chevreuils eux-mêmes viennent faire leur toilette à l'orée du bois, et boire au ruisseau voisin sans le moindre embarras. S'il est un spectacle bien agreste, c'est celui-là; rien des villes, rien du fracas et du tumulte modernes; la paix, le silence éternels, et cependant, quand vous pénétrez dans cette féodale demeure, vous êtes saisi par un sentiment de grandeur, vos yeux sont frappés des images et des souvenirs répétés mille fois çà et là. Les maîtres, quoique étrangers, sont alliés à une famille puissante, et, plusieurs fois par an, des princes qui veulent précisément se retremper dans la solitude et fuir loin du bruit, du faste et de l'appareil des cours, arrivent ici dans ce désert où ils sont bien perdus, et où ils peuvent se reposer à l'aise pour affronter de nouvelles fatigues.

En parcourant les appartements, j'arrivai un

jour à une chambre d'enfants ; sur une immense table s'alignaient de nombreux joujoux de Nuremberg : soldats de toutes armes, régiments de corps d'armée, canons et caissons, chevaux et bagages.... D'un côté, des habits bleus et des casques à pointes ; de l'autre, des képis et des pantalons rouges.... L'affaire avait été rude, à voir la confusion et l'horrible mêlée des bataillons et des escadrons, mais, chose étrange ! tous les pantalons rouges étaient par terre, et tous les képis mordaient la poussière.

En descendant, je voyais dans les salons les portraits de la famille impériale d'Allemagne, mis un peu partout, et accrochés au mur, nombre d'uniformes de généraux et d'officiers supérieurs, qui furent et qui sont les hôtes de la maison. Là-haut, la fiction ; ici, la réalité. En Allemagne, jeux d'enfants ou jeux de rois, cela vise toujours le Français !...

Un autre château enfin, c'est celui des poitrinaires de Falkenstein. La maison de santé, ou *sanatorium*, de Falkenstein, tout à côté de Kœnigstein, fut fondée en 1874, sur le conseil des médecins de Francfort et principalement de MM. Maurice Schmidt et Barvind, et ouverte au printemps de 1876, dans le but de créer, en faveur des poitrinaires, un établissement aussi parfait que possible, au milieu des saines contrées de la montagne, d'un facile accès pendant toute l'année. Les fonds nécessaires à ce *sanatorium* furent fournis par des bourgeois de Francfort, qui établirent dans les statuts que jamais l'intérêt de l'argent prêté ne pourrait dépasser 5 pour 100; le superflu doit être affecté aux agrandissements et aux améliorations de la maison. Falkenstein peut se vanter, de l'aveu de nombreux malades et médecins, d'avoir atteint le but qu'on se proposait.

Falkenstein est situé à quatre cents mètres d'altitude sur la pente est du Taunus, préservé des vents du nord. Devant s'ouvre une riante vallée; le regard se repose des deux côtés sur des collines boisées; ce sont des hêtres. des châtaigniers, des chênes; tout près, le vieux schloss de la petite ville de Cronberg.

Le bâtiment principal a la forme d'un fer à cheval et regarde le midi; il est précédé d'une belle terrasse sur laquelle les malades atteints de phtisie pulmonaire ou tuberculeuse se tiennent couchés sur des chaises longues; tous sont immobiles, roulés dans leurs couvertures; chacun a à côté de lui une petite table sur laquelle se trouvent du lait et du cognac : les uns lisent, les autres écrivent, d'autres dorment ou causent doucement entre eux. Rien de curieux comme ce spectacle....

J'étais avec mes excellents amis, les barons de S.... Grâce à eux, le docteur Dettweiler, directeur de la maison, phtisique lui-même, — ce qui est le plus fort, — nous fit tout visiter dans le détail. Il y a au rez-de-chaussée des chambres où l'on frictionne les malades, pendant la journée, quand ils sont pris de transpiration, puis des salles d'hydrothérapie.

On y voit aussi des salons de conversation, de musique et de lecture, un jardin d'hiver, une salle de billard et une bibliothèque renfermant plus de 1,500 volumes anglais, allemands et français : plus loin, le bureau des inspecteurs, le service des postes et télégraphes, et la salle de consultation des médecins.

La salle à manger est très grande; l'aération est largement assurée à Falkenstein. L'alimentation joue un grand rôle dans le traitement; aussi on y voit une cuisine, des magasins et des caves magnifiques; — on a dit que c'était la pharmacie de l'établissement; — une vacherie contenant douze vaches dans ses écuries est située dans le voisinage.

Enfin, on a installé dans le beau jardin des tentes circulaires en bois, sortes de pavillons où se tiennent encore des malades, protégés contre le vent par de grands rideaux.

Le climat de Falkenstein diffère peu de celui de l'Allemagne centrale; son privilège, c'est l'air pur de la montagne, l'air sec; les changements de température y sont rarement brusques, les soirées y sont calmes et belles. La méthode particulière de Falkenstein est donc le traitement de la phtisie par l'air, par le systématique, l'hygiénique emploi de l'air, méthode surveillée par le médecin dans tous les instants de la journée du malade, et cela l'hiver comme l'été, par le beau ou le mauvais temps. Le malade descend de sa chambre à huit heures du matin; il n'y rentre parfois qu'à dix heures du

soir, lorsque le gaz est éteint; et il se couche
en laissant la fenêtre entr'ouverte; c'est une
révolution dans la thérapeutique.

Le malade doit marcher très peu, se reposer
beaucoup pour éviter la fatigue et les transpi-
rations, qu'on veut supprimer par le défaut de
locomotion et des frictions habilement prati-
quées.

Quant à l'alimentation qui, elle aussi et surtout, doit redonner des forces, voici le règle-
ment à peu près général : entre 7 et 8 heures
du matin, premier déjeuner avec pain et lait;
à 10 heures, autre petit déjeuner; à 1 heure, le
repas important de la journée; à 4 heures, un
verre de lait; à 7 heures, le souper; à 9 heures,
un verre de lait additionné de cognac.

Le prix des chambres varie de 1 mark 50 pf.
à 4 marks; pour la pension et le traitement, on
donne 7 marks 50 pf.

Et maintenant, quels sont les résultats de
cette méthode si nouvelle? Le docteur Dettweiler nous les indique dans un rapport paru récemment; il s'occupe surtout des dix premières
années, 1876 à 1886. Sur 1,022 phtisiques reçus
dans ce laps de temps, 132 ont quitté l'établissement, vraiment guéris; 110 avec une guéri-
son relative. Il y a eu des rechutes : 72 se sont
complètement guéris. La durée de leur traitement a été de 142 jours à l'établissement de
Falkenstein; bien entendu, ils ont continué
chez eux le genre de vie auquel ils ont été soumis là.

Ne pourrions-nous pas établir en France de pareilles maisons? Aux environs de Paris, du côté de Chevreuse et de Port-Royal, par exemple, dans un endroit bien abrité, avec une belle vue, ou dans le Midi et sur le bord de la mer? Chez nous, nous n'avons que l'embarras du choix et nous pourrions même, je le crois, fonder de semblables établissements en faveur des humbles et des pauvres. Soyons donc pratiques une bonne fois!...

Je n'ai pas tout dit sur le Taunus; il est rempli d'attraits. Un jour, de Kœnigstein, vous partez pour Soden, à 5 kilomètres de là; un autre jour, vous prenez une voiture pour aller à Hombourg. Le pays est plein de ces endroits charmants que l'on appelle des *bains*, grands et petits. Soden, qui a 1,100 habitants, possède 2,500 baigneurs par an et 25 sources : ce sont des eaux généralement ferrugineuses, excellentes contre les névralgies. Ne manquez pas d'aller au bout du gracieux *curparc*, visiter la petite église catholique et le joli presbytère entouré d'un jardin et d'un verger, où les branches des arbres ploient sous le poids de prunes longues, très appétissantes, et que le curé transformera sans doute en bon *couatchwasser*. M. P.... est un homme très distingué, très connu à Francfort, où il a exercé longtemps son ministère, très accueillant, et vous sortirez de chez lui enchanté.

Quant à Hombourg, c'est le séjour des familles opulentes : on y voit venir chaque année

11,000 baigneurs, dont un grand nombre d'Anglais. Beau *curhaus,* riches salles, splendide restaurant, parc immense, environs délicieux, rien n'y manque; mais ce n'est pas encore là que je viendrai me reposer, et ce n'est pas là qu'on se repose.... c'est trop tumultueux et trop tapageur. Hombourg est mondain.

Que j'aime mieux Kœnigstein où je faisais de si jolies excursions, doucement, lentement, à mon gré, tantôt dans la forêt, tantôt du côté de la riante villa Bethmann, ou vers le lac du petit couvent, ou dans un moulin du voisinage, — pour boire le bon lait et manger le fromage de chèvre qu'on sert ici dans tous les moulins, — ou à la brasserie du père M..., un vieux chasseur de chevreuils qui, comme le diable, s'est fait ermite en prenant de l'âge, ou tout simplement dans le parc attenant au chalet de ma charmante hôtesse, la baronne de S.... Souvent elle prenait plaisir à réunir à sa table quelques amis du pays, le doyen d'E..., le curé, le vicaire, le docteur T..., une bonne et honnête figure de médecin..., et l'on devisait joyeusement, en buvant force bière et les vins exquis rassemblés dans une mirifique cave par celui qui a bâti la maison, et qui, hélas! dort dans le beau cimetière de Francfort, au milieu des tombes aristocratiques. — « Etes-vous Prussiens? demandais-je parfois à mes commensaux. — Non! répondaient-ils, nous sommes de Nassau! » Mais ils sont bien Allemands tout de même. Quant à moi, je le répète, ma conscience de Français

BIBLIOTHÈQUE NATIONALE — R.F.

était à l'aise; sur le faîte de la maison où j'ai, par politesse, choqué mon verre contre des verres allemands, suspendu à un mât gigantesque, flottait au vent un large drapeau rouge écartelé de la croix blanche d'Helvétie, et voilà comment, pour moi, Francfort et le Taunus étaient encore du côté de Bâle.

CHAPITRE VIII

Cologne. — L'Empereur.

Nouvelle inattendue. — *Dem Kaiser heil !* — Un dithyrambe allemand, c'est-à-dire comme on en voit peu et comme on n'en verra jamais. — Ouf !!! — Nihilistes. — Guirlandes. — A l'hôtel *Ernst.* — La cathédrale me fait rêver. — Militarisme. — Le dieu allemand. — La réception impériale.

Un peu avant d'arriver à Cologne, — j'avais pris le chemin de fer, réservant le bateau pour la montée du Rhin, — un compagnon de wagon me dit :

— « Savez-vous, monsieur, une nouvelle ?

— Non !

— L'Empereur arrive à Cologne ce soir ; il visite pour la première fois cette ville depuis qu'il est empereur d'Allemagne.

— Ah bah !... Et où se trouve Sa Majesté maintenant ?

— A Dusseldorf, elle arrive à onze heures du soir, par le chemin de fer. Voyez plutôt, voici un journal qui l'annonce en bons termes. »

Et ledit compagnon, qui à certains indices est certainement un étranger, parlant pourtant le français sans accent, et paraît être un Russe, me tend d'un air moqueur la feuille chauvine qui a nom *Kœlnische Zeitung,* la fameuse *Gazette de Cologne.*

Je lis :

« *Béni soit l'Empereur !* »

Ou « *salut à l'Empereur ! Dem Kaiser heil !* »

Ceci est le titre en grosses lettres. Et je vais traduire le plus littéralement possible, car ici une traduction littérale a du piment. On en jugera.

« Les villes rhénanes sont dans l'éclat de leur parure de fête pour recevoir l'Empereur. Partout où l'Empereur met son pied en pays allemand, il rencontre dans la reconnaissance populaire les traces lumineuses qu'ont laissées ses aïeux.

Mais cela a sa raison d'être et trouve sa profonde justification historique, si justement dans le pays du Rhin où le sentiment national allemand possède ses plus orgueilleux châteaux-forts, l'idée impériale ses plus dévoués et plus certains adhérents. Dans la vie sentimentale de chaque Allemand, le Rhin occupe une place prépondérante. Même l'âme bourgeoise la plus sèche est traversée d'un frisson au souvenir du charme harmonieux qui s'échappe du château entouré de légendes, des hauteurs rhénanes couronnées de vignes; et chaque année des milliers de pèlerins (voyageurs) qui ont soif de nature, rafraîchissent leur esprit et leurs sentiments en traversant une contrée à la puissance enchanteresse. L'histoire et la nature concourent libéralement et harmonieusement pour assurer ce charme du Rhin.

Cependant, depuis des siècles, l'évolution historique avait amené le monde à se poser une question : Le Rhin serait-il fleuve allemand ou frontière allemande ?

Le flux et le reflux des migrations des peuples, les changements dans l'équilibre international avaient un effet tout particulièrement sensible sur ce pays frontière tant convoité, si richement orné, si fortuné, qui au point de vue de la culture morale et intellectuelle occupe une place de transition entre le germanisme et le romanisme.

Le flot d'esprit et d'ordure (!) qui s'écoule de la Seine (!) a menacé un jour de submerger notre originalité, notre individualité allemandes, nos mœurs allemandes. L'éclat de la culture française, le scintillement de l'esprit gaulois, ont souvent ébloui les esprits de nos ancêtres et un grand nom a souvent surpris les cœurs. Mais justement à cause des dangers qui menaçaient notre individualité, la bourgeoisie rhénane si libérale a vaincu la répulsion que lui inspirait la rigidité prussienne (!).

L'enthousiasme pour l'Empereur et l'empire qui flambait ici (!) lorsque le procureur impérial prêtait attention, le Code pénal en main, aux misères de la Confédération (!), n'était pas une douce et vague sentimentalité, ou bien le lyrique frémissement d'une âme de jeune homme pour une séduisante image. Non ! cet enthousiasme reposait sur la conviction profonde de l'homme mûr qu'une puissante force centrale défensive était pour l'Allemagne une nécessité et la condition même de son existence.

Des nuages de poudre planant sur cent champs de bataille s'est formé l'empire allemand.

La dynastie des Hohenzollern a sauvé ce que nous avions de meilleur : le germanisme; comme certainement aussi elle rendra à leur nationalité les Alsaciens-Lorrains (!). Elle nous a élevés, nous Allemands, de la honte et de la désunion à l'unité et à la puissance. Comme le faîte illuminé de l'histoire allemande, la période de fondation de l'empire, la période de l'empereur Guillaume Ier et de ses puissants paladins, se dressera visible de loin, alors que les ombres du demi-oubli auront déjà couvert de leurs voiles des âges entiers.

Au neveu du bon et du grand Empereur, le sort a réservé la grave mission de maintenir avec réflexion et persévérance une étroite union avec les classes dirigeantes de la société et d'achever l'édification du monument que nos aïeux ont commencé de bâtir dans la puissance de la tempête (!).

Sa sérieuse et noble conception du pouvoir, sa volonté si honnête et si dévouée au peuple, ses visées si énergiques et si élevées, méritent l'admiration et la bénédiction des meilleurs parmi la nation. Puisse l'aigle des Hohenzollern étendre toujours sur nous pour nous protéger ses puissantes ailes ! Chaque flot de l'orgueilleux fleuve allemand porte aujourd'hui ce souhait vers la mer éternelle !! » (Lundi 4 mai 1891, édition du matin.)

Ouf! ouf! ouf! ô Tissot, Monsieur Tissot du Voyage au *Pays des milliards*, comme vous eussiez été heureux d'être à ma place en ce moment-là ! D'abord j'ai été ahuri, stupéfié, abasourdi, puis cette première impression passée, j'ai franchement éclaté de rire.... et je ris encore, vrai !

Maintenant nous voici à Cologne où l'on arrive comme cela brutalement par le chemin de fer, sans crier gare ! et je ne fais pas de calembourg. Mon Russe a repris son journal et je l'ai salué; il va à ses affaires. Je suppose que ce n'est pas un nihiliste; du reste, les nihilistes n'ont rien à faire avec le *Kaiser* d'ici ; ils ont un autre *Kaiser* en vue, et celui-là n'a qu'à bien se tenir, car il est toujours visé. Je me rappellerai toujours un Russe vivant alors à Paris qui me disait il y a quelque deux ans, au cours d'une visite que je lui faisais, à propos de littérature :

— Allons, Monsieur, quand j'aurai l'honneur de vous revoir, ce sera, je pense, à Pétersbourg.

— ???

— Mais oui, et espérons que je pourrai avoir le plaisir de vous offrir une hospitalité plus *grandiose*.

— ???

— Nous nous reverrons, si vous le voulez bien, au Ministère de l'instruction publique.

— ???

— J'y serai, et je pense bien qu'à cette

époque très prochaine je serai.... ministre.
— !!!

On n'est pas plus Russe, ni plus nihiliste.
Mais les nihilistes n'en sont pas encore là. Cela
viendra peut-être, qui sait? Pour moi, je n'y
compte pas trop. Tout arrive cependant.

Mon camarade est à la gare ; il me cueille et
m'entraîne au milieu d'une foule énorme. Triste
gare que celle de Cologne ! Elle n'existe même
pas. C'est un assemblage de constructions hété-
rogènes en plâtre et en bois, voire même en
pierres ; enfin on voit qu'on veut faire quelque
chose ici aussi et que ce n'est pas fait.

Comment donc n'ont-ils pas mis un peu de
nos milliards là-dedans? On a fait Strasbourg ;
on fait Francfort ; à Cologne, je suppose qu'on
a négligé la gare pour la cathédrale. Toutes ces
masures sont néanmoins parées, enrubannées,
enguirlandées, couvertes de drapeaux, de pavillons et d'oriflammes. Et il y a dans l'air un je
ne sais quoi de joyeux, d'empressé et de fié-
vreux qui annonce des choses extraordinaires.

Il est très difficile de sortir de cet embryon de
gare ; on se trouve dans une rue étroite, on la
longe, on passe sous un pont qui disparaît lui-
même sous les tentures et les guirlandes ; enfin,
on débouche sur la place du *Dom* et on a devant
soi l'incomparable cathédrale dressant fièrement ses deux clochers dans la nue. Oh! c'est
beau ! Rien n'est aussi beau, ni Notre-Dame de
Paris, ni Rouen, ni Reims, ni Strasbourg, il n'y
a pas à dire ; ni Saint-Pierre de Rome : il est

vrai que ceci est un autre genre. Tolède, Burgos et Séville peuvent peut-être rivaliser; Westminster, non. C'est que ces deux tours sont superbes!

Où courons-nous? A l'hôtel *Ernst,* là tout près, à côté, en face. Aurons-nous de la place? Ce n'est pas sûr du tout. Cette foule ne présage rien de bon pour l'infortuné voyageur. Je suis tout de même content de voir ce qu'il y a à voir ici, mais enfin, il faut un lit quelconque et un morceau de pain à manger. Vivre et couvert me semblent problématiques....

Si! nous avons pu nous caser, au quatrième étage, au fond d'un dédale de corridors et d'escaliers; 3 *marks* la chambre; pour deux, 6 *marks;* allons! on ne nous écorche pas. Nos fenêtres donnent non pas sur la cathédrale, mais sur une rue transversale qui unit les deux grandes rues de la Comédie et des Dominicains, lesquelles sont comme deux lits profonds par où coulent des flots humains; la première conduit à l'Hôtel du Gouvernement, où logera l'Empereur, la seconde, à l'église Saint-Géréon et à l'Esplanade, où aura lieu la grande revue. C'est le centre de Cologne, c'est là qu'il y aura quelque chose à voir; nous eussions pu plus mal tomber mille fois.

Devant ma fenêtre, j'ai de l'autre côté de la rue, le chevet d'une vieille église dont la cloche fêlée carillonne tout le temps; de la fenêtre même part une longue hampe qui supporte une immense banderolle aux couleurs prussiennes, noir et blanc. Il y en a de pareilles à toutes les fenêtres, ou bien ce sont encore les couleurs de l'empire : rouge, blanc, bleu, en lignes horizontales. C'est curieux, que France et Allemagne aient le même drapeau!...

Chez nous, les couleurs se présentent verticalement, parallèles à la hampe; chez eux, couchées. Excellent pronostic! Puisse-t-il se réaliser à l'avenir!...

Nous allâmes à la cathédrale. L'aspect de la cathédrale me transporta. Il faut la voir le soir au clair de la lune, ou du pont d'un bateau, ou encore de la campagne, en dehors de la ville! Cette masse architecturale et ces deux tours s'élèvent si haut, si haut, qu'on est confondu. Les maisons qui les entourent font l'effet de jouets d'enfants; elles paraissent comme rien du tout et on ne voit que l'édifice, l'immense édifice qui semble avoir la hauteur de vingt ou trente maisons à dix étages entassées les unes sur les autres. C'est Babel, mais une Babel idéale, mystique, religieuse. Le sentiment qui a porté les hommes à bâtir celle-ci ne ressemble peut-être pas, ne doit pas ressembler au sentiment d'orgueil qui amena les hommes primitifs à construire leur tour insensée. Ce n'est pas sans mélancolie que j'agitais ces réflexions.

Voilà bien, en effet, une église catholique, un temple vraiment digne enfin de l'hôte divin qui l'habite; on sent que Dieu peut poser son pied là sur notre pauvre terre. Mais ce roi, cet empereur Guillaume a-t-il eu en finissant cette église toute la pureté d'intention qu'on lui supposerait? Ce conquérant et ce victorieux, quoique piétiste, dans un élan de faux patriotisme, de patriotisme mal placé, en construisant ce temple, n'aurait-il point conçu l'idée humaine et orgueilleuse de perpétuer sa propre mémoire? Ah! les hommes! ah! les rois! les rois grisés par la gloire! les rois qui se substituent au lieu et à la place de Dieu! Cela est si peu rare!...

Encore une réflexion relative à la cathédrale : cela coûte trop cher pour visiter le trésor, le tombeau des Mages et le reste. (Voir le *Rhin*, de V. Hugo.)

J'eus presque autant de plaisir à visiter les autres églises de la ville. Cologne la Sainte est riche en monuments religieux; il faut voir Saint-Martin, avec ses riches peintures polychromes; Sainte-Marie du Capitole, avec sa forme basilicale et son ornementation à l'avenant, les tentures anciennes des autels et ses vieilles fresques; Saint-Colomba et son ostensoir antique, Sainte-Ursule et les tombeaux des 11,000 vierges, Saint-Géréon et les tombeaux des martyrs de la légion thébaine, un monde de reliques !

Beaucoup de dévotion et de piété dans les églises de Cologne. Je n'ai jamais entendu chanter des hommes avec plus d'âme et de piété qu'à Saint-Colomba, et c'était la foule obscure, au bas de l'église, sans livre, par cœur et de mémoire.

Cette ville est encore la cité aux cent tours :

on se heurte à chaque pas contre un édifice à tourelles ou un pont commandé par un haut donjon à machicoulis ou le clocher élancé d'un temple. Ce genre de construction donne à Cologne un aspect tout martial et militaire. Militaire, Cologne l'est comme toutes les villes allemandes. C'est à Deutz, de l'autre côté du pont de bateaux que j'ai découvert la caserne des superbes cuirassiers blancs. Et elle est allemande, elle est patriote, oh! oui. Ici, c'est une adoration pour Bismarck, pour Moltke, pour Frédéric-Charles; on voit leurs statues sur les places publiques, on vend leurs bustes en petit au *Amhof* et dans tous les bazars. Comment une ville si religieuse peut-elle aimer des hommes qui ont persécuté avec une telle rage son vénérable archevêque condamné à l'exil amer? On n'y comprend rien. En Italie on voit des Italiens qui sont pourtant bons catholiques et qui tout ensemble sont fiers de voir le gouvernement piémontais installé à Rome.... C'est peut-être le même sentiment qui se rencontrerait dans le cœur de ces Allemands et dans celui de ces Italiens. *Chi lo sa?*

Quelle foule! Quelle foule! Grand Dieu! Il arrive des gens des extrémités du royaume de Prusse et de l'empire allemand; ce n'est pas possible autrement. On est serré comme des harengs dans une petite tonne, on se porte, on ruisselle, on est éreinté, les brasseries sont envahies.... enfin, un 14 juillet à Paris, avec cette différence que cette foule est silencieuse ou à peu près, en comparaison de nos bruyants compatriotes, et puis Paris est la capitale aux places et aux avenues larges et superbes, et Cologne est une grande ville, c'est vrai! mais une très vieille ville aux rues centrales aussi étroites que du temps d'Agrippine (*Colonia Aggripinensis*) et de Charlemagne.

Nous pouvons nous réfugier dans un joli restaurant près du *Amhof*, parfaitement décoré à l'allemande, où les garçons sont polis et où la cuisine est bonne. Je regrette de ne plus me rappeler son nom; je le signalerais à tous les touristes. Pour 1 mark 50, on vous sert un dîner excellent; après cela, vous prenez le vin à part naturellement. On n'y boit pas de bière, celle-ci étant servie exclusivement dans les brasseries. Notre restaurant est ce qu'on appelle une *Wein-restauration*. Nous y reviendrons.

La nuit arrivant, nous ne pouvions plus rester dans la rue; on s'y écrasait. Nous montâmes dans nos chambres et encore pour arriver à l'hôtel, il fallut jouer des coudes. C'était cela qui eût été drôle! avoir un gîte et ne pouvoir le rejoindre.

Nous nous mîmes aux fenêtres; Cologne flambait.... Des lampions, — disons le mot, de sales et malpropres lampions, pas artistiques du tout, brûlaient à toutes les ouvertures des maisons. Une rumeur confuse montait des rues, le ciel était beau et lui aussi comme embrasé. Le grand moment approchait.

Deus, ecce Deus!

Voici le dieu! un remous a lieu dans la foule; la grosse cloche impériale fondue avec 22 canons français s'ébranle et avec elle toutes les cloches de la ville; le canon tonne et le canon est beau quand il tonne à 11 heures du soir; on l'entend. Tout à coup, l'immense masse de la cathédrale apparaît toute rouge des feux de bengale allumés partout; les pauvres oiseaux qui par milliers se sont réfugiés là de toute éternité, dans les nombreuses anfractuosités des sculptures et des voussures, s'enfuient en tournoyant, aveuglés, éperdus, affolés.

Ah! tour Eiffel, pauvre grande machine du Champ-de-Mars, comme tu es pâle, même aux jours de grande solennité, à côté de ce chef-d'œuvre qui, pour la première fois, resplendit ainsi tout entier éclairé, ardent, lumineux, dans la nuit. L'effet est indicible. Et pendant que le peuple innombrable, tête nue, épiant là-bas, pousse des *hoch* répétés, frénétiques, insensés, au milieu des banderolles noires et blanches, des lances des cuirassiers, une voiture roule qui contient le prince, le roi, l'Empereur, non! le demi-dieu, le dieu allemand, fêté, choyé, aimé, adoré! Ces gens-là! — il faut le voir pour le croire, — ils en sont fous, ils en raffolent, ils se mettraient à plat ventre sous les roues du char! En ce moment, je me disais piteusement:

« Bien sûr, si je révélais ma qualité de Français, c'est alors qu'on me prendrait pour un nihiliste, un dynamitard ou un chien enragé. Un Français! ici! rien que sa présence empesterait l'atmosphère déjà pas mal empestée par l'odeur de la poudre et du bengale.... Et on m'écorcherait tout vif. »

Aussi je me tins coi prudemment et du reste j'étais pour le moment hors de portée. Je conseille aussi dans l'occasion aux Français de se faire passer pour des Belges, des Canadiens ou des citoyens de la Nouvelle-Orléans. C'est plus prudent. Ils sont tellement chauvins et ont la patte si lourde, malgré leurs dehors polis !...

L'Empereur avait disparu par la *Comedienstrasse* sous un arc-de-triomphe de verdure et de fleurs. Tout le monde alla se coucher; il fallait des forces pour affronter les fatigues du lendemain.

Mais à la gare, comment les choses s'étaient-elles passées? Je le sus plus tard; ·la bonne *Gazette de Cologne* ne se fit pas faute de le dire.

« Dès 9 heures du soir les autorités de la ville se trouvaient sur le quai. — C'étaient :

Le *Regierungs-præsident* (gouverneur) von Sydow,

Le *Polizei-præsident* (chef de police) Kœnig,

Le *Betriebs-director* (le chef de l'exploitation) Blank,

Le commandant du 8ᵉ corps d'armée, général de cavalerie baron von Loë,

Le lieutenant gouverneur général von Schkopp,

Le lieutenant général, commandant de division, von Kropff,

Le major général, commandant de brigade, Müller,

L'*Oberst* (colonel), von Thümen, commandant la 15ᵉ brigade de cavalerie,

Messieurs les présidents de la Direction des chemins de fer, Rennen et Offermann,

L'*Oberpost director* (directeur des postes), Fabricius,

Etc., etc. On nous dispensera du reste de cette riche nomenclature; mais il est sûr que les braves paysans rhénans et autres, en voyant passer devant eux ces fonctionnaires richement harnachés, ont dû éprouver un légitime orgueil et reporter sur eux une partie de l'admiration et de l'adoration qu'ils ont pour le *Kaiser Wilhem*. En Allemagne, voyez-vous! on est toujours pour l'autorité et ses représentants.

A 9 heures 1/4, arriva la compagnie d'honneur du régiment d'infanterie prince Charles-Antoine de Hohenzollern, nº 40, sous les ordres du capitaine Hesse et sa musique.

A 10 heures 10 minutes, on annonça de Neuss le départ du train impérial et un peu après, lorsque le train pénétra dans la ville, le fort de Langerich le salua trente-trois fois de ses « bouches d'airain. »

A l'arrivée du train impérial la masse humaine qui se trouvait dans la partie non interdite du quai éclata en un « *hoch* mugissant. »

L'Empereur avait bonne mine; il portait l'uniforme des gardes du corps. Il descendit du wagon-salon, pendant que la compagnie d'honneur présentait les armes; il passa en revue ladite compagnie, la fit défiler devant lui et reçut ensuite le rapport du premier lieutenant von Zarczynski, du régiment de cuirassiers comte Gessler, commandé pour son service personnel.

Le maire prononça à ce moment le discours de bienvenue.

L'Empereur répondit qu'il se réjouissait d'être à Cologne, une ville bien connue de lui à l'époque de ses études universitaires. Puis le cortège était formé aussitôt. Il était composé du grand maréchal de la cour, maître des cérémonies, comte de Eulenbourg, du général de cavalerie Albedyll, du chancelier de Caprivi et des ministres Verlepsch et von Herrfurth.

On y voyait aussi l'adjudant général et chef du cabinet militaire, général d'infanterie von Hahnke, l'adjudant général et commandant du quartier général, lieutenant général von Wittich, le général à la suite, major général comte von Wedel, le commandant du corps de gendarmerie, colonel von Lippe, le chef de division au cabinet militaire, lieutenant-colonel von Weise, le lieutenant-colonel von Zitsewitz et le major von Hulsen, les conseillers privés Mielenz et Schulz, les conseillers docteurs Lucanus, Schneider et Schwerin.

Le cortège s'avançait dans les rues sur le chemin de la Résidence, au milieu des *hurrah* et des *hoch*.

« Les masses délirantes (exact !) accordaient aussi une attention particulière au chancelier de Caprivi, en laissant éclater des milliers de *hoch. Hoch Caprivi!* » Sur le passage de l'Empereur le Palais de Justice présentait un aspect imposant. Dans la rue de la Comédie, brillait un transparent avec des caractères en langue hollandaise :

Lang leve de Koning ! Hohenzollern boven!

A l'arrivée près du Palais du Gouvernement, dont les environs étaient éclairés d'une façon féérique, la compagnie d'honneur du régiment, baron von Sparr, n° 16, présenta les armes et exécuta un rapide *parade-marsch*, quand l'Empereur fut descendu de voiture; puis une compagnie du 65° régiment, sous les ordres du capitaine Schwarz, apporta tous les drapeaux de la garnison qui furent dressés en faisceaux dans la chambre du prince. » (*Gazette de Cologne,* 4 mai 1891.)

CHAPITRE IX

Cologne. — L'Empereur.

(*Suite.*)

Quelle fut la réception de l'Empereur à Düsseldorf. — De la décoration artistique allemande. — La peur de la République. —
Représentation théâtrale à grands effets. — Description complète et minutieuse des appartements impériaux à Cologne. —
L'auteur dit vertement leur fait aux reporters de la *Kœlnische
Zeitung.* — Ce que c'est que ce journal. — Pour l'édification du
lecteur : souvenirs de 1870.

« Comment ! est-ce bien là la sobre ville du
travail, s'écrie notre *Gazette,* en parlant de
Düsseldorf, la ville où notre Parlement rhénan
se livre à ses travaux si actifs, mais si arides et
si sérieux ? Il est bien difficile aujourd'hui de
le croire, au milieu de cette magique féerie. On
s'imaginerait être dans un rêve des mille et
une nuits. C'est en réalité une fabuleuse splendeur de couleur et de forme, dans tous les vestibules, dans tous les corridors, dans tous les
appartements. Mais au milieu de toute cette
pompe, qui se déploie, il y a comme un doux
parfum se dégageant de l'aménité des créations
artistiques qui couvrent les murs, les galeries
et les piliers. »

Quelques lignes encore dans le même goût, et pour terminer la phrase suivante : « L'effet général est d'un grandiose achevé. » (*Gazette de Cologne*, 5 mai 1891, 2ᵉ édition du matin.)

Hum ! Déjà la veille le même organe, emporté par une *furia* toute allemande, s'écriait à propos de la décoration des rues de Cologne :

« C'est la première fois depuis que Guillaume II, le bien-aimé père de notre pays, a gravi comme roi de Prusse les marches du trône de ses pères, et se trouve comme empereur d'Allemagne à la tête de la patrie allemande unifiée dans des jours glorieux ; c'est la première fois qu'il s'arrête dans les pays rhénans.

Joyeux battent pour lui tous les cœurs, et les villes que le conquérant bien-aimé, vénéré et dans toute la force de la jeunesse, réjouit de sa visite, se sont tissé un vêtement de fête comme rarement elles en ont porté d'aussi superbe et d'aussi charmant en même temps. »

Suit la description de la décoration. Drapeaux, feuillages, couronnes, larges rubans aux couleurs allemandes, prussiennes et de Cologne, des portraits de l'Empereur dans une parure de fleurs, des tapis aux couleurs merveilleuses qui donnent ici aux riches façades des magnifiques bâtisses nouvelles, là aux maisons datant des siècles passés, un imposant et joyeux aspect.

La vérité, bons Germains, c'est que tout est relatif et que vous pouvez parfaitement trouver

tout cela admirable, mais que nous autres
Français, accoutumés aux décorations pleines
de goût de M. Alphand, gâtés par nos artistes,
réputés, nous pouvons le dire, les premiers du
monde, nous trouvons votre art décoratif très
lourd, très disparate, très criard, très enfantin,
très paysannesque; enfin, c'est allemand, mais
ni italien ni français, allez! J'ai encore dans la
mémoire et dans l'œil vos écussons aux armes
de Prusse encadrés dans vos draperies rouges,
et le motif de la *Germania* qui se dressait en
face du perron de la Résidence, se détachant
sur un fond rougeâtre; horrible! mes amis, horrible! au point de vue de l'esthétique général,
vous savez !

Que j'eusse voulu assister à la représentation
théâtrale de Düsseldorf! je parie bien que malgré vos dithyrambes, j'y eusse encore trouvé
à redire. Rien qu'à lire le compte-rendu de cette
représentation, cela me semble terriblement
indigeste.

D'abord, pourquoi avez-vous besoin de cette
affirmation solennelle en commençant?

« Il suffit d'avoir des yeux et des oreilles et
d'avoir coudoyé un peu les gens qui se sont
donné tant de peine afin de voir l'Empereur,
pour se moquer de quiconque oserait affirmer
que les opinions monarchistes de la population
ont baissé dans ces temps agités. Ce n'est pas
seulement de la curiosité qui se dégage des conversations, mais c'est le sentiment national qui
se donne libre cours en de chaudes paroles.. . »

Mon Dieu! Messieurs du *Kœlnische Zeitung,* vous vous battez les flancs mal à propos; à vous entendre, on dirait que vous êtes de simples Français et vous parlez comme on parle dans les pays qui vont à la République. Seriez-vous donc si près de l'idée républicaine? Je ne crois pas. Pas encore.... Eh bien! taisez-vous!

Donc pour la représentation théâtrale, une demi-heure après le temps fixé — ceci prouve que la politesse des rois se perd, — l'Empereur, conduit par le maire de Düsseldorf, M. Lindemann, apparaît dans la salle où se trouvaient 1,500 personnes. Les dames en grande toilette occupaient les galeries. Lorsque l'Empereur entra, le premier adjoint, M. Feistel, porta un *hoch* auquel s'associa énergiquement l'assistance. Guillaume II prit place sur un fauteuil Renaissance (!) placé au milieu du premier rang et la représentation commença aussitôt par une ouverture musicale. Le texte d'Edmond Henoumont dut subir de fortes coupures en raison de la distribution du temps; malgré tout il produisit un effet grandiose.

Quand le rideau de style romain, décoré d'aigles, s'est partagé en deux, on voit entrer en scène, montée sur de véritables chevaux, une cavalcade de vingt personnes; chevaliers revêtus de leurs armures avec chevaux caparaçonnés, femmes, en costumes clairs, caracolant sur des haquenées; et au milieu d'eux, à cheval aussi, un cardinal vêtu de la pourpre cardinalice.

De seconde en seconde la scène se remplit.

Nous sommes dans le camp impérial devant Mayence-la-Dorée qu'on aperçoit au fond du décor.

Barberousse entre en scène conduisant sa ravissante épouse ; il porte sur sa tête la couronne impériale ; sur ses épaules, la dalmatique de velours rouge richement brodée d'or et décorée de l'aigle. Il prend place sous un baldaquin. Les paysans viennent le saluer et ils vantent les travaux des champs. Les magistrats arrivent à leur tour et avec eux les princes de l'empire, les ambassadeurs et les chevaliers.

C'est tout le fier moyen-âge avec ses costumes éclatants, ses chevaliers bardés de fer, ses jolies femmes, ses évêques richement parés. Au fond toujours se dresse Mayence.

Le rideau tombe. L'Empereur fait venir le poète auteur et s'entretient quelque temps avec lui.

Deuxième partie. — Comme décor un pays sauvage, boisé. Là où se déroulaient tout à l'heure les splendeurs du moyen-âge devant les portes de Mayence-la-Dorée, deux dragons enchaînés nous regardent, la gueule ouverte. Les Croisés reviennent isolément embrasser leurs parents ; des moines passent, le crucifix en main. L'Allemagne tombe en ruines. Les brigands pillent les voyageurs. La guerre des paysans commence ; des nobles enchaînés traversent la scène, conduits par une foule qui les insulte et les tue. On reconnaît la guerre de Trente ans, dans une scène de famille : Le père, un vieillard qui sur son lit de mort est entouré de sa famille en pleurs ; mais des maraudeurs se livrent au pillage, même en présence de la mort.

L'histoire annonce une ère nouvelle, l'ère des Hohenzollern.

Sur son fameux cheval gris-pommelé, saluant son neveu au passage, passe suivi de son escorte le prince électeur et devant lui s'abaissent les drapeaux des Suédois vaincus. Le vieux Frédéric, entouré de sa cour, reçoit une ambassade tartare. Les chants guerriers de Kœrner retentissent au milieu d'un peuple singulièrement vêtu ; mais le *maréchal Vorwarts* (*En avant*), traverse au galop la scène, et de nouveau parle l'histoire.

Des messieurs et des dames en costume moderne de l'an 1870 entrent en scène. Le *Wacht am Rheim* se fait entendre. Parée de rameaux verts, au son de la musique, l'infanterie traverse le théâtre ; les hussards et les uhlans suivent l'infanterie. La *Germania* arrive sur le devant de la scène suivie d'une troupe de Walkyries qui ont de *puissantes ailes blanches;* elle crie : « Lève-toi, Barberousse; lève-toi ! » Les dragons ont disparu, une tombe s'ouvre ; Barberousse se lève; des corbeaux voltigent autour de lui. Barberousse demande ce qui se passe. Après que la *Germania* l'a renseigné, il peut enfin retourner dans sa tombe, mais auparavant il ordonne de saluer le nouvel Empereur sous le sceptre duquel l'Allemagne est si heureuse.

La *Germania* salue donc Guillaume II en quelques strophes un peu platement allemandes :

> *Aus aller stauffen herrlich keit*
> *Von sagenduft um flossen*
> *Ein gruss in uns're grosse Zeit*
> *Dem macht gen Zollerns prossen.*

Etc., etc.

L'Empereur demande alors à revoir la *Germania* entourée des Walkyries, au milieu des troupes prussiennes. Le rideau se lève. L'Empereur
fait un léger signe de la main à Madame de
Strantz-Führing qui joue le rôle de la *Germania;*
elle s'approche de la rampe; l'Empereur se lève
de son siège et lui tend la main.

A ce moment le public enthousiasmé pousse
un *tonitruant hurrah....*

Conclusion : Tout a été admirablement réussi.
Seule, une ville artistique comme Düsseldorf,
pouvait mener à bien une pareille fête.

— Voilà ce qui s'était passé la veille de l'entrée
du souverain à Cologne ; mais maintenant qu'il
y est, suivons-le jusque dans ses appartements.
La *Gazette* nous renseignera toujours minutieu-
sement sous la rubrique : « Jours impériaux à
Cologne ».

Et voici la description des appartements occupés par l'Empereur :

« En face de la porte d'entrée conduisant à la
salle de réception s'élève un groupe de plantes
exotiques. L'ameublement de toutes les pièces
du palais a été emprunté au château Brühler et

a été disposé sous la direction du châtelain lui-même.

» Le milieu de la salle de réception est occupé par une table ronde recouverte d'un tapis en peluche. Les divans recouverts de damas jaune sont placés le long des murs. Dans la salle, des chaises bien alignées. Devant une fenêtre aux glaces très hautes, on remarque un superbe massif de plantes flanqué de deux socles portant les bustes de Frédéric-le-Grand et de Frédéric-Guillaume IV. De grands rideaux de fenêtres rococo tamisent la clarté du jour pénétrant par les fenêtres. Un tapis rouge et blanc couvre le plancher de la salle qui communique avec le cabinet de travail dont l'ameublement est aussi en grande partie de style rococo.

» Devant le bureau pourvu des ustensiles nécessaires, un siège élevé est préparé pour Sa Majesté. Comme ornement particulier il y a dans la pièce un portrait très réussi de Frédéric II. Une magnifique pendule provenant des ateliers de Verhagen et Cie, de la ville, dont la *raison sociale* (maison) a déjà livré plusieurs pendules destinées aux appartements de Sa Majesté, indique l'heure à celle-ci.

» Par une porte latérale on pénètre dans la chambre à coucher impériale; au milieu du riche mobilier, toujours en style rococo, le lit de camp en fer de Guillaume II frappe la vue tout d'abord. Une petite table de travail indique que l'Empereur s'occupe à des choses graves là même où sa *tête repose pour le sommeil*. Les murs sont ornés de tableaux. Le cabinet de toilette est contigu à la chambre à coucher. »

Eh bien ! est-ce assez curieux ? on pouvait ne pas avoir l'idée d'un chauvinisme aussi outré. Et dire que toutes les choses s'impriment en 1891, longtemps après Artaxercès Longue-Main, Sardanapale et Héliogabale ! Dire que nous en sommes revenus à l'époque des satrapes et des monarques orientaux ! Il n'y manque plus que les eunuques, les ombellifères et les flabellifères, les esclaves noirs et blancs, les longues théories d'enfants et de vierges, chantant les louanges du Roi des rois. Mais, c'est bon ! nous avons la *Gazette* qui se charge de cette besogne. Quel héraut ! mes amis, quel esclave, quel flabellifère, quel turiféraire ! Et ces gens-là viendront parler de la pourriture française et de la robuste nation allemande ! allons donc ! Non ! décidément, nous sommes, malgré tous nos travers, nos criailleries et nos vantardises, restés un peuple spirituel. Je ne le croyais pas avant d'avoir lu les journaux de Cologne. Je le crois maintenant.

Et, mon Dieu ! qu'ils sont pesants ! on ne le dira jamais assez.

Voyez-vous ce style rococo, comme on se complaît à le décrire ; mais c'est vous qui êtes rococo, Monsieur le reporter !

Et les pendules, faites-nous-en donc grâce, et aussi de la réclame de la maison Verhagen et Cie ! Vous ne voyez donc pas que vous attirez l'attention sur d'autres pendules qui ont joué un grand rôle à une certaine époque glorieuse de votre vie nationale. Et moi qui croyais que l'Allemagne était pourvue de pendules pour dix mille ans !

Enfin, le lit de camp en fer, nous savons tous que c'est de la pose. Le lit en fer au milieu des meubles dorés et des tapis précieux ! Bast ! Louis XIV dormait dans un lit mirifique de Versailles et Louis XIV, Monsieur, c'était Louis XIV !

Je suis juste; je comprends encore la glorification de l'Allemagne et des Hohenzollern sur la scène de Düsseldorf, quoique je ne comprenne pas pourquoi vous nous parlez du fauteuil Renaissance dans lequel l'Empereur était assis au théâtre; mais je ne comprends pas toute votre platitude dythirambique et triomphale. Par exemple, dans le *Dem Kaiser Heil,* vous parlez du Rhin, un noble fleuve dont on peut être fier, soit ! mais quand vous mentionnez la Seine et ses flots d'ordure !... oh ! et la Sprée ? Et la sentimentale Germanie ne glisse jamais plus facilement que tout autre dans le sentier de la vertu ? Quant aux bourgeois rhénans si libéraux qu'ils ont vaincu la répulsion que leur inspirait la rigidité prussienne, cela, c'est une perle.... Je croyais d'abord que c'était une coquille, non ! c'est une perle.

Et patati, patata ! Les Alsaciens-Lorrains ont leur petit mot : on les rendra à la nationalité allemande. Ah ! Les Alsaciens-Lorrains vous causent beaucoup de tablature. C'est que, voyez-vous, les Français n'ont jamais passé pour être

de mauvais compagnons; on se plaît assez en
leur compagnie et quand ils partent on les regrette.... L'Alsace nous regrette encore; c'est
malheureux pour vous, mais qu'y faire? et comment changer notre aimable caractère et notre
bonne gaieté gauloise? Cette gaieté-là s'alliait
parfaitement avec le genre un peu grave des
Alsaciens.... et peut-être un jour.... Personne
ne sait rien de l'avenir. Vous êtes arrivés en
haut de la montagne, il faudra en descendre
et ce qu'on a bâti, comme vous dites si bien,
dans la puissance de la tempête, ne dure pas
bien longtemps....

Il faut en finir avec la *Gazette de Cologne*.
Pour ceux qui n'ont pas lu les livres de M. Tissot, où il y a quelques petites exagérations,
mais pas mal de bonnes petites vérités, il est
utile de citer encore quelques extraits de la
feuille en question.

Elle occupe un rang considérable dans la
presse germanique. C'est, comme on l'a dit, le
Times allemand, comme format, comme disposition des matières, comme rédaction et comme
opinion. Ses abonnés sont au nombre de 25
à 28,000, son propriétaire gagne par an
200,000 francs. Elle a des rédacteurs, *doctores
illustrissimi,* de toutes les universités allemandes: au Parlement cinq sténographes qui se
relèvent toutes les dix minutes, et télégraphient
immédiatement leurs notes à Cologne; elle
publie une édition dn matin, quelquefois deux
dans les grandes circonstances, et une édition

du soir, et il paraît qu'à Paris, si on veut des nouvelles de Paris toutes fraîches, il faut lire les correspondances parisiennes télégraphiques dans ce journal, qu'on peut acheter, je pense, sur le boulevard.

Pendant la guerre de 1870, la *Gazette* publiait des correspondances un peu bien éhontées. Qu'on en juge ! Il s'agit des francs-tireurs, par exemple; des patriotes, s'il en fût jamais : ceux-là risquaient bien leur peau.

« C'était une troupe de canaille (*sic*), qui soulève le dégoût général; pauvres diables avec des costumes misérables : l'épicier avait conservé sa jaquette, le journalier sa blouse, sur laquelle sa femme, affolée de patriotisme (!), avait cousu un galon rouge. Il y en avait un qui avait noué un mouchoir autour de sa tête et un autre qui portait un bonnet de nuit tout blanc avec la pointe en l'air, attribut légendaire de la bourgeoisie française. »

Il s'agit des otages transportés sur les locomotives pour garantir la sûreté des trains militaires.

« Ils font vraiment une triste mine, en se tenant debout sur le devant de la machine. Souvent, même tous les jours, un train de chemin de fer reste huit ou douze heures arrêté à une station sans pouvoir avancer ni reculer, et ces maires paysans et autres dignitaires doivent patienter sans faire trop de grimaces, tourmentés par la crainte que Messieurs les francs-tireurs n'attachent davantage d'importance au salut du pays qu'à la misérable personne d'un maire en blouse bleue, qu'on trouve toujours à remplacer, si la gloire exige qu'il soit sacrifié. »

Il s'agit des pendules et autre mobilier :

« J'ai éprouvé une joie d'enfant (*sic*), lorsque récemment, à Châteauneuf, on déménagea sous mes yeux le magasin d'un fabricant de bas, et lorsque mon domestique m'en apporta une brassée ; mais comme chacun s'était déjà servi, les bas qu'il m'offrit étaient des bas d'enfants. Cependant le pillage continuait. J'eus pour ma part une douzaine de tricots de laine, moi qui n'en ai jamais porté. Ces tricots sont très recherchés ; on organise des chasses pour s'en procurer (!)...

» La vue d'un objet intact vous donne sur les nerfs. Le bruit du balancier d'une pendule vous agace, on le brise ; on met en morceaux la tasse dont l'anse n'est pas cassée ; on lacère les rideaux dans lesquels les soldats ne se sont pas taillé des mouchoirs (!) ; aucune vitre ne reste entière ; on crève les tableaux ; on détruit pour détruire, parce que l'on ne sait pas si l'on sera encore vivant le lendemain . . . .

... Vers la fin de septembre 1870, je visitais les environs de Paris ; c'était partout la destruction, la démolition ; les feux de bivouac s'allumaient avec les livres les plus précieux ; nos soldats fendaient à coups de hache les plus beaux pianos pour faire cuire leur soupe ; ils s'étendaient tout crottés sur des sophas de velours ; on déchirait les tentures de damas pour en faire des torchons.

« Pendant trois jours je n'aperçus encore une fois que destruction sur destruction; le pillage aussi allait bon train. Une nuée de racailles se précipitait d'Allemagne sur la France; ils s'intitulaient vivandiers, fournisseurs, infirmiers; mais ce n'étaient que des gens de sac et de corde. Ils affluèrent surtout autour de Paris, volèrent, pillèrent, escroquèrent les Français à cœur joie; ils poussaient nos soldats à piller, leur offrant quelque menue monnaie pour le produit des vols. Dans les gares, dans les magasins, les déprédations se faisaient sur la plus grande échelle; les coupables étaient presque toujours des Allemands; ils enlevaient même ce que nos Sociétés de secours envoyaient aux soldats. Nos autorités civiles et militaires, diverses personnes haut placées accordaient avec une légèreté qui mérite d'être flétrie des laisser-passer et autres papiers à une foule de gens sur lesquels ils n'avaient pas les moindres renseignements, et ainsi des vagabonds, des escrocs et autres canailles (*gesindel*), se faufilaient dans notre armée, comme correspondants de journaux, négociants et gardes-malades. Il se passa bien des choses qui ne sont pas à l'honneur du nom allemand et qui ont révolté à bon droit les Français : *Il n'y a rien à répondre quand ils nous accusent de barbarie et de brutalité.* »

Bien! bien! *Gazette*, nous ne vous l'avons pas fait dire. Les aveux de MM. Wachenhusen et von Wikede sont concluants, excellents à retenir. On y verra que la vertu germanique non seulement ne s'élève pas au-dessus des autres comme la montagne au-dessus' du grain de sable des bords de la mer, mais descend bas, très bas. Un Français prendrait une poule dans une basse-cour, et ceci n'est pas considéré comme un vol — les zouaves et même les pioupious ont un mot pour désigner cette licence en campagne; — peut-être irait-il un peu plus loin, vu son caractère de Français, un peu vif, mais un grave et calme Germain me semble sortir énormément des bornes. Le péché est grand, très grand, bien plus grand pour eux. M. Wachenhusen, ne vous moquez donc pas de nos *casques à mèche,* ils sont très respectables, allez! un peu plus quelquefois que les casques à pointe!...

CHAPITRE X

Cologne. — L'Empereur.

(Suite.)

Le matin dans les rues le jour de la grande revue. — *Krieger-vereine* et ferblanterie guerrière. — Le départ du *Kaiser*. — Le *Parade marsch*. — Deux Français malins. — L'église Saint-Géréon. — Le martyre de la légion thébaine. — Aux premières loges. — César dans toute sa gloire. — L'hymne national. — Amour pour l'Empereur. — Le serment du soldat allemand. — Le banquet du *Gürzenich*. — Le départ définitif. — Nous sommes à bout de forces.

Le lendemain de l'arrivée de l'Empereur, à 8 heures 1/2, un escadron du régiment de cuirassiers de la caserne de Deutz, comte Gessler, vient chercher à la Résidence l'étendard du régiment. Peu de temps après, la compagnie du drapeau du 65e régiment vient chercher les drapeaux de l'infanterie, musique en tête. Ces insignes sont conduits à la plaine de Mulheim où doit avoir lieu la grande revue. Dans l'intervalle les différents régiments de la garnison se rendent sur le terrain de la revue appelée ici *Parade*.

La foule a de nouveau rempli les rues; il est extrêmement difficile de circuler. Sous nos fenêtres passent à chaque instant des corporations, des sociétés civiles et militaires précédées d'un corps de musiciens; quelquefois les costumes civils et militaires sont mêlés. Les vieux soldats se font remarquer entre tous par leur allure qui veut être martiale, leur pas qui veut être rythmé, leur figure qui veut être farouche. Généralement ils portent une redingote noire et un chapeau haut — un chapeau qu'on ne porte jamais ici, si ce n'est dans les grandes occasions; — leur poitrine est couverte d'une multitude de médailles et de rubans noirs rayés de jaune ou de vert ou de rouge. Nous avons devant nous les *Kriegervereine,* les corporations des guerriers, les glorieuses phalanges de la guerre de France en 1870-71.

Le spectacle est un peu grotesque parfois; mais enfin, ces gens-là sont beaux d'enthousiasme, au moins aux yeux de leurs compatriotes. — Combien leurs femmes doivent être fières à la vue d'un si mâle courage et de cette ferblanterie qui pendille sur ces nobles cœurs! car jamais le mot ferblanterie, mot sceptique et railleur, n'a pu être mieux appliqué qu'en cette circonstance.

Boum! boum! boum! taratata! et les corporations en rangs pressés s'engouffrent dans les rues étroites qui mènent à la place de la Parade : *Zeughausstrase, Comedienstrasse, Paulus wache, Trankgasse* et *Mulheimerheide.*

Voici les tambours, les fifres criards qui font rage; c'est l'infanterie; voici les trompettes de cavalerie. C'est un emballement, une folie, une foire. On court, on vole; les bons paysans vous écrasent les pieds sans façon, les femmes sont renversées, les enfants piaillent en langue tudesque — ce qui est moins harmonieux encore qu'en langue gauloise, — bref, on se relève et on court encore pendant que les lampions éteints de la veille vous tombent sur la tête et que parfois la hampe mal accrochée d'un drapeau vous caresse durement le dos. On piétine sur un tas de branchages qui seront fumier ce soir et le grand soleil de Dieu luit sur tout ce grouillement humain. Mais ces misères ne sont rien; on est au paradis et le dieu, le voici :

A 9 heures 40, la voiture impériale attelée de quatre chevaux se présente devant le perron de l'Hôtel du Gouvernement et au milieu d'une tempête de vivats l'Empereur monte en voiture. Devant la place du Sport, messieurs les membres de la société de tir de Cologne, revêtus de leur brillant uniforme, forment la haie. Les officiers étrangers, parmi lesquels le général belge Nicaise et le contre-amiral hollandais Roell, se font annoncer à Guillaume II qui monte sur son superbe cheval noir. Le chancelier d'Etat von Caprivi et les officiers étrangers montent eux aussi à cheval et le maître de l'empire se dirige vers la place de la Parade.

La revue a lieu au milieu d'un concours prodigieux de population massée là pour se repaître les yeux de ce spectacle inusité.

L'Empereur arrive à dix heures; il porte l'uniforme des gardes du corps avec le cordon de l'Aigle-Noir et, suivi d'une nombreuse escorte, où l'on voit les officiers belges, il parcourt le front des troupes. Les troupes étaient disposées sur deux lignes. En première ligne les régiments à pied, en deuxième les cuirassiers et l'artillerie de campagne. A droite de la garnison avait pris place le corps des officiers de la territoriale de la région (*Landwherbezirck*), et perpendiculairement au front sur l'aile droite les Cadets de Bensberg, localité des environs. Quand les deux lignes sont passées en revue, il y a un double *parade marsch*.

Au milieu des splendeurs de la *Kaiser Feier* (solennité impériale), nous ne perdions pas notre temps. Il ne fallait pas songer à suivre le souverain partout comme un officier d'ordonnance, ni même à trouver une place dans les tribunes du champ de revue ni ailleurs. La rue était à nous et quand je dis la rue à nous, c'est un euphémisme; mais enfin là ou la foule se mouvait, nous pouvions essayer de nous mouvoir. Nous avions une idée; c'était de voir l'Empereur revenir de la revue et traverser les rues de sa bonne ville de Cologne. Comment la mettre à exécution notre idée?

Vers 10 heures nous nous acheminions vers le haut de la ville par les rues Dominicaner, Sachsenhausen, Géréon. Pour dire la vérité, de ce côté-là, dans les rues bordées d'hôtels somptueux, servant aux banques, aux consulats ou appartenant à de riches particuliers, les décorations étaient moins banales et montraient un peu plus de goût. Nous débouchâmes sur la place Saint-Géréon, où la foule était grande comme partout. On attendait le retour du souverain.

Or, en jetant les yeux sur le programme de la fête, nous vîmes que le cortège devait revenir en ville par le *Deutschen-Ring,* le *Hansa-Ring,* la *Werthstrasse,* la *Christophstrasse,* etc.

Nous nous trouvions précisément dans la Christophstrasse qui longe le mur d'un jardin entourant l'église Saint-Géréon. Il fallait pénétrer dans le jardin. En tâtant notre gousset, nous vîmes que nous pouvions pénétrer dans ce jardin.

Tournant tout autour et nous apercevant que les deux grilles étaient fermées, nous entrâmes bravement dans l'église avec cette pensée perfide : « L'église a bien une sacristie ou une issue quelconque donnant sur le jardin; nous la trouverons et nous sommes sauvés; après cela nous gagnerons notre mur, pas très élevé au-dessus de la rue et, grimpant sur le chaperon, nous serons aux premières loges, à trois mètres de l'Empereur, quand il passera tout à l'heure. »

Les deux voyageurs sont dans l'église Saint-Géréon. Si pourtant le roi de Prusse n'était pas à Cologne, ce Saint-Géréon aurait le don de nous faire oublier tout au monde. Qu'on se figure une vieille, très vieille église élevée en l'honneur des martyrs de la légion thébaine, qui furent mis à mort, au nombre de 318, avec leur chef Géréon, pendant la grande persécution de Dioclétien, en 286. Un long chœur roman se rattachant à une nef décagone de style gothique, avec un *vorhalle* ou porche carré. Sainte Hélène a mis la main à ces vieilles constructions dont on voit encore des restes romains; on y a travaillé aussi depuis, souvent, aux XIe, XVe, XVIe et XVIIIe siècles. Rien d'aussi original que cette nef polygonale, ces cercueils de pierres à moitié murés dans ces petites chapelles à galeries et à colonnettes, renfermant une quantité d'ossements, ceux des braves de la légion martyre.

Et je la revoyais la légion thébaine « que Dioclétien fit venir d'Orient, reçut à Rome en lui donnant l'ordre de rejoindre Maximien, qui marchait contre les Bagaudes, peuplade insurgée de la Gaule belgique. Mais le Pape fit à cette légion des recommandations encore plus importantes, car elle était toute composée de chrétiens. Ils eurent bientôt lieu de les mettre en pratique. Comme Maximien voulut se servir d'eux pour persécuter les chrétiens, ils refusèrent d'obéir.

L'Empereur, pour se reposer de la fatigue du voyage, s'était arrêté dans les Alpes en un lieu appelé Octodure, aujourd'hui Martinac en Valais. La légion thébaine campait près de là, à Agaune, au pied de la montagne que l'on nomme aujourd'hui le Saint-Bernard. Maximien, irrité de cette désobéissance, ordonna que la légion fût décimée et réitéra ses ordres, pour contraindre le reste à persécuter les chrétiens. Les soldats thébains commencèrent à crier par tout le camp qu'ils souffriraient plutôt toutes sortes de supplices que de rien faire contre la religion chrétienne. Maximien commanda qu'on les décimât une seconde fois et que l'on fît obéir les autres. On fit donc encore mourir le dixième, suivant le sort, et les autres s'exhortaient mutuellement à persévérer.

Ils étaient encouragés par leurs officiers, Maurice, Exupère, Candide et sans doute Géréon. D'après leurs conseils, ils envoyèrent une adresse à l'Empereur; elle disait en substance :

Nous sommes vos soldats, c'est vrai; mais aussi nous le confessons librement, nous sommes les serviteurs de Dieu. Nous vous devons le service de la guerre : à lui nous devons notre innocence; nous recevons de vous la paie : lui nous a donné la vie; nous ne pouvons suivre vos ordres jusqu'à renier Dieu, notre créateur et notre maître et aussi le vôtre, que vous le vouliez ou non. Si vous ne nous commandez rien qui l'offense, nous vous obéirons comme nous l'avons fait jusqu'à présent; sinon, c'est à lui que nous obéirons plutôt qu'à vous. Nous vous offrons nos bras contre quelque ennemi que ce soit; mais nous regardons comme un crime de les tremper dans le sang innocent. Nous avons pris les armes pour nos concitoyens et non pas contre eux. Nous vous avons juré serment, mais avant tout nous avons fait un serment devant Dieu. Comment pensez-vous compter sur le second, si nous violons le premier? Vous voulez que nous recherchions les chrétiens pour le supplice; vous n'avez pas besoin d'en chercher d'autres; nous voici confessant Dieu le Père, Créateur de toutes choses, et son Fils Jésus-Christ qui est avec lui un même Dieu. Nous avons vu égorger nos compagnons sans les plaindre : nous nous sommes réjouis de la gloire qu'ils ont eue de souffrir pour leur Dieu et leur Seigneur; ni cette extrémité, ni le désespoir ne nous ont point portés à la révolte; nous avons les armes à la main et nous ne résistons pas, parce que nous aimons mieux mourir innocents que de vivre coupables. Le fer, les tourments, le glaive, nous sommes prêts à tout endurer; mais chrétiens, nous ne pouvons persécuter les chrétiens.

Maximien, désespérant de pouvoir vaincre un tel courage, ordonna de les faire tous mourir et fit marcher des troupes pour les environner et les tailler en pièces. Ils ne firent aucune résistance, mais ils mettaient bas les armes et présentaient le cou aux persécuteurs. La terre fut couverte de leurs corps et on voyait couler des ruisseaux de sang (1). » O Empereur Guillaume, ô chancelier Bismark, étonnez-vous donc après de tels exemples de la résistance d'un archevêque Melcher et de tant de catholiques persécutés par vous !... Mais nous montons à pas de loup les dix-neuf degrés qui conduisent au chœur. Ce chœur serait très curieux à visiter lui aussi

______

(1) Rohrbacher, *Histoire de l'Eglise,* d'après Ruinart et les *Acta sanctorum,* 22 sept.

avec ses hauts côtés ornés d'arabesques où sont placés les crânes des saints légionnaires. Nous avons une autre préoccupation :

Un homme se tient debout au sommet de la dernière marche. Le sacristain, sans doute, qui va nous demander pourquoi et comment nous sommes entrés ici. C'est que l'église doit être fermée et nous nous sommes bien aperçu qu'on la fermait, il y a deux minutes. Elle s'ouvre moyennant 1 mark par personne. Nous avons l'air aussi stupide que possible ; on nous parle, nous ne répondons rien et, profitant de ce que le sacristain a le dos tourné pendant une seconde, nous nous sommes déjà avancés vers une porte qui est là, à gauche, et nous voilà descendus dans le jardin, le bienheureux jardin ; nous voilà au pied du mur où il y a dix personnes en tout. De l'autre côté cela grouille de monde ; on l'entend bien.

Nous ne pouvons croire à notre bonheur quand le sacristain apporte deux billots et une planche qu'il pose par dessus et où nous nous installons. Dans mon ivresse je laisse tomber une pièce de monnaie dans la main du digne homme. Un instant après je sens qu'on me tire par la manche, je me retourne et vois un pauvre diable qui ne me dit que deux mots : « *Fünf! Schnaps!* » Cinq *pfennig* pour boire un petit verre.

— Tiens en voilà dix ! — C'était l'homme qui avait aidé le sacristain à apporter sa planche....

Maintenant nous sommes tout yeux, tout oreilles. Tout à coup, du côté de la *Werthstrasse* il se fait un grand mouvement et on aperçoit les banderolles noires et blanches qui flottent au haut des lances. Le cortège arrive.

D'abord deux hussards ouvrant la marche de chaque côté de la rue, la lance au poing, baissée vers la terre. Puis un piquet de cuirassiers blancs, puis une musique d'infanterie qui joue. Derrière vient un nombreux et brillant état-major où l'on remarque des costumes étincelants et de toutes les armes : hussards rouges, dragons bleus, uhlans noirs, chasseurs verts, artillerie, gendarmerie, tous les officiers généraux avec leurs aides de camp; et enfin, comme dans un nuage d'apothéose, LUI, Sa Majesté l'Empereur et Roi, Guillaume II.

Avouons-le, il me parut beau. Beau de jeunesse, beau de prestance, beau d'allure, beau et réussi comme type allemand. Il devait être fatigué pourtant et on le dit malade; il a un bras plus court que l'autre : le gauche; aussi il tenait les rênes de son cheval de la main droite et il saluait de la gauche. En costume de garde du corps, uniforme blanc, la tête coiffée du casque d'argent surmonté de l'aigle d'or, la figure carrée et longue, la moustache cirée et retroussée, l'air impassible, c'est l'incarnation de l'officier prussien. Il passa au milieu d'un tonnerre de *hoch,* criés par un peuple en délire; il passa, et par deux fois, voyant un homme qui ne criait pas et se contentait de soulever sa coiffure, il abaissa sur lui un regard qu'on eût dit étonné et curieux.

Presque aussitôt mon attention fut détournée par un autre spectacle, celui de l'entourage. Derrière le souverain, comme dans une pompe grandiose, des sous-officiers portaient des drapeaux aux couleurs de Prusse déchiquetés, en lambeaux. Et puis venait la musique des cuirassiers blancs, précédée par le célèbre tymbalier que tout le monde connaît. Après l'Empereur on peut dire que c'était lui le plus beau et le second héros de la fête. Grand, énorme, dans son costume tout blanc, perché sur son immense cheval noir qu'il conduit avec les genoux, il frappe avec une majesté incomparable ses deux tympanons, à droite et à gauche, en croisant les coudes l'un sur l'autre. Et derrière, les cuivres résonnent triomphalement.

Oui, c'est un triomphe, un triomphe comme ceux de l'antique Capitole, dont il reste un souvenir ici dans le nom d'une des plus vieilles églises; Barberousse, grand Frédéric et toi, vieux Guillaume, vainqueur de la France et de l'Autriche, saluez! c'est votre neveu qui passe dans son apothéose, rayonnant de la gloire de vos armes. C'est un triomphe et j'ai mieux compris à ce moment-là, mieux que jamais, l'hymne national qui chante :

> Salut à toi, dans la couronne du vainqueur,
> *Salut à toi, maître de la patrie,*
> *Salut à toi, Empereur.*
> Plein de la gloire du trône,
> Toi qui es nos délices,
> Amour du peuple,
> Salut à toi, Empereur !

. . . .
. . . .

Une flamme sainte brille
    Et ne s'éteint pas,
Quand il s'agit de la patrie.
Nous sommes tous debout, prêts à combattre
    Et à répandre notre sang
      Pour un homme,
Pour le trône et pour l'empire !

Empereur Guillaume,
    Sois le bienvenu ici,
Toi qui as été si longtemps le désiré du peuple,
    L'orgueil de l'humanité,
    Jouis dans la gloire du trône
    D'être le chéri du peuple.
Salut à toi, Empereur ! (1).

(1) Heil Dir im Siegerkranz,
   Herrscher des Vaterlands !
     Heil, Kaiser, Dir !
   Fühl in des Thrones glanz
   Die hohe Wonne ganz :
   Liebling des Volks zu sein;
     Heil, Kaiser, Dir !

   . . . .
   . . . .

   Heilige Flamme glüh,
   Glüh und erlosche nie,
     Für's Vaterland !
   Wiz alle stehen dann
   Mutig für einen Mann
   Kampfen und bluten gern
     Für Thron und Reich.

   Sei Kaiser Wilhem hier
   Lang Deines Volkes zier
   Der Menschheit stolz !
   Fühl in des Thrones glanz
   Die hohe Wonne ganz
   Liebling des Volks zu sein,
     Heil, Kaiser, Dir !

Oui, en m'en retournant, je me demandais si cet homme couronné avait deviné un Français, dans cet autre homme obscur perdu dans la foule. Ce qu'il y a de certain, c'est que je ne riais plus. Oui, le spectacle était grandiose et il y avait là une évocation de la puissante Allemagne. C'était fort, dur, beau, imposant et j'ai eu besoin de me reporter à nos revues de Longchamps pour ne point m'attrister trop. Après tout, nos pantalons rouges un peu maigres sont tout feu et tout nerfs, alertes et agiles comme des singes, patriotes autant que les Germains, et notre cavalerie vaut leurs cuirassiers blancs ; notre artillerie, avec sa tenue sévère, n'a pas dit son dernier mot. Nous aussi nous sommes forts, Dieu merci ! et avec un peu moins de *fantasia* et de brillant. Tant mieux ! Les pompons, les sabretaches, les schapzkas, les aigrettes, les aiguillettes, les pelisses de fourrure, les cordons et les brandebourgs ne font rien au courage militaire. Laissons-leur ces colifichets sans regret.

Mais leur *Kaiser*, comme ils l'aiment ! on sent qu'ils mourraient vraiment pour lui avec bonheur, et ceci est une force, si je ne me trompe. Il ne faut pas oublier que tout soldat allemand, arrivant au régiment, prononce devant son colonel ou son capitaine le serment qu'on va lire :

« Je fais devant Dieu qui sait et qui peut tout le serment solennel de servir avec honneur et fidélité Sa Majesté l'Empereur Guillaume II, mon gracieux souverain, dans toutes les circonstances et dans tous les lieux, sur terre et sur mer, en temps de paix et en temps de guerre, de veiller attentivement à tout ce qui peut lui convenir et lui être profitable, d'éviter au contraire tout ce qui pourrait lui porter tort ou préjudice; de me conformer aux règlements militaires qu'on vient de me lire, ainsi qu'aux ordres et prescriptions qui me seront donnés, comme il convient à un soldat loyal, vaillant, esclave du devoir et de l'honneur. Si je fais ainsi, que Dieu me vienne en aide, par Jésus-Christ, dans l'éternité ! »

L'idée de patrie n'est pas même énoncée dans ce document. Il n'y est question que de dévouement à l'Empereur....

Nous n'en avons pas encore fini avec l'Empereur. La fête se compose de trois parties distinctes : la revue des troupes, le banquet et la revue navale. L'Empereur est infatigable; revenu à la Résidence, il prend à peine le temps de changer de costume et le voilà en route pour le banquet du *Gürzenich*. Le Gürzenich est un bâtiment municipal situé auprès de l'Hôtel de Ville et élevé au xv⁰ siècle; on y a dépensé alors 80,000 florins, afin tout simplement d'avoir un local convenable pour recevoir dignement les hôtes que la ville voudrait fêter. L'empereur Frédéric III fut le premier souverain qu'on y reçut, c'était en 1475. Avec ses créneaux et ses tourelles, le Gürzenich est un des édifices les plus curieux de Cologne.

La salle des fêtes du Gürzenich a 53 mètres

de long sur 22 de large; elle est divisée en trois
par 22 colonnes de bois sculpté. On y a prodigué les décorations artistiques dans les vitraux, les cheminées monumentales, les fresques.

Nous revoyons Guillaume II passer — en voiture cette fois, — et se rendant au banquet qui
a lieu à midi. Il fait le grand tour : Gereonsdriesch,
Kaiser Wilhem Ring, Hohenzollern Ring, Ru-
dolphplatz, Neumarkt, Hohestrasse, et Martins-
trasse. Il est reçu par le maire et les adjoints :
il fait à ces messieurs l'honneur de s'entretenir
avec eux, puis le maire le conduit vers le trône
à baldaquin préparé pour lui.

Il y a là un dîner de 300 couverts.

A la table d'honneur :

L'Empereur;

A sa droite :

Le chancelier von Caprivi,
Le général de cavalerie von Albedyll,
Le général d'infanterie von Hahnke,
Le comte von Eulenbourg,
L'évêque docteur Fischer,
Le président von Sydow,
Le conseiller Langen;

A gauche :

Le général de cavalerie baron de Loë,
L'archevêque docteur Krementz,
L'excellence von Lucanus,
Le lieutenant général von Wittich,
Le médecin général professeur docteur Len-
thold,

Le président de la direction des chemins de fer Rennen,

Le conseiller de Cour d'appel docteur Reichensperger;

En face :

Le maire ou bourgmestre supérieur Becker, entre le prince de Wied et le président Nasse,

Puis le major général von Mansard,

Le conseiller privé de Haute-Justice docteur Struckmann,

Le major général Müller,

L'excellence von Solemacher-Antweiler,

Le gouverneur von Schkopp,

Le lieutenant général de Nicaise,

Le contre-amiral Roel,

Le conseiller de commerce docteur von Mevissen,

Le lieutenant général von Kropff,

Le général comte Wedel,

Le président de direction des chemins de fer Offermann,

Le receveur provincial docteur Fehre,

Le conseiller de commerce Michel,

Et le major von Zitsewitz.

Discours du maire avec *hoch* à l'appui, réponse de l'Empereur, et pendant le repas, concert avec morceau spécialement composé pour la circonstance, un magnifique *Salvum fac regem*. Puis l'ouverture d'*Obéron* de Weber, l'ouverture de *Rosamonde* de Schubert, le *Wacht and Rhein*, etc., etc.

Pendant ce temps-là nous aussi nous dînions,

8

non sans peine; avec les 300,000 âmes ou plutôt les 300,000 corps qui sont à Cologne aujourd'hui, on comprend que ce n'était pas commode. Mais notre bon restaurant de la veille était là qui nous ouvrait ses portes hospitalières.

Nous y apprîmes quelques détails sur la revue du matin; c'était le lieutenant général Kropff qui commandait les troupes; à l'arrivée du souverain à 10 heures, les troupes présentèrent les armes, la musique joua, et on exécuta deux fois une *Parade marsch* supérieure, dont Guillaume fut très satisfait. Il paraît que ces régiments ont fait preuve en 1870 d'une bravoure sans pareille, entre autres le régiment Hohenzollern, dont les courageux fusiliers ont si énergiquement résisté, à Saarbrucken, aux forces supérieures de l'ennemi !

On nous dit encore que sur le passage de l'Empereur tout à l'heure, quand il est venu au Gürzenich, il y avait bien 350 corporations de vieux guerriers et que l'on avait massé sur le boulevard Empereur-Guillaume les 60 écoles de la ville de Cologne qui comptent 16,000 enfants; qu'une jeune *mædchen* (petite fille) a présenté à l'impérial visiteur un bouquet, au nom de toute la jeunesse de Cologne..., enfin, une foule de choses plus intéressantes les unes que les autres.

— Décidément je ne me sens plus en train. Je sais bien qu'il y a encore une dernière partie du programme à réaliser, lé *Schiffs-Parade,* la revue des bateaux du Rhin, de ces bateaux de la Compagnie de Cologne et Düsseldorf, que connaissent si bien les touristes pour en avoir usé et abusé. Ces gros Allemands sont étonnants; quand ils s'y mettent, ils s'y mettent jusqu'au cou....

Pourtant vers 4 heures nous arrivons sur le quai du port, dans les environs du grand pont de fer; ce n'était pas ici qu'il fallait se placer pour voir quelque chose, c'était en amont, du côté de Bonn; mais comment parvenir jusquelà avec cette foule endiablée? Il y avait du monde partout et sur terre et sur l'eau. Les gros richards avaient obtenu à prix d'or des places sur les bateaux; on y mangeait, on y buvait, on y voyait bien l'Empereur. Il paraît que, monté sur le *Deutscher Kaiser*, un des plus beaux *steamboats*, il passa en revue le *Kaiser und Kœnig*, le *Humboldt*, le *Overstolz*, le *Drachenfels*, le *Lohengrin*, le *Hansa*, le *Niederwald*, le *Rhein*, le *Hohenstaufen* et le *Loreley*, puis il partit en remontant le fleuve jusqu'à Bonn, où il allait voir sa sœur, en résidence dans cette ville. (Ils aiment le Rhin dans la famille : le grand-père affectionnait Ems et Baden, la grand'maman Coblentz.) Nous ne le vîmes pas, mais nous l'avions assez vu. Mon camarade avait une paille dans l'œil qui le rendait enragé, et moi j'avais attrapé un mal de tête qui m'affolait à mon tour. Pauvres Français !

CHAPITRE XI

A Aix-la-Chapelle.

Ce que m'a raconté le vieux colonel. — Histoires de captivité. — A Cologne, pas d'*eau de Cologne*. — Sur le Rhin, pas de *cailloux du Rhin*. — Banquier et lieutenant de hussards rouges. — L'étonnement causé par la chapelle d'Aix. — Vieilles choses. — L'avis du prévôt du chapitre. — Les dix-neuf pourboires de Victor Hugo. — Le tombeau et le fauteuil de Charlemagne. — L'œuvre du grand Empereur.

Cologne est certainement une très curieuse ville à visiter. Mais les pauvres soldats qui y arrivèrent comme prisonniers en 1870 ne disaient pas cela, eux! Un vieux colonel m'a raconté qu'il avait été voituré en wagon à bestiaux de Metz jusqu'ici. En arrivant on le fourra — c'est le mot — dans un coin de caserne; c'était celle qui servait à l'artillerie et naturellement les artilleurs n'y étaient plus; à leur place on avait établi un parc à moutons et les braves bêtes avaient monté dans les chambrées et s'étaient installées sur les couchettes des soldats, lesquelles sont superposées les unes au-dessus des autres, comme dans un paquebot. Je suppose qu'elles n'avaient pas envahi les couchettes supérieures : si c'étaient des chèvres, pourtant, je ne dis pas.

Mon colonel, qui n'était alors que capitaine aux guides, avait trouvé à grand'peine un coin, et roulé dans sa fourrure il avait pu dormir comme on dort à la guerre, sans trop de souci du fumier et de la vermine qu'il recèle. Aussi quelle joie quand on lui annonça, ainsi qu'à ses camarades, qu'ils pouvaient circuler dans la ville en donnant leur parole qu'ils ne s'évaderaient pas, et en promettant de se présenter deux fois par jour à l'appel! La joie fut plus grande encore lorsqu'on leur permit d'aller à Hambourg. Tous les officiers des guides y allèrent et s'en trouvèrent fort bien pendant les cinq longs mois de captivité. On tuait le temps comme on pouvait en faisant de la musique, des parties de piquet et aussi des parties de patinage. Il y avait là un brave général hanovrien qui les traitait très convenablement, demandant qu'ils vinssent à l'appel seulement une fois tous les quinze jours et en tenue. Cela, par exemple, il ne put l'obtenir; mais il fermait les yeux, car il était Hanovrien et annexé, c'est-à-dire, un médiocre ami de la Prusse. Quand on lui apportait des lettres à contrôler avant qu'on les expédie en France, il disait toujours : « Cachetez votre lettre, capitaine ! »

On illumina cinq ou six fois pendant le séjour des Français à Hambourg. Dans ce pays-là les maisons ont toutes des doubles fenêtres à cause du froid; on installe entre les deux croisées des pots de fleurs qui font un charmant effet vus du dehors et vus du dedans, et quand il s'agit d'illuminer, on place des bougies près des fleurs, dans ces cages de verre. C'est tout naturel et tout joli et au moins les sales lampions ne vous coulent pas et ne vous tombent pas sur le dos comme à Cologne. Un jour on illumina pour une nouvelle victoire remportée par les Allemands; c'était, je crois, à l'occasion de la bataille de Champigny. Hélas! le lendemain on apprit que tout le régiment territorial de Hambourg avait été anéanti; les Hambourgeois faisaient une tête !

Je pensais à tout cela en allant à la poste chercher mes lettres. Le quartier de la poste est très commerçant; on y va par la *Hohestrasse,* la grande rue centrale de la ville, et par le passage *Augusta,* la *Brückenstrasse,* la *Glockengasse ;* c'est là que sont l'église Saint-Colomba et la grande synagogue. Celle-ci est conçue dans le style oriental avec dômes bulbeux, adopté par toutes les synagogues allemandes, et ce style produit bien plus d'effet que celui de nos synagogues françaises et parisiennes. A Paris, on dirait que les Juifs se cachent ou au moins cachent leurs temples.

Croirait-on que dans Cologne on risque de ne pas trouver d'*eau de Cologne?* Trente maisons crient sur leurs murs qu'elles possèdent la « seule véritable de Jean-Marie Farina. » « *Dans le doute abstiens-toi!* » Je n'achetai pas d'eau de Cologne. Ce que j'eusse voulu acheter, c'étaient de ces bijoux à bon marché, des strass, appelés *cailloux du Rhin.* Certes! les cailloux du Rhin doivent se trouver sur le Rhin et comme la principale ville située sur le Rhin est Cologne, les magasins de la ville doivent regorger de cailloux. Nullement; les honorables et gros industriels à qui nous nous adressions avaient l'air de croire que nous nous moquions d'eux. Pourtant mon ami parlait assez correctement leur langue et si nous n'avons pas eu nos cailloux en échange de nos bons *marks*, c'est qu'il n'y en avait pas vraiment, ou qu'on n'a pas voulu nous en donner.

Les confiseurs font en revanche d'excellents bonbons de chocolat et souvent, derrière le comptoir, il y a une porte qui donne accès dans une longue suite de salons qui nous parurent remplis à déborder. Ces salons sont exclusivement réservés aux dames et aux cavaliers qui les accompagnent. On y prend du thé, du chocolat, du café et des glaces, avec force gâteaux, et on y fait un bruit infernal. Toutes ces langues qui tournent et toutes ces dents qui mordent transforment ces arches sacro-saintes en une immense volière où les perruches dévorent et jacassent à qui mieux mieux.

Maintenant, si vous désirez savoir ce que j'ai trouvé à Cologne de plus utile à acquérir pour mon ménage, ce sont des nappes de couleurs, à fleurs ou à carreaux, qui peuvent servir pour le jardin ou les déjeuners. Achetez-en quand vous viendrez ici. C'est utile et pas cher.

On m'avait recommandé de voir le *jardin zoologique;* je n'en eus pas le temps. Il est fort commode de circuler dans Cologne et aux environs. Il y a six ou sept lignes de tramways qu'on peut prendre : l'une suit une ligne circulaire dans l'intérieur de la ville, l'autre va de la cathédrale au *jardin zoologique,* une troisième au jardin de la ville, une autre à Bayenthal, Marienbourg, une autre à Mülheim, etc.

—Nous voici en route pour Aix-la-Chapelle, par un train du matin; nous montons dans un compartiment de première à six places. Les six fauteuils en velours rouge ont l'air d'être occupés, mais il n'y a que deux valises. Nous montons quand même. Quelqu'un me parle dans l'oreille en ce moment :

« Monsieur, je vous en conjure, ayez pitié de moi; je suis Français, j'ai reconnu que vous deviez être Français en vous entendant causer ; je voudrais être rapatrié, mais je manque d'argent et je cherche vainement mon consul depuis deux jours. »

Cet homme s'exprime bien ; il est décemment vêtu; il a l'air d'avoir reçu de l'éducation. Ah misère ! Comme ces rencontres sont poignantes en voyage !

Mais nos futurs compagnons arrivent; nous l'avions bien deviné, ils ne sont que deux et ils ont, selon un truc très connu, disposé des journaux et des pardessus sur tous les sièges, pour faire croire aux naïfs qu'ils sont tous occupés.

« Fumez-vous, Messieurs, nous dit-on; nous, nous fumons. »

Ils ont d'énormes cigares à la bouche.

— « Oui, oui, allez! nous fumons, mais quand même nous ne le ferions pas, nous ne détestons nullement l'odeur de vos partagas.

— Alors, ça va bien. »

Tout ceci dit en français, bien entendu. Ils montent et ils ont l'air de gais compagnons. Un gros court et un jeune mince. Le vieux est un banquier de Cologne, — c'est le jeune qui nous le dit, — et le jeune est un officier de hussards rouges, — c'est le vieux qui nous le dit.

Ils vont à Paris. et ma foi! je regrette de ne pas les avoir pour compagnons de route plus longtemps, car nous arriverons bientôt à Aix-la-Chapelle.

Le gros court s'est fait mal au bras en arrimant sa valise sur le filet. Le voilà qui retrousse sa manche de veston et sa manche de chemise et il se fait frotter vigoureusement par son camarade. Mais la friction sèche ne produit pas l'effet désiré; alors il ouvre son sac et en tire un flacon d'eau de Cologne dont il verse abondamment le contenu sur la partie blessée; ça va mieux! il nous le dit; il nous dit aussi que l'eau est bonne et se met à nous asperger du liquide odorant.

« Je vous prie, Messieurs, je vous prie; c'est de la véritable.... (Ah! nous la tenons la véritable eau de Cologne de Jean-Marie Farina!) Je vous prie, donnez votre main et lavez-vous la figure avec cela. C'est *pon,* très *pon.* J'en ai encore cinq flacons dans mon sac. N'y regardez pas ! Pas *d'égonomie !* je vous prie. »

Comme il y va ! Un instant je crus qu'il allait nous faire une réclame en règle et indiquer le nom du marchand et l'adresse. Je flairais Israël. Mais il n'en dit pas davantage là-dessus.

Il continua :

« Vous avez vu l'Empereur. Il est malade, vous savez ; il a mal aux oreilles ; il a le bras droit plus court que l'autre. Oh ! il est malade. C'est sûr ! »

Tiens ! mais ces Allemands-là ne sont pas trop chauvins ; je n'y comprends plus rien. Je me mis à parler de la *Kœlnische Zeitung*.

« Oh ! dit le gros, c'est un mauvais journal. Il dit des bêtises. »

Là-dessus il s'endort.

Le jeune mince, un très beau garçon, parle français très purement, si ce n'est qu'il répète à chaque instant :

« Oui, la réception à Cologne a été très *luxurieuse*. — Paris est une ville très jolie, très agréable, très *luxurieuse*. »

Je te crois ! mais ce n'était pas dans ce sens-là qu'il l'entendait. Il nous parle de l'armée allemande, sans pourtant nous en révéler les secrets stratégiques. Il traite le côté *luxurieux,* seulement celui-là.

« Voyez-vous, dit-il, dans le corps des officiers de cavalerie, et je vous parle surtout des hussards rouges, la plus belle arme, on fait des folies. Croiriez-vous qu'un lieutenant de mes amis dé-

pense parfaitement chaque année 3,000 marks
pour son costume seulement? Quant au reste,
une année il alla jusqu'à dépenser 30,000 marks;
une vraie folie, n'est-ce pas?

— Mon ami, c'est évident, et ce qu'il y a de
plus évident, c'est que ce lieutenant-là c'est
vous, n'est-ce pas? »

On se mit ensuite à parler Grand-Prix de Paris,
courses et théâtres. Ils se réjouissent tous les
deux d'aller voir « *Ma Cousine* » et « *Miss
Helyett* ». Ces excellents Allemands sont très
luxurieux, il n'y a pas à dire, et au demeurant
pas ennuyeux du tout. Arrivés à Aix-la-Chapelle
on se quitta avec force regrets et salutations.

C'est maintenant une ville toute moderne
qu'Aix-la-Chapelle, une ville de près de cent
mille habitants. Mais comment oublier son ancien et superbe titre : *Urbs Aquensis, urbs rega-
lis, regni sedes principalis, prima regum curia?*
La ville royale, le siège du royaume, la ville de
la cour, la ville de Charlemagne enfin, qui y
mourut en 814, comme chacun sait.

Comme Victor Hugo, à peine arrivés à Aix,
nous fûmes à la chapelle, qui nous plongea dans
le plus profond étonnement. Le grand poète l'a
bien dit : une façade plaquée, un dôme enfoui,
une abside rompue, voilà la chapelle d'Aix,
voilà la cathédrale. Cette cathédrale ne ressemble en rien à toutes celles que l'on peut voir ailleurs; c'est une suite, un amas, un entassement
d'édifices de plusieurs âges, juxtaposés entre eux
et n'ayant aucune homogénéité. Tant est grande

pourtant la puissance d'une belle architecture, qu'au milieu d'abominables voisines, certaine partie de l'édifice brille comme un soleil et suffit à forcer l'admiration du visiteur, et puis il y a la patine des siècles répandue sur toutes ces portes de bronze, ces archivoltes, ces ogives du XVIᵉ, cette abside, ces balustrades, ces gargouilles, ces lancettes; et il y a, planant au-dessus de tout, un grand nom, de grandes choses. On est saisi quand même.

Je renvoie aux guides pour la description complète de la cathédrale d'Aix, comme pour celle de Cologne; les guides sont créés pour cela. Je dirai seulement que celle-ci se compose de deux parties : l'une très ancienne, octogone, à coupoles, qui est une imitation de Saint-Vital de Ravenne, est de style byzantin, entourée et surmontée d'une galerie où nous irons tout à l'heure; l'autre qui est un chœur gothique très large et très long.

J'aime ces vieilles églises où l'on pénètre par des couloirs sombres, en soulevant une lourde portière de cuir lacéré, usé par des milliers de mains. Dans le couloir embaumé par un adorable parfum de moisi, ici un mendiant perclus, là une vieille qui court à ses dévotions en jetant sur vous un regard effaré, là un enfant de chœur vêtu d'une façon bizarre qui va chercher du feu pour l'encensoir ou du vin pour les burettes, et vous regarde effrontément en ayant l'air de penser : « Toi, tu es encore un étranger, un *goddem* quelconque, ça se voit à ta mine. » Tous ces personnages font si bien dans ce vieux cadre et vous reportent si loin du boulevard, de la vie moderne, du convenu; vous reportent si en arrière, en plein moyen-âge, aux époques reculées!...

C'est que nous sommes, en effet, devenus pour un instant les contemporains des Carlovingiens; nous allons toucher du doigt des reliques sacrées, des souvenirs historiques vrais, et quand bien même ils ne le seraient pas, nous pouvons dire : « C'était ici ! Tel fait s'est passé dans l'endroit que je foule aux pieds. »

Ce grand lustre suspendu à une chaîne; cette grande couronne de cuivre doré, mesurant plus de 4 mètres de diamètre, présent de l'Empereur Frédéric Barberousse; cette inscription gravée dans le pavé au-dessous : *Carolo magno;* achèvent de vous conquérir.

On célébrait la messe à ce moment-là; il était 11 heures : c'était l'office du mois de Marie, nous dit-on. L'autel était un autel portatif dressé à l'entrée du chœur, pour la commodité des fidèles; ceux-ci étaient nombreux, attentifs, pieusement recueillis. Nous sortîmes un instant pour faire le tour de l'édifice; mais on n'en peut faire le tour entier par la raison qu'il n'est pas complètement dégagé et qu'il tient encore aux maisons voisines. Sur une place plantée d'arbres où des paysannes en manteaux rouges et en chapeaux de 1848 vendaient des fleurs et des fruits, nous aperçûmes un autre édifice immense avec des tours qui avaient grand air; c'étaient les derrières du *Rathaus* (Hôtel de Ville). .

Nous rentrons par le grand portail. Dans le vestibule on lit un avis du prévôt du chapitre de la cathédrale en trois langues : allemand, français et anglais, qui prévient que pour visiter le trésor il faut être muni d'une carte et que la carte coûte 3 marks. Monsieur le prévôt, j'oserai vous dire respectueusement que c'est 2 *marks* de trop; j'en appelle à tous les étrangers! Vous êtes cause que je ne visiterai point le trésor, et si tous les étrangers faisaient comme moi, le chapitre entrerait en composition, probablement, certainement même, comme un simple conseil d'administration des Omnibus.

Nous nous abouchons néanmoins avec un sacristain qui dit qu'il nous montrera le trône et le tombeau de Charlemagne. Ses prix sont raisonnables à celui-là et nous acceptons.

C'est que, à Aix, comme à Cologne. montrer une église n'est pas le monopole d'un seul employé. Tous ont quelques spécialités à faire voir moyennant finances et ici, celui qui montre le crâne et le bras du grand Empereur, son cor et sa croix dans d'étincelants reliquaires gothiques et byzantins, n'est pas celui qui montre le tombeau.

Rien d'aussi amusant que la boutade de V. Hugo quand il nous énumère les nombreux pourboires par lui donnés dans une journée d'Allemagne :

« Pourboire au conducteur, pourboire au postillon, pourboire au débâcheur, pourboire au brouetteur, pourboire à l'homme *qui n'est pas de l'hôtel,* pourboire à la vieille femme, pourboire à Rubens, pourboire au suisse, pourboire au sacristain, pourboire au sonneur, pourboire au baragouineur, pourboire à la fabrique, pourboire au sous-sonneur, pourboire au bedeau, pourboire à l'estafier, pourboire aux domestiques, pourboire au garçon d'écurie, pourboire au facteur : voilà dix-huit pourboires. Otez l'église, qui est fort chère, il en reste neuf. Maintenant calculez tous ces pourboires d'après un minimum de cinquante centimes et un maximum de deux francs qui est quelquefois obligatoire (il cite les 3 fr. 75 d'Aix-la-Chapelle), et vous aurez une somme assez inquiétante. N'oubliez pas que tout pourboire doit être une pièce d'argent. Les sous et la monnaie de cuivre sont copeaux et balayures que le dernier goujat regarde avec un inexprimable dédain. »

Nous, nous n'avions pas donné de pourboire au postillon, ni au débâcheur, ni au garçon d'écurie, puisque nous ne voyagions pas en poste, et nous étions aussi fermement résolus à ne pas laisser neuf pourboires à l'église. Ce que c'est cependant que l'expérience en voyage ! V. Hugo nous faisait gagner cinq francs par jour.

Notre sacristain nous montra d'abord dans le chœur la merveilleuse chaire toute garnie de plaques d'or et ornée de sculptures en ivoire, d'une coupe de cristal de roche et d'un énorme onyx incrustés dans l'or. C'est un don de l'empereur Henri II.

Nous montâmes ensuite dans les galeries supérieures pour voir le tombeau. C'est un sarcophage antique qui a, dit-on, d'abord servi pour l'empereur romain Auguste; il est en marbre de Paros et entouré de bas-reliefs représentant l'enlèvement de Proserpine par Pluton.

Je regardais le cercueil de marbre, les galeries, les grilles de bronze, les colonnes, et je songeais....

Je songeais qu'il y a douze cents ans le grand conquérant après tous ses voyages, ses victoires, son couronnement et le couronnement de son fils Louis, avait demeuré ici ne s'occupant plus que de prières, d'aumônes et de la correction des livres sacrés. Il ne manquait jamais de venir à l'église, le matin et le soir, et d'assister aux matines et à la messe. Il veillait attentivement à ce que les cérémonies fussent célébrées avec pompe et dignité, il donnait en grande quantité des vases d'or et d'argent, des ornements sacerdotaux. Il fit apporter de Rome et de Ravenne des colonnes et du marbre pour orner sa chapelle qu'il aimait. Enfin, après avoir chanté si souvent les louanges de Dieu en mêlant sa voix royale à celle des chantres dans les psalmodies sacrées, le moment vint pour lui d'aller les chanter au milieu de la cour céleste. Le 20 janvier 814, au sortir du bain, il fut pris de la fièvre et, après sept jours de maladie, ayant reçu les derniers sacrements des mains

de l'archevêque Hildebalde, son archichapelain,
il entra en agonie. Le lendemain, à la pointe
du jour, étant en pleine connaissance, l'auguste
moribond recueillit toutes ses forces, étendit la
main droite et fit le signe de la croix sur son
front, sur sa poitrine et sur tout son corps; il
allongea les pieds et étendant les bras sur son
corps, il chanta doucement ces paroles qu'il
avait sans doute chantées si souvent au milieu
du chœur : « *In manus tuas commendo spiritum
meum* », et il mourut. Il avait 72 ans.

*Et nunc reges intelligite; erudimini qui judica-
tis terram!* Princes, à cet exemple, apprenez à
mourir !

« Il n'avait rien marqué touchant sa sépul-
ture, dit Rohrbacher, mais après quelques délibérations, on jugea que le lieu le plus convenable était la magnifique église qu'il avait fait
bâtir à Aix-la-Chapelle, en l'honneur de la Mère
de Dieu. Il y fut enterré le jour même. On em-
bauma son corps; on le revêtit premièrement
du cilice, qu'il porta toujours secrètement, et
puis de ses habits impériaux, par dessus lesquels
on lui mit la pannetière d'or qu'il portait à ses
voyages de Rome, comme pèlerin; on l'assit
dans son tombeau sur un fauteuil de marbre
revêtu d'or; on ceignit son épée d'or à son côté;
on plaça sur sa tête une couronne où il y avait
du bois de la vraie Croix; on lui mit entre les
mains et sur les genoux un livre des Evangiles
couvert d'or et l'on suspendit devant lui son
sceptre et son bouclier bénits par le pape saint

Léon III. Après quoi on remplit le sépulcre de
divers aromates et on le ferma. On érigea ensuite sur son tombeau un couronnement d'or en
forme d'arc, sur lequel on plaça sa statue avec
cette inscription : « Sous ce mausolée repose le
corps de Charlemagne, grand et orthodoxe empereur, qui a étendu glorieusement le royaume
des Francs et qui l'a gouverné heureusement
pendant quarante-sept ans. Il est mort le...,
etc. »

Et le fauteuil de Charlemagne, celui sur lequel on l'assit dans son tombeau, le voici; le
sacristain nous le montre là, tout près : un fauteuil de marbre, large, bas, formé de quatre
dalles nues et sans ornementation, assemblées
par des chevrons en fer, sur lequel l'empereur
resta assis pendant 350 ans. C'est le même qui a
servi au couronnement des empereurs d'Allemagne depuis Barberousse jusqu'à Charles-
Quint et Ferdinand I⁽ᵉʳ⁾. Après eux on couronna
les empereurs à Francfort.

Quel homme que celui qu'on a déposé ici et
qui semblait encore, après sa mort, régner et
commander assis sur son trône ! L'avoir assis là,
je trouve cette idée superbe. C'est que son œuvre
a été une œuvre à nulle autre pareille. « L'œuvre
d'un conquérant est, comme l'a excellemment
dit l'auteur déjà cité, de réunir forcément les
principales nations de la terre sous une même
domination temporelle, afin de les préparer à la
même domination spirituelle, celle du Christ.
Nabuchodonosor, Cyrus, Alexandre, les Romains

travaillent à cette œuvre, sans savoir ce qu'ils font. Constantin avait, lui, cessé la guerre contre Dieu et s'était soumis individuellement; mais ce qu'il n'avait compris qu'à moitié, Charlemagne le comprend tout à fait et il le proclame à la face de tous les peuples et de tous les siècles en écrivant à la tête de ses lois ces paroles mémorables: Notre-Seigneur Jésus-Christ régnant à jamais, moi, Charles, par la grâce et la miséricorde de Dieu, roi du royaume des Francs, dévot défenseur et auxiliaire de la sainte Eglise de Dieu. »

Ce bedeau qui nous conduisait était réellement un brave homme : il parlait français parfaitement, comme presque tous les habitants d'Aix-la-Chapelle; — on m'a paru bien moins Allemand à Aix que partout ailleurs en Allemagne. — C'était dommage qu'il ne fût pas suisse au lieu d'être bedeau, car il eût pu nous dire comme il fut dit au grand poète qui était, lui aussi, tombé sur un employé très convenable : « Je suis suisse de métier, Prussien de hasard, et Français de cœur. »

CHAPITRE XII

Le catholicisme en Allemagne.

Piété allemande. — Une page du cardinal Pacca. — Répartitions
des diocèses et divisions ecclésiastiques. — Le *Joséphisme* des
gouvernements. — Conversions. — Commencements du *Culturkampf*. — Un évêque et un archevêque qui ne se ressemblent pas. — Courage des catholiques allemands. — Ils n'ont
pas autant de modestie. — Reproches à la France. — L'auteur
donne son sentiment sur des questions difficiles.

En descendant des galeries supérieures du
Dom d'Aix-la-Chapelle, je voyais encore une
foule considérable, recueillie, assistant très
pieusement à la messe dans une chapelle latérale. Comme ces gens prient pourtant! Une
chose curieuse, ce sont les hommes, les hommes déjà âgés, coiffés d'une calotte latine pour
éviter les rhumes, je pense; bonne précaution
dans l'humidité de cette vieille église.

Je me disais : Il n'y a guère de population
plus chrétienne, plus croyante et plus pieuse.
Ici, comme à Cologne, ce fait frappe l'étranger
vivement. Ah! si la religion s'est réfugiée quelque part et est entrée dans les mœurs, c'est
bien en Allemagne et ils ont acheté, chèrement
du reste, le droit de rester bons catholiques.
L'épreuve ne leur a pas manqué.

C'est une chose très intéressante de suivre
le mouvement catholique en Allemagne depuis
cent ans. Essayons de résumer ce mouvement.
Un excellent travail de M. Louis-Eugène Louvet, des Missions-Etrangères de Paris, d'après
Rohrbacher en partie, nous facilitera beaucoup
cette étude (1).

« Quand j'arrivai en Allemagne, en l'an 1776,
écrivait dans ses mémoires le célèbre cardinal
Pacca, nonce à Cologne, on pouvait dire que
les églises et le clergé de ce pays étaient au
comble des grandeurs humaines.

Deux sièges archiépiscopaux, Cologne et Trèves, étaient occupés, l'un par un frère de l'empereur alors régnant, l'autre par le fils d'un roi
de Pologne, électeur de Saxe. A la tête de toutes
les autres églises archiépiscopales étaient placés
des prélats issus des plus illustres et des plus
anciennes familles. De vastes portions du sol
de l'Allemagne, les plus riches et les plus fer-
tiles, appartenaient au clergé, avec un droit de
souveraineté temporelle qui s'étendait sur plusieurs millions de sujets. Dans ce collège élec-
toral, sur huit électeurs, trois étaient ecclésiastiques : les archevêques de Mayence, de Trèves
et de Cologne. Le collège des princes allemands
était présidé par l'archevêque de Salzbourg, et
tous les évêques, ainsi qu'un grand nombre
d'abbés, apportaient leur vote à la diète. »

C'était l'ancien régime, comme un peu en

____

(1) *Les Missions catholiques au* xix⁰ *siècle.* — **Rohrbacher,**
vol. 28, 91⁰ liv.

France, et il n'est pas dit que la prospérité matérielle ait toujours été pour l'Eglise une cause de prospérité spirituelle et de sainteté. La Révolution française anéantit partout les électorats ecclésiastiques et les riches abbayes, continuant à faire ailleurs ce qu'elle avait fait dans son propre pays et, dit encore le cardinal, « on se vit débarrassé de ces prélats de familles princières qui n'avaient le plus souvent d'autres titres de vocation que l'ambition de leurs proches et l'esprit d'avidité. »

L'esprit *joséphiste* florissait en Allemagne. L'archevêque de Cologne, archiduc Maximilien, frère de Joseph II, avait en matière de discipline ecclésiastique des sentiments que son auguste frère eût mis en action à sa place; ou c'était des évêques francs-maçons : celui de Trèves et celui de Ratisbonne.

En 1821, le Saint-Siège reconstitua les provinces ecclésiastiques allemandes au moyen d'un Concordat avec le royaume de Prusse, celui de Wurtemberg et les grands-duchés de Bade, de Hesse, de Nassau, de Mecklembourg, d'Oldenbourg et les villes libres de Francfort, Brême et Lubeck.

La Prusse Rhénane eut l'archevêché de Cologne avec trois évêchés suffragants : Trèves, Munster et Paderborn.

La Prusse orientale, l'archevêché de Gnesen et Posen avec l'évêché d'Ulm.

Deux évêchés, Breslau et Warnin, relevaient directement du Pape.

Il y eut un archevêché à Fribourg, dans le grand-duché de Bade, avec quatre évêchés suffragants : Mayence (Hesse), Fulda (Hesse), Rotembourg (Wurtemberg) et Limbourg (Nassau).

Dans le royaume de Hanovre deux évêchés : Osnabruck et Hildesheim.

En Saxe, un vicariat apostolique et une préfecture apostolique.

Telle est actuellement la répartition des diocèses en Allemagne. Il faut y ajouter pour être complet les deux vicariats apostoliques d'Anhalt et de l'Allemagne du Nord, la préfecture apostolique de Schleswig-Holstein et les deux évêchés de Metz et de Strasbourg.

En 1821 l'esprit du clergé allemand était assez mauvais, si on en juge par les manifestations de plusieurs de ses membres, membres en même temps des universités de Bonn et de Fribourg; ceux-ci émettaient des opinions rationalistes et fort relâchées, allant jusqu'à demander l'abolition du célibat ecclésiastique, appuyés qu'ils étaient sur une minorité ecclésiastique considérable.

Ce qui sauva le catholicisme en Allemagne, ce fut le peuple, le bon peuple simple, droit, honnête; on le vit souvent protester et, dans le duché de Bade, le dimanche, maintes fois, les paysans en bandes nombreuses passèrent le Rhin pour venir entendre la messe en Alsace. On ne fait pas mieux dans les pays de néophytes comme la Chine ou le Japon.

Naturellement les gouvernements protestants

se trouvaient fort satisfaits de l'attitude du clergé catholique en ces malheureuses circonstances, et ils l'encourageaient par tous les moyens en leur pouvoir, par la persuasion et par la force, au besoin. Les deux pouvoirs signèrent une convention sur les mariages mixtes qui ne tendaient à rien moins qu'à la ruine du catholicisme, puisque la promesse d'élever les enfants dans la foi catholique n'était plus exigée. Les choses allèrent ainsi jusqu'en 1874, où l'archevêque de Cologne et celui de Posen ayant résisté, furent jetés en prison. La prison a du bon; elle stimule les consciences et retrempe les courages. Dès ce moment l'Eglise d'Allemagne était sauvée.

Du reste, nous l'avons dit, le peuple généralement était resté bon et fort attaché à ses croyances et à ses pratiques religieuses. Les exemples du clergé français émigré avaient exercé sur tous une favorable influence et même avaient été l'occasion parmi les classes élevées de nombreux retours, de consolantes conversions. Comme autrefois sur les marches du trône des Césars, des frères, des sœurs, des mères de rois, des membres de familles princières rompaient avec le protestantisme « *se dissolvant lui-même* », selon l'expression d'un éminent auteur protestant converti, qui intitule ainsi un de ses ouvrages.

Et les ordres religieux fleurirent de nouveau sur la terre allemande; on vit un Concile s'y réunir : celui de Wurtzbourg; une association fut fondée pour la défense des intérêts catholiques analogue à celle du *Pius Verein*.

Nous arrivons à l'époque où la lutte du protestantisme contre le catholicisme s'est montrée plus violente que jamais, l'époque contemporaine, celle du *Culturkampf* (la lutte civilisatrice). Le prince de Bismarck, un homme dont le nom restera en exécration aux Français et aux catholiques, crut dans son orgueil insensé qu'il pouvait s'attaquer à tous les pouvoirs; c'est l'erreur de tous les conquérants. Napoléon eut dù pourtant lui servir d'exemple. M. de Bismarck après Sadowa, ayant vaincu la France et étant devenu l'arbitre de l'Europe et du monde, s'en prit à l'Eglise. Napoléon après sa lutte insensée contre Pie VII, alla expier à Sainte-Hélène. L'expiation a déjà commencé pour l'exilé de Friederischruhe.

On ne voit pas très bien pourquoi le tout-puissant chancelier voulait combattre l'Eglise, et on ne peut expliquer cela que par une sorte d'aberration et d'obsession qui saisit toujours le vainqueur arrivé à l'apogée de la gloire et de la puissance. Il veut tout voir à ses pieds; là est le secret de ses actes. La déclaration du dogme de l'infaillibilité pontificale avait fait surgir en Allemagne des rebelles et à leur tête le chanoine bavarois Dœllinger; ils s'appelaient *vieux-catholiques*, et devinrent tout d'abord les favoris du gouvernement prussien protestant. Mais celui-ci allait de l'avant et il commença par s'attaquer aux ordres religieux.

Il y avait en Prusse 115 couvents d'hommes avec 1,874 religieux, 836 couvents de femmes avec 7,763 religieuses; les Jésuites furent dispersés les premiers, puis vinrent les Rédemptoristes, les Lazaristes et les Pères du Saint-Esprit que l'on avait déclarés affiliés à la Société de Jésus.

Restait le clergé séculier. Les lois de mai (1873) prétendirent en avoir raison. Elles traitaient de quatre matières : l'éducation des clercs, les nominations ecclésiastiques, les censures épiscopales et le changement de confession religieuse.

Il était facile en prenant la question par ces côtés d'anéantir les libertés de l'Eglise. Par exemple, les clercs devaient fréquenter pendant trois ans les universités de l'Etat et passer des examens devant des juges civils. Les évêques proposaient des candidats, mais le gouverneur de la province les agréait ou les cassait à sa volonté. Les évêques ne pouvaient publier les peines canoniques et on pouvait en appeler auprès d'une cour des affaires ecclésiastiques.

Les évêques et leurs clergés résistèrent.

Alors la persécution fut décrétée : l'amende d'abord pour commencer. En quelques mois les tribunaux avaient déjà condamné les réfractaires à plus de six millions, et l'on vendait par autorité de justice le mobilier des évêques et des prêtres afin que ceux-ci pussent payer.

Après l'amende la prison. En dix années, huit évêques et trois mille prêtres furent mis sous les verroux. Les évêques étaient ceux de Posen (l'archevêque et l'auxiliaire), de Cologne (l'archevêque et le coadjuteur), de Munster, de Paderborn, de Limbourg et de Trèves. Tout le monde connaît maintenant les glorieux noms des Ledochowski et des Melchers.

Après la prison la destitution.

M. Tissot, sous une forme un peu légère, nous trace le portrait de l'évêque vieux-catholique, celui qui se fait appeler : Monseigneur Reinkens, et qui habite Bonn :

« Mgr Reinkens n'a acquis jusqu'ici aucune popularité dans les provinces rhénanes et n'a pas encore vu sa photographie reproduite sur une seule pipe de porcelaine, ce qui est, en Allemagne, le premier échelon de la gloire; à Bonn, on ne semble le connaître que par ses aventures galantes.... Il a cependant un petit cercle d'intimes, auxquels il offre souvent des violons, des dîners et des soupers fins. Chaque hiver, il y a cinq ou six bals au palais épiscopal. Sa Grandeur Mgr Reinkens ouvre la première polka, après avoir appelé sur les invités la bénédiction de M. de Bismarck : Mgr Reinkens pirouette au milieu de ses invités, en habit noir et en souliers vernis.... La secte n'est pas même aussi nombreuse que celle des Mormons; elle compte dans toute l'Allemagne, sur quinze millions de catholiques romains, à peine quinze mille adeptes! Et cependant pour grossir le troupeau de ceux qui croient que la vertu ne mène pas loin, M. de Bismarck confère aux sergents de ville rhénans une mission toute apostolique. J'ai conservé une invitation imprimée qui fut distribuée à domicile, au mois d'avril 1874, dans la ville de Cologne :

« Si vous êtes d'avis de vous joindre à la nouvelle paroisse qui se forme actuellement à Cologne, je vous prie, dit la circulaire, de vous rendre le 14, le 15 ou le 16 courant, à neuf heures du matin, à l'Hôtel de Ville, pour signer entre les mains de l'assesseur de police, M. Kettner, le protocole suivant : J'adhère formellement à l'organisation des vieux-catholiques; j'en assume les charges et j'en réclame les droits. Je reconnais l'évêque Reinkens comme chef ecclésiastique, et je me rallie à la formation d'une paroisse à Cologne, conformément au contrat conclu entre le gouvernement et l'évêque Reinkens (1). »

Or, pendant que l'évêque vieux-catholique dansait, voici ce que faisait un archevêque catholique, Mgr Ledochowski :

1873. — *20 août.* Amende de 200 thalers (2) pour nomination illégale d'un curé.

— *Août.* Le séminaire de Posen est fermé.

— *1er octobre.* Le traitement de l'archevêque est saisi.

— *8 octobre.* 100 thalers d'amende ou quatre mois de prison.

— *27 octobre.* 300 thalers d'amende pour menace d'excommunication à un prêtre vieux-catholique. — La Cour ecclésiastique de Berlin

(1) *Voyage aux Pays annexés.*
(2) Le thaler, ancienne monnaie, valait et vaut encore 3 fr. 75.

décide que celui-ci ne mérite pas la censure.

— Le même jour, on saisit le mobilier de l'archevêque.

— *18 novembre.* 2,000 thalers d'amende ou un an et demi de prison.

— *25 novembre.* 5,400 thalers d'amende ou deux ans de prison.

— *19 décembre.* 8,000 thalers d'amende.

1874. — *3 janvier.* 2,000 thalers d'amende.

— *3 février.* Sa Grandeur Mgr Ledochowski est arrêtée, internée dans la citadelle d'Ostrowo avec le régime le plus dur.

— *15 avril.* Destitution de l'archevêque ; sa condamnation à trois ans de prison.

— *Avril et mai.* Les deux évêques auxiliaires sont écrasés d'amende et condamnés l'un à dix-huit mois l'autre à neuf mois de prison. 87 prêtres sont internés ; les 400 autres accablés d'amendes.

1875. — *15 mars.* Le Pape Pie IX fait un coup d'éclat et accomplit un acte de haute bonté : il crée le prisonnier Ledochowski, cardinal de la sainte Eglise.

1876. — *1er février.* L'archevêque de Posen, mis en liberté après deux ans de prison, est contraint de se retirer à Rome.

1877. — On le condamne par défaut à deux ans et demi de prison et à 200 marks d'amende. Le gouvernement italien, sur la demande de ses amis de Berlin, va l'extrader, quand Pie IX donne asile au cardinal dans son palais du Vatican.

Voilà le *Culturkampf*. Tel il fut aussi à Bade, dans le Wurtemberg, dans la Hesse et même en Bavière, sous le gouvernement du ministre de Lutz, qui du reste vient de mourir après s'être repenti, dit-on.

Le clergé allemand, est-il besoin de le dire, est sorti de la lutte grandi et purifié. C'est présentement un des meilleurs. Quant aux fidèles, qu'on écoute le cri qu'ils poussèrent dès le commencement de la persécution, alors qu'ils étaient réunis en congrès à Mayence, en juin 1874, au nombre de six mille :

« Les catholiques allemands ne reconnaissent à aucun tribunal civil le droit de déposséder un évêque de son autorité spirituelle. Ils ne reconnaissent comme curés et pasteurs de leurs âmes que les prêtres institués par le Pape et leurs évêques légitimes. Les catholiques allemands défendront avec courage leurs droits naturels de citoyens libres, les droits de la sainte Eglise et les droits du peuple allemand, contre la force brutale bureaucratique et révolutionnaire. »

Et il y en avait cent au Parlement groupés dans le Centre autour du grand orateur Windthorst, qui vient, lui aussi, de mourir, et ces cent députés en parlant aussi hautement et aussi fièrement que les congressistes de Mayence ont eu raison des persécuteurs. Ceux-ci ont dû traiter avec le Saint-Siège.

Les archevêques de Cologne et de Posen ont donné leur démission pour le bien commun; il a été accordé au pouvoir civil le droit d'agréer les nominations ecclésiastiques; mais en échange les ordres religieux pourront rentrer en Allemagne et la persécution a pris fin. Il y a plus, l'argent qui provenait des amendes et des spoliations de toutes sortes, dont l'Eglise catholique avait été victime en Allemagne, vient d'être restitué aux évêques en toute propriété.

Certes! on peut dire que l'Eglise d'Allemagne entre dans une nouvelle voie; *novus rerum nascitur ordo*. Mais puisque l'Allemand catholique se trouve être deux fois vainqueur, après avoir combattu *pro aris et focis;* pour l'autel dans sa lutte contre le gouvernement protestant et franc-maçon, pour ses foyers dans la guerre dernière; puisque le catholique triomphe en sa double qualité d'Allemand et de catholique; nous oserons lui demander pourquoi il triomphe si durement. Un peu de modestie et de charité lui siéraient si bien! Mais non! Voilà qu'il nous attaque, nous Français, au moment où nous avions le droit peut-être de ne pas attendre de coups de ce côté-là.

Il est juste de dire que le premier coup n'a pas été porté par un catholique, mais bien par le principal organe du protestantisme allemand, la *Kreuzzeitung* (*Gazette de la Croix*) de Berlin (mai 1891). Après ce journal, un autre s'est mis de la partie : une feuille catholique, la *Volkszeitung* (*Gazette du Peuple*) de Cologne. Le premier accuse la France d'être païenne; le second nous prie de répondre à ces accusations qui lui semblent fondées; on le voit bien.

Et pourquoi la France est-elle païenne? — Parce que les congrès catholiques français, notamment ceux qui se sont réunis dans le cours de ces dernières années, ne sont composés que d'un petit nombre d'adhérents, en regard des milliers de catholiques allemands se réunissant dans des assemblées de même nature.

Oyez bien, catholiques français! Si c'est un journal protestant qui parle, c'est un *catholique croyant, glaubiger katholik,* qui écrit dans cette *Gazette de la Croix,* directeur, baron Von Hammerstein; et puis il reproche aux chefs et présidents de nos congrès de mettre des habits noirs et des gants glacés!!

Ensuite la France redevient païenne parce que son clergé se désintéresse de la question sociale et vit à l'écart du peuple. Et puis les catholiques se laissent opprimer par une poignée de francs-maçons.

Enfin il n'y a personne dans les églises, et c'est un Jésuite allemand — on ne suspectera pas le témoignage d'un Jésuite ami de la *Kreuzzeitung,* ah non! — c'est un Jésuite allemand qui a vu cela en France, de ses yeux vu.

Bien! Parfaitement! Patience! *Kreuzzeitung* de mon cœur, nous allons vous envoyer rejoindre la *Kœlnische* contre laquelle nous rompions une lance dans nos précédents chapitres. C'est que vous le méritez bien, quoique vous passiez quelquefois pour un peu plus sérieux.

Les congrès catholiques français sont composés d'un nombre très satisfaisant de direc-

teurs d'œuvres et de personnages militants.
Non numerantur sed ponderantur. Il ne faut pas
compter, ici, *Gazette,* il faut peser. Si l'on voulait avoir la foule, on l'aurait : voyez ce qui se
passe, par exemple dans les réunions organisées
à Paris, en faveur de la défense de l'enseigne-
ment chrétien; on obtient là une salle de
6,000 auditeurs. Ajoutons que lorsque le rap-
porteur traite de la question financière —
n'oubliez pas, Allemands, le nerf de la guerre !
— on fait retentir aux oreilles de l'auditoire les
jolis chiffres de *23 millions* pour quelques années seulement. Pareillement et mieux encore
quand il s'agit d'une église à construire, comme
le Sacré-Cœur de Montmartre, entreprise magnifique et gigantesque s'il en fût jamais. Rien
que pour consolider ou *faire la montagne,* comme
le disait spirituellement le cardinal Guibert, on
y a mis *8 millions.* Faites-en autant à Berlin, si
vous pouvez.

Quant au reproche de l'habit noir et des gants
glacés, il est déplacé. En France, on honore son
public en s'habillant. Libre à vous, Berlinois,
de venir en chemise, et sans vous être lavé les
mains, dans une réunion. Ceci est affaire de
goût..., et de couleur aussi, n'est-ce pas ?

Second reproche : Le clergé se désintéresse
de la question sociale.

Comment avez-vous pu écrire une pareille
énormité, dans le même temps où l'héroïque
curé de Fourmies se précipitait au milieu des
balles pour protéger les ouvriers, le peuple et

faire cesser le feu? L'archevêque de Paris, Mgr Affre, avait accompli identiquement le même acte courageux en 1848, sur la barricade du faubourg Saint-Antoine.

Depuis cette époque jusqu'à nos jours, le prêtre n'a cessé de s'occuper de l'ouvrier, des classes populaires : catéchismes, visites de malades, patronages, associations, cercles catholiques, il est de tout; il est partout. Nous avons même maintenant un prêtre, orateur populaire fort connu et qui ne s'adresse qu'aux masses, qu'à un public spécial : le peuple. Nous avons à Paris des missions prêchées dans les églises des faubourgs et les missions réussissent, produisent un très grand bien, quand ce ne serait que celui de montrer au peuple qu'on ne le néglige pas, qu'on l'aime et qu'on s'occupe de lui, de sa famille et de ses enfants.

Vous oubliez tout cela, *Gazette,* ou plutôt vous ne le savez pas, parce que, pour le savoir, il faudrait vivre de la vie intime du prêtre et du peuple français et parisien. On vient à Paris, on arpente le boulevard, on interroge je ne sais quel compatriote, on consulte je ne sais quelle agence, quelle bibliothèque, et on rédige ses notes. Si pourtant, au lieu de cela, on prenait la peine de courir un peu et de venir trouver un vicaire de la Villette ou de la Maison-Blanche, on serait bien mieux renseigné.

Mais nous en sommes aux rapports du prêtre avec le peuple. Question difficile s'il en fût jamais chez nous et qui nous préoccupe, allez,

Messieurs les Allemands ! Je veux parler des rapports quotidiens, journaliers, familiers. Chez vous le prêtre, dans une brasserie, cause politique avec ses paroissiens, en buvant sa bière et en fumant sa pipe. Nous ne pouvons faire cela en France, parce que nos prêtres portent un vêtement long ; vêtement d'église et de chœur, si l'on veut, mais vêtement éminemment respectable et qui, s'il attire l'attention dans la rue, provoque la retenue ou le respect. Il provoque aussi le mépris ou l'insulte, mais de la part des derniers des misérables. Cette boue ne salit pas, quoiqu'elle veuille salir. Donc, si jamais le clergé français porte un jour une redingote comme le prêtre allemand, il sera mêlé à la population tout comme lui. La question est de savoir s'il est mieux pour le prêtre de porter un costume long ou plus court. Il est certain que le vêtement qu'il porte en France lui donne près des gens bien pensants et de mœurs calmes une autorité bien plus grande. Le prestige de la soutane est réel dans notre pays, même quand elle est portée par un simple séminariste. Et dans les casernes, je suis sûr que si l'élève en théologie jouit parmi ses camarades de quelque autorité et en même temps de certaines immunités et privilèges, il les doit au costume qu'il a porté et qu'il portera. Ses camarades le voient toujours en rêve avec ce costume-là.

Pour beaucoup aussi le costume sacerdotal est un épouvantail ; il évoque des idées lugubres. Lugubres peut-être, mais salutaires aussi.

Il rappelle la religion de l'enfance, la mère pieuse, la prière, la première communion, la conscience, Dieu, l'immortalité de l'âme et la mort précédée du jugement....

Oh ! je sais bien, en France, le spectacle offert dans les églises est désolant parfois; elles sont vides. Vides, pas toujours. Nous connaissons à Paris des églises insuffisantes, où tous les dimanches, à toutes les messes, les paroissiens ne trouvent pas où se caser; dans certains quartiers, elles sont vides, oui, et aussi dans les départements qui entourent Paris. Dans d'autres régions, mettons la moitié de la France, les églises sont fréquentées en totalité ou en partie; les femmes en majorité font leur devoir. Il y a partout donc plus de la moitié de la population totale de la France qui pratique.

Que faut-il pour que la grande majorité soit amenée à la pratique religieuse ? Un gouvernement qui ne soit ni athée, ni franc-maçon. Nous espérons bien qu'un jour nous aurons un gouvernement d'un *régime quelconque* et qui ne sera ni athée, ni franc-maçon. Le pouvoir n'appartient pas toujours au même, en France surtout. Les minorités deviennent des majorités. La République elle-même n'est pas incompatible avec la religion et nous avons tant fait depuis quelque temps pour lui montrer notre bonne volonté, qu'elle sera tôt ou tard obligée de nous montrer la sienne; du reste, nous revendiquerons nos droits sans cesse et nous protesterons toujours....

On arrive à ses fins avec de la persévérance;
alors quand nous serons arrivés, les lois iniques
tomberont; il n'y en a que deux ou trois qui ne
peuvent gêner que des forcenés et des sectaires,
mais le Français généralement n'a pas un tem-
pérament de sectaire; il est trop bon enfant
pour cela et il a un caractère trop enjoué, trop
gai, une âme trop vaillante....

Ces lois tombées, le peuple marchera comme
on le fera marcher, non pas qu'il soit stupide le
peuple; mais il imitera l'exemple venu de haut,
et quand en haut on ne cherchera pas à le cor-
rompre et à l'aveugler, le peuple sera honnête
et intelligent; il comprendra son intérêt; il re-
deviendra croyant, religieux, pratiquant; il
aimera ses prêtres et leur costume, il recher-
chera leur société, et sa dignité, qui aura toujours été sauvegardée, sera assurée plus que
jamais.

Non! Non! le catholicisme en France « n'a
pas fait banqueroute », *Kreuzzeitung* de Berlin;
quittez ce souci protestant. Voyez nos religieux
et nos religieuses; voyez nos missionnaires,
voyez nos grandes œuvres : Propagation de la
Foi, Sainte-Enfance, OEuvre de Saint-François
de Sales, archiconfrérie de Notre-Dame des
Victoires, OEuvres charitables et hospitalières
de toutes sortes, Denier de Saint-Pierre, etc.,
etc. Le journal *Le Monde,* de Paris, vous l'a
dit par la plume d'un jésuite allemand qui
connaît la France : « Même les villes les plus
catholiques d'Allemagne ne sauraient, toutes

proportions gardées, entrer en comparaison sous ce rapport avec Paris. » (4 juin 1891.)

Quelques jours plus tard, le même journal ajoutait : « Certains journalistes catholiques allemands commencent à abuser quelque peu de la permission qu'ils se donnent de morigéner les catholiques des autres pays. (Le *Deutsche Reichszeitung,* de Bonn, s'était mis à son tour en campagne.) Ils ne se gênent nullement pour dire que si les catholiques en France.... sont opprimés, c'est bien fait (*von rechts Wegen*); ils le méritent par leur inintelligence (*unverstand*), autant dire par leur stupidité....

Nous, nous croyons pouvoir affirmer sans forfanterie, en ce qui concerne les Français, qu'en présence d'un *Kulturkampf* violent, brutal, comme l'ont subi nos frères allemands, les catholiques sauront faire leur devoir. Leur apparente infériorité provient non pas de ce qu'on prétend leur manquer, mais de la différence des situations. »

C'est bien notre avis.

CHAPITRE XIII

Le Rhin.

Nous voici revenus à Cologne, mais ce n'est
qu'en passant. Nous allons prendre le bateau
pour redescendre du côté de Bâle et quand je
dis descendre, c'est remonter le Rhin, qu'il faut
comprendre. En remontant le Rhin on est, il est
vrai, plus longtemps en chemin ; mais on jouit
davantage.

Nous sommes à bord du *Kaiser und Kœnig
Wilhelm;* il est beau et grand, peut-être le plus
grand et le plus beau de tous les bateaux du
Rhin.

De Cologne à Bonn, un pays plat. Un peu
après Bonn où nous retrouvons des arcs-de-
triomphe, des inscriptions en l'honneur du *Kaiser,* des banderolles et des physionomies joyeu-
ses, les montagnes commencent à encadrer le
fleuve et cela devient intéressant.

Je conseillerai toujours de prendre le bateau pour une excursion sur le Rhin; on peut, du reste, si l'on est pressé, prendre de temps en temps le chemin de fer qui longe l'une et l'autre rive; mais il faut revenir au bateau, d'une manière générale.

Divisons le parcours du fleuve en deux parties presque égales de Bonn à Coblentz et de Coblentz à Bingen. Le bateau vient de Düsseldorf si l'on veut et va à Mayence; mais le parcours pittoresque, c'est-à-dire dans la montagne, se trouve entre les deux points Bonn-Bingen.

Inutile de s'arrêter à Coblentz. Coblentz n'a n'a rien de plus intéressant qu'une autre ville allemande et probablement même quelque chose en moins; ses promenades, sa citadelle, soit, mais on trouve des promenades et des citadelles partout. Donc sur le Rhin il faudra jouir uniquement de la belle nature et des souvenirs historiques rappelés par des sites célèbres. Il faudra venir ici uniquement pour respirer un air idéal, contempler des lumières et des ombres, de la verdure et des fleurs, encadrant d'adorables vieux murs. Si vous venez pour autre chose, vous êtes un Philistin et un mécréant et vous ne comprenez pas le Rhin.

Vous vous arrêterez dans quelques endroits choisis : je vais vous les dire, et il faut bien les retenir :

Kœnigswinter et le Drachenfels.

Rolandseck.

Andernach.

Saint-Goar et Saint-Goarshausen.

Caub et la Pfalz.

Bacharach.

Bingen et le Niederwald.

J'ai tout dit, et si vous le pouvez, passez huit ou dix jours sur le Rhin et rayonnez à droite et à gauche de ces localités, enfoncez-vous dans les vallées et les vallons, montez sur les collines, traversez les bois et les champs, marchez devant vous à l'aveuglette; il y a toujours quelque surprise nouvelle qui vous est réservée. Cette région-là est le paradis des touristes, des rêveurs, des artistes et des poètes. Je comprends bien que deux ou trois d'entre eux des plus célèbres y soient venus et n'aient pu s'en aller sans déchirement de cœur. Le Rhin est attachant comme un être humain.

> J'aime les soirs,

s'écriait Victor Hugo. « J'aime les fleurs », dit-il aussi quelque part; c'est que les soirs et les fleurs, tout cela se confondait dans son cerveau d'artiste qui avait vu et contemplé le beau. Le beau ici c'était le soir au bord du grand fleuve couronné de toutes parts par ses vieux *schloss*.

> J'aime les soirs sereins et beaux, j'aime les soirs
> Soit qu'ils dorent le front des antiques manoirs
>   Ensevelis dans le feuillage....
>
> . . . .

Le Rhin, c'est toute l'histoire.

C'est d'abord les temps préhistoriques. Deux

lignes de volcans qui s'éteignent, deux lignes de laves et de basaltes qui s'étendent vers la grande mer en passant par ce lit gigantesque.

Puis les premiers hommes, les Celtes; et les Gaulois et les Romains qui viennent se heurter à ces sauvages défendant leur pays et leur liberté. C'est César, c'est Drusus, c'est Agrippa, c'est Julien. Tous les noms de villes sont romains : Moguntiacum, Confluentia, Colonia, Trajectum ad Rhenum, Trajectum ad Mosam : Mayence, Coblentz, Cologne, Utrecht, Maëstricht, etc.

Après les Romains les barbares, après les barbares Charlemagne, après Charlemagne le moyen-âge, la féodalité avec ses châteaux, ses chevaliers, ses légendes, ses fabliaux, ses gnomes, ses farfadets, ses fées, ses sorcières, ses enchantements.

Et l'histoire se poursuit sur le Rhin avec les électeurs de la région qui font les empereurs, avec les princes ecclésiastiques, avec les abbayes, les couvents et les donjons qui abritent souvent des brigands qu'on appelle comtes et barons.

Mais le Rhin est un chemin qui marche, et comme les hommes savent l'utiliser pour leur commerce et pour leur industrie! C'est le xive, le xve et le xvie siècles; on a inventé sur les bords du grand fleuve l'imprimerie, la poudre et les canons, instruments de vie et de mort, et le voilà qui charrie dans tous les pays, des montagnes à l'océan, les bois, les ardoises, les

cuirs, les vins, toutes les richesses de l'Europe,
en attendant les grandes guerres du XVIIe au
XIXe siècle, où l'on se disputera sa possession
avec acharnement. Car tous y sont venus sur
ces rives célèbres, tous ces guerriers non moins
célèbres qu'on nomme : Gustave-Adolphe, Tu-
renne, Condé, Marceau et Hoche, Kléber et De-
saix, Napoléon Bonaparte. Quelques-uns même
y sont restés et on les a couchés sous terre,
à deux pas de l'eau plaintive qui murmure
encore leurs noms au passant.

Nous nous sommes arrêtés à la station de
Kœnigswinter et je ne sais rien d'aussi charmant qu'un déjeuner en plein air, dans un
jardin, sur une terrasse, à l'*hôtel de l'Europe*,
je crois. Deux œufs à la coque — ils sont exquis
en Allemagne — et un bifteack quelconque,
avec un demi-flacon d'*assmanhauser wein*, en
font les frais. Mais cet air, cet air pur, cet air
nature, cet air vivifiant, qui pourra assez le
vanter? On viendrait ici rien que pour respirer.
Suis-je assez Parisien? et pourtant j'habite à
Paris le quartier le plus aéré, le plus sain, le
plus voisin du Bois, dont j'ai à chaque instant
les effluves; mais l'air du Rhin vaut cent fois
mieux.

Pendant que je me penche sur la terrasse
pour regarder le paysage, un groupe de petites
filles passe sur la berge en récitant leur chapelet,
comme cela, tout naturellement, sans le moindre respect humain. On voit qu'elles agissent de
même tous les jours après leur déjeuner, avant

de rentrer en classe pour toute l'après-midi. L'Allemagne est bien plus religieuse que tous les pays catholiques sans exception ; j'en suis convaincu.

C'est ici que l'on a travaillé et taillé les pierres de la cathédrale de Cologne. Les ouvriers en travaillant devaient avoir les sentiments des ouvriers du moyen-âge si remplis de foi, de piété. On ne s'imaginera pas combien ces pays-ci sont encore arriérés à ce point de vue-là. Puissent-ils le rester longtemps !

Du Rhin on va chercher le chemin qui conduit au Drachenfels, en passant entre *l'hôtel de l'Europe* et *l'hôtel de Berlin;* on arrive à l'église et on est sur la route de la gare du Drachenfels quand on a traversé le chemin de fer rhénan. On peut monter au sommet de la hauteur de quatre façons : à pied, à âne, à cheval et par le chemin de fer à crémaillère. Je conseille la dernière, qui est bien la plus commode, car en voyage, il faut ménager ses pas et ses forces, quand on le peut, sauf à dépenser un peu plus d'argent. Si on ne veut pas dépenser d'argent, il ne faut pas voyager du tout. Les ascensions sont fatigantes; réservez-vous pour celles qu'il sera absolument nécessaire de faire à pied; mais s'il y a un funiculaire, prenez-le, surtout s'il marche bien. Il n'y a que celui de Belleville qui ne va pas, ce que je n'ai jamais compris dans une ville comme Paris.

A mi-chemin on rencontre le superbe château du baron de Sarter, le Drachenbourg. C'est un château moderne : il est de 1883. Construit par Abbema, il est en grès rouge et a deux tours. Les pentes de la montagne sont boisées et partout il y a des replis de terrains charmants, des coins délicieux, des vallons qui ont des noms suaves : l'un d'eux s'appelle *Nachti-gallenthal*, la vallée des rossignols. Cela met l'eau à la bouche.

Après quelques minutes on débouche sur la terrasse d'où la vue est splendide sur tous les pays d'alentour; on voit en effet d'ici une partie des sept montagnes (*Siebengebirge*), la plaine du Rhin, Remagen et le mont Saint-Apollinaire avec son église gothique, les îles de Grafenwerth et Nonnenwerth au milieu du fleuve, les ruines de Rolandseck, Bonn et Cologne dans le lointain.

Le château de Drachenfels est en ruines et couronne pittoresquement la montagne. Tout près on voit un hôtel, et un restaurant, avec des tables sous des marronniers. Devant les tables, il se trouve toujours des consommateurs et les consommateurs consomment toujours. Le ventre est un organe très nécessaire, mais surtout en Allemagne, et quelle capacité il a dans ce pays de gargantuas!

Mais pourquoi ce nom de Drachenfels? Disons-le. *Drachen* veut dire dragon et nous donnerons deux explications dont vous prendrez, lecteur, celle qui vous plaira le mieux.

Dans le voisinage il y avait une caverne profonde, qui servait de retraite à un monstrueux dragon — rien des dragons bleus : — ce dragon *dévorait* tout, bêtes et gens. Siegfried, le héros des Niebelungen, le tua et depuis ce temps les visiteurs du rocher et de la montagne s'empiffrent de pain noir et de charcuterie en souvenir du célèbre monstre qui avait un appétit formidable.

Autre légende plus douce et plus chrétienne: Des misérables avaient lié à un arbre une jeune fille nommée Marguerite et l'avaient ainsi exposée aux coups du monstre; mais quand celui-ci accourut en ouvrant la gueule, la martyre lui présenta une croix et le fit reculer jusqu'au fleuve dans lequel il se précipita.

Un autre bateau nous reprend et nous entraîne plus loin. Nous passons devant Rolandseck en jetant sur la rive un regard de convoitise. Cet hôtel *Decker* est si joliment situé au milieu des arbres, des vergers en fleurs : avec ses volets verts il a un si bon air de tranquillité bourgeoise que je regretterai longtemps de ne pas m'y être arrêté. Et puis, il y a à faire ici la petite excursion du *Rolandsbogen*, l'arc de Roland, tout ce qui reste du château. De là, la vue est plus belle encore qu'au rocher du Dragon, sinon plus étendue, parce qu'on voit mieux les sept montagnes et qu'on touche du doigt l'île de Nonnenverth et son couvent dont les bâtiments se dressent au milieu d'un massif d'arbres.

Cœurs sensibles pleurez, en écoutant l'histoire

du paladin Roland et de la belle Hildegarde!

Non! il n'était pas mort à Roncevaux, en sonnant tristement du cor, trahi par Ganelon; non! il n'était pas mort; et pourtant tout le monde le croyait, car on l'avait entendu dire et le bruit en était venu des Pyrénées jusqu'aux Alpes et jusqu'aux Sept-Montagnes.

Avant de partir pour aller guerroyer contre les Sarrasins, le brave chevalier avait engagé son cœur et sa foi à la jolie châtelaine. C'est ainsi qu'ils faisaient souvent, les pauvres jeunes gens, dans les temps troublés : ils s'aimaient et puis il fallait partir au loin, et quand on partait, du haut des tourelles, l'écharpe blanche flottait longtemps aux regards du chevalier qui se retournait souvent.... et quand on partait, bien des fois on ne revenait plus.

Hildegarde, la fiancée, croyait que Roland avait péri là-bas dans la montagne, en sonnant tristement de l'oliphant; or. avant de partir, quand le chevalier agenouillé à ses pieds, lui avait dit :

« Je vous aime et je n'aurai point d'autre femme que vous. »

Elle avait répondu :

« Que Dieu m'entende! Je ne serai qu'à vous ou à Lui! »

Comme on disait le fiancé mort, elle entra au couvent, là, à Nonnenwerth, dans l'île du Rhin.

Mais un jour Roland revint de la guerre, et sa douleur fut affreuse quand il vit sa bien-aimée

à jamais perdue pour lui. Il se bâtit alors un
ermitage dans la montagne, à un endroit d'où
il pouvait apercevoir les blanches murailles du
couvent. Les religieuses chantaient et il semblait à l'ermite qu'il reconnaissait parmi toutes
les voix de femmes celle de son Hildegarde.

Un an après, l'ermite n'entendit plus la voix
chérie, mais une cloche qui sonnait le glas. On
portait en terre un cercueil renfermant la religieuse morte du chagrin d'avoir perdu son chevalier. Celui-ci vit le cercueil, comprit et, fermant les yeux, il se coucha sur le seuil de son
ermitage et expira de douleur.

O poésie, poésie! quand vous ne saurez plus
où aller, vous pourrez toujours vous réfugier
sur le Rhin. Je suis sûr qu'il y a de bonnes
grosses *Madames* de Cologne ou de Carlsruhe,
qui en entendant raconter cette légende pour
la dixième fois, laissent encore couler des larmes
attendries sur leur corsage vert pomme ou
jaune serin.

Quoiqu'il en soit, j'eusse aimé m'arrêter un
jour et une nuit à Rolandseck, au milieu des
cerisiers en fleurs, pour voir le soleil venir ca-
resser le matin mes persiennes demi-closes.

Remagen à droite, Linz à gauche, et voici
bientôt Andernach, vieille ville aux rues étroites, entourée de son enceinte de murs anciens,
avec un haut donjon, une église paroissiale à
quatre tours et la grue du Rhin sur la rive. Ah !
nous voulons absolument descendre ici.

Deux hôtels seulement, disons deux auberges : le *Hackenbruch* autrefois dans la ville, *Hochstrasse*, mais maintenant au bord du fleuve avec des allures d'hôtel. La véritable auberge, c'est la *Glocke*, la *Cloche;* mais celle-ci est tout à fait dans l'intérieur, sur la place du marché et nous donnons la préférence à l'*Hackenbruch*, car nous voulons avoir du Rhin tout notre saoûl.

Bien nous en prend; on nous donne une chambre située à l'angle de la maison, au premier étage, où la vue est la plus belle du monde. Devant nous, du côté de Cologne, nous avons la vieille église, la vieille tour, la grue et le fleuve qui fait un coude à cet endroit et s'engouffre entre deux hautes lignes de montagnes. Il fait nuit et là-bas ces lumières tremblotantes, sur l'autre rive, sont celles du petit village de Leutesdorf.

Andernach compte 5 ou 6,000 habitants, disent les guides; mais on ne le dirait pas. Le soir venu, nous essayons de pénétrer dans ce labyrinthe obscur et nous nous en tirons fort mal. O moyen-âge, peu poétique moyen-âge! nous vous avons saisi sur le fait et avons pris de vous une épreuve instantanée. Quand on a dépassé le seuil de la porte du Rhin, on se trouve dans une espèce de cour qui est entourée de masures, lesquelles ont dû servir de corps de garde à l'époque de Drusus et aussi un peu plus tard. C'est noir, puant, infect. Le service des eaux et de la voirie laisse fort à désirer à Andernach et nous avons soupçonné de nuit et constaté de jour, le lendemain, certains écoulements odorants qui partaient de certaines logettes de guetteur qui doivent servir à d'autres usages dans nos temps modernes. Pouah !

Dans les ruelles, — il n'y a pas de rues, — casse-cou perpétuel. Andernach est la ville des cordonniers; les chaussures y sont pour rien et en grande abondance. J'entrai chez un honorable membre et *meister* de la corporation des *schuhmacher* et comme j'en avais un besoin pressant, je fis l'acquisition d'une paire de bottines pas chère mais grossièrement confectionnée : à l'allemande, pour tout dire. Des centaines de bottes, de bottines, de souliers et de savates , pendaient du plafond comme des stalactites et répandaient une odeur *sui generis*. Décidément Andernach n'est pas la patrie des parfumeurs. A la lueur d'une lampe fumeuse, je faisais des tentatives desespérées pour entrer dans mes bottes; lorsque j'eus réussi enfin, je pus m'avouer avec satisfaction que désormais je possédais des chaussures patriotiques et que je foulerais la Prusse aux pieds.

Revenus à l'hôtel, nous interviewons le patron :

« Mais, est-ce que vous ne vous souviendriez pas d'un monsieur qui était Français et qui s'appelait Victor Hugo? Lui, quand il parle du Rhin, il parle toujours d'Andernach.

— Victor Hugo! si je le connais? Oui, messieurs! Je le connais et j'ai eu l'honneur de le loger chez moi. C'est à l'Hackenbruch qu'il de-

meurait dans les séjours prolongés qu'il faisait
ici; il y est venu trois fois.

— Comment était-il? Comment le trouviez-
vous?

— Oh! très charmant; il était toujours content; mais il ne disait pas un mot d'allemand.

— Il n'a rien laissé ici en fait d'autres souvenirs?

— Pardon! il a écrit un mot gracieux sur le
registre des voyageurs; voulez-vous le voir?

— Certes! »

L'hôtelier nous montre alors la grosse écriture
du poète qui avait tracé quelques lignes sur le
régistre d'hôtel disant que le pays était ravissant et que tout le monde avait été très bon pour
lui....

Victor Hugo s'est franchement trompé quand
il a pris les Allemands pour des amis. Ah oui! Où
est le temps où, quand il traversait les rues de
Cologne, on venait à lui en criant : « Monsieur,
monsieur, fous Français! oh! les Français! ran!
plan! plan! ran! tan! plan! la guerre à tout le
monde! Prafes! Prafes! Napoléon, n'est-ce pas?
La guerre à toute l'Europe! oh! les Français!
pien prafes! monsieur! La païonnette au qui à
tous les priciens! einne ponne quilpite gomme
à Iena! Prafo les Français! ran! plan! plan! »

« J'avoue que la harangue m'a plu, ajoute l'auteur de l'*Année terrible*. La France est grande
dans les souvenirs et dans les espérances de ces
nobles nations. Toute cette rive du Rhin nous
aime, — j'ai presque dit nous attend. »

Comme on le voit, c'est un comble! et quand celui qui a écrit l'*Année terrible* relisait son Rhin, il devait parfois sourire tristement de lui-même. — Mais il n'y a que les poètes pour faire de telles erreurs!

Oui! oui! on nous attendait sur le Rhin, mais comme une sentinelle vigilante attend, l'arme au bras. Et c'était la sentinelle sur le Rhin. *Die Wacht am Rhein.* Ecoutez-la chanter! Ecoute-la, poète, dans ta tombe, et tressaille!

> Un appel retentit semblable au tonnerre,
> C'est comme un cliquetis d'armes, une vague qui rebondit :
> Au Rhin, au Rhin, au Rhin allemand!
> Qui veut être le défenseur du fleuve?
> Celui qui aime la Patrie peut être tranquille,
> La garde sur le Rhin reste fidèle et ferme à son poste

> L'appel est vite entendu par cent mille hommes,
> Tous les yeux brillent d'un éclat plus vif,
> La jeunesse allemande honnête et forte
> Garde la frontière sainte.
> . . . .
> . . . .

> Et si mon cœur redoute la mort,
> C'est que je ne suis pas un Allemand.
> Comme ton fleuve est riche en eau,
> O Allemagne, ainsi es-tu riche en sang de héros!
> . . . .
> . . . .
> . . . .

> Aussi longtemps qu'une goutte de sang coulera dans nos
> Qu'une main pourra tenir un glaive,   [veines,
> Et qu'un bras pourra porter un fusil,
> Aucun Allemand ne désertera tes rives.
> . . . .
> . . . .

Les étendards flottent au vent
Au Rhin, au Rhin, au Rhin allemand !
Nous voulons tous être tes gardiens (1)....

. . . .

Dans la salle à manger de l'auberge, le seul et unique garçon qui fait le service fait aussi mon bonheur. Figurez-vous un jeune éphèbe, grand, mince, rougissant, les cheveux blonds très soignés, les yeux bleus comme le ciel bleu ou la pervenche, peu importe ! Il marche sur la pointe des pieds ; il murmure discrètement un

(1) Es braust ein Ruf wie Donnerhall
　Wie Schwertgeklirr und Wogenprall :
Zum Rhein, zum Rhein, zum deutschen Rhein !
　　Wer will des Stromes Hüter sein ?
　　Lieb' Vaterland, magst ruhig sein,
　　Fest steht und treu die Wacht am Rhein.

　Durch Hunderttausend zuckt es schnell,
　Und aller augen blitzen hell :
　Der deutsche Jüngling fromm und stark,
　Beschirmt die heil' ge Landesmark.
　　Lieb' Vaterland, etc.

　Und ob mein Herz im Tode bricht
　Wirst du doch drum ein Welscher nicht.
　Reich wie an Wasser deine Fluth
　Ist Deutschland ja an Heldenblut.
　　Lieb' Vaterland, etc.

　. . . . .
　So lang ! ein Tropfen Blut noch glüht,
　Noch eine Faust den Degen Zieht,
　Und noch ein arm die Büchse spannt,
　Betritt Kein Welscher deinen Strand.
　　Lieb' Vaterland, etc.

　. . . . .
　Die Fahnen flattern in dem Wind :
Zum Rhein, zum Rhein, zum deutschen Rhein !

. . . .

nom à vos oreilles. C'est un souffle, un soupir....
Mon garçon, tu seras enlevé quelque jour par
une vieille Anglaise, c'est moi qui te dis ça !

Il a un habit noir très élégant; on dirait
quand il entre dans la grande salle qu'il va se
mettre à table ou inviter les dames qui sont là
pour un quadrille ou une valse. Enfin, il est très
joli, le garçon du *Hackenbruch,* je vous assure.

Moi, je n'aime pas les garçons dans les hôtels,
et on ne voit plus que cela.... des rangées, des
files, des bataillons de garçons en habit noir et
des compagnies de portiers en casquettes ga-
lonnées, avec des boutons d'or, un gros ventre
et une figure souriante. Le diable soit d'eux !
Qui nous rendra la bonne auberge des anciens
jours avec la cuisine à l'âtre pétillant, les lèche-
frites, les chats et les chiens qui, assis sur leur
derrière, regardent gravement les poulets cuire
à la broche; avec les bonnes hôtesses gourman-
dant les servantes; pas les garçons. A l'écurie
soit! des garçons. Mais le garçon d'Andernach,
un rêve pour une vieille Anglaise !...

A propos d'Andernach, je trouve dans les
notes de Victor Hugo celle-ci :

Il va errer dans la campagne et il nous dit
qu'il rencontre aux environs la tombe de Hoche:
« Il me semblait entendre sortir de cet amas de
pierres une voix qui disait : *Il faut que la France
reprenne le Rhin.* » Ah! bien oui! il s'agit bien
de cela! Les voix de V. Hugo ne sont pas comme
celles de Jeanne d'Arc; elles l'ont souvent induit
en erreur.

J'ai vu aussi l'église aux quatre tourelles, c'était un jour de fête et elle était si pleine que j'ai dû me tenir sous le porche pour assister à la messe. Tous les braves gens qui étaient autour de moi chantaient les prières par cœur en allemand. Ce n'est peut-être pas très liturgique, mais c'est très beau, très émotionnant d'entendre tout un peuple chanter en chœur les louanges de Dieu.

Rien d'intéressant à voir dans l'intérieur de l'église. Il faut faire le tour de la ville qui a son enceinte de murailles avec quatorze tours rondes ou carrées, d'aspect encore martial. Quand on traverse le chemin qui va à la gare du chemin de fer, on passe devant la Poste, et comme les employés n'ont pas beaucoup de distractions à Andernach, ils mettent tous le nez aux fenêtres pour contempler les nobles étrangers à qui on n'a jamais fait tant d'honneur.

« Au fond, là-bas, des paysans grimpent dans les vignes », disent encore les notes citées; j'aurais dû me méfier. Pour avoir une vue d'Andernach à vol d'oiseau, je me dirigeai vers les vignes qui sont plantées au-dessus de la carrière de basalte meulière qui domine la ville. Je grimpais, moi aussi, je grimpais toujours, mais les ascensions ne m'ont jamais réussi. Plus je grimpais, plus il fallait grimper pour voir quelque chose convenablement; or, je n'arrivais à rien voir; il vint un moment où je dus songer à descendre et où je me demandais si je n'allais pas être condamné à rester là haut comme un saint Siméon-Stylite. Je ne pouvais plus redescendre; j'avais la douce perspective de me nourrir pendant le reste de mes jours de raisins du Rhin : le boire et le manger étaient assurés. Je fis des efforts désespérés, m'aidant des ongles et du bec, et je dégringolai en bas. — On ne m'y reprendra plus.

CHAPITRE XIV

Le Rhin.

(Suite.)

Nous prenons place à bord du *Lohengrin*. Il est bien difficile de parler du Rhin ; on l'a tant et si bien fait. Qui n'a lu le volume de Victor Hugo et mille autres ? Là où j'ai conçu le désir de voir ce beau fleuve et où je l'ai connu comme il est, le croira-t-on ? C'est dans un roman, un roman de M. Cherbuliez (1). A la vérité, je choisis bien mes auteurs.

Gilbert Savile, de Nancy, — mon compatriote, s'il vous plaît, — avait sous les yeux un paysage ravissant et il habitait un vieux *schloss*, sur le Rhin, — l'heureux homme ! — dans une tou-

(1) *Le comte Kostia.*

relle d'angle ayant vue sur le nord, où l'on
accédait par un escalier tournant et une porte
cintrée, où la fenêtre donnait sur un rocher à
pic, formant un précipice de 300 pieds. Il voyait
la muraille de rochers coupée par des brous-
sailles et des buissons et il entendait le murmure solennel, la grande voix du Rhin, auxquels
se mariaient les croassements pleins d'harmonie des corbeaux et les cris stridents des mar-
tinets qui rasaient de leurs ailes les machicoulis de la tourelle.

Et vous croyez, lecteurs, que cela n'est point
tentant? des tourelles, des machicoulis, des escaliers tournants, des portes cintrées? — on n'en
fait plus qu'au béguinage de Bruges et encore!
— des corbeaux!... Il avait des corbeaux pour
compagnons habituels; peut-être aussi des chau-
ves-souris? Oh! certainement, il se trouvait là-
haut quelque chauve-souris....

Et le précipice lui appartenait, c'était son précipice à lui! un grand creux, comme il dit; un
creux qui était comme le caméléon, qui prenait
toutes les couleurs de l'arc-en-ciel : violet, in-
digo, bleu, vert, jaune, orangé, rouge. Il l'a vu
un jour couleur de capucine! Cela ne m'étonne
nullement. Bien plus! le précipice a une odeur,
une bonne odeur de foin grillé.

On conçoit ce qu'un pareil précipice peut
avoir d'attrayant. Le paysage ambiant n'a pas
moins d'attraits. C'est une chaîne de monticules
bizarrement découpés qui longe le fleuve; ce
sont des gorges étroites qui laissent arriver jus-

qu'au château les derniers feux du soleil, avec
des lueurs de fournaises; en haut, des sentiers
escarpés, de grands bois sombres, des ruisseaux
et des cascades; en bas, le chemin de halage, le
Rhin; une plaine immense de l'autre côté; au
fond, une chaîne de montagnes dentelées.

Et sur les bords du grand fleuve : un village
aux maisons blanches, à l'extrémité d'une petite
baie; une église, — sa flèche pointue qui scin-
tille au soleil, — des moulins dont les roues
tournent constamment....

Un gros remorqueur à vapeur traîne une flot-
tille de barquettes, un train de bois de la forêt
Noire vient après, monté par cinquante bateliers qui jouent de l'aviron....

Notre rêveur, armé d'une excellente lorgnette
assurément, voit tout; les moindres détails sur
la terre et sur l'eau. En effet, voici encore, non
loin du village, un ruisselet qui cherche aventure dans une prairie entre deux rideaux de
saules et de peupliers; voici les ombres des arbres allongées par le soir et qui dorment paisi-
blement au sein des guérets; voici un pré, où
broutent trois moutons gardés par une pastou-
relle, et une vache qui se dresse contre un talus,
pour mordiller les branches d'une haie; un
meunier perché sur un grand cheval qui che-
mine dans un chemin creux; une chaumière
dont le toit laisse échapper un filet de fumée; un
vautour qui plane dans les airs....

Notez que la lorgnette est bonne, excellente
même, car Gilbert a pu parcourir la gamme des

couleurs ; c'est comme pour son « grand creux » :
le pré est vert, les moutons sont roux, la vache
est noire mouchetée de blanc, le cheval gris, la
fumée bleue....

Et dans ce radieux paysage le fleuve gronde,
le remorqueur halète, une cloche frémit, une
villageoise qui lave son linge à la fontaine
chante, les moutons bêlent, les moulins font
tic tac, les sonnettes des mulets qui tirent les
barques tintent joyeusement, les bateliers crient
en arrimant leurs futailles de vin du Rhin : tout
cela s'harmonise, forme un vague concert qui
semble descendre du ciel....

Quel divin conteur ! quel charmeur que ce
M. Cherbuliez et comme il a bien vu et *entendu*
le Rhin ! Il ne faisait pas la sieste pendant la
journée, il ne dormait pas pendant la nuit,
puisque aussi il prêtait l'oreille au holement
de la chouette qui n'est pas un cri, nous dit-il,
mais une plainte douce et étouffée, un chagrin
monotone et résigné qui se raconte à la lune
et aux étoiles. L'oiseau de nuit fait un duo avec
le vent, le fleuve fait la basse et l'accompagnement ; parfois le Rhin chante un solo en venant
se heurter contre les flancs d'une barquette ou
le long d'une rame plongeant dans le courant.
Mais si vous aimez la grande musique, alors
c'est par les nuits de tempête qu'il faut venir
ici, quand les ondes sont déchaînées comme
les flots d'un océan, et quand, dans l'intérieur
des vieux châteaux, les girouettes grincent,
quand les tuiles se frottent les unes contre les

autres, quand les boiseries craquent, quand les
poutres tremblent et que les murs tressaillent....

C'est le Rhin de l'habile romancier que j'ai-
mais et que je cherchais, que j'eusse voulu goûter des heures, des jours et des mois et c'est
pour cela que je contemplais avec admiration
les ruines de Kœnigswinter, de Petersberg, de
Niederberg, de Wolkemburg, du Drachenfels
et du rocher de Roland, avec des envies d'aller
m'installer là-dedans et des regrets de n'avoir
pas vécu au temps des braves chevaliers et des
nobles demoiselles. . . . .

Le *Lohengrin* passe devant Neuwied la Charmante; un souvenir à l'armée de Sambre-et-
Meuse et au fameux Hoche, puis voici Coblentz
à droite, et à gauche la citadelle d'Ehrenbreits-
tein. . . . .

Mais, je n'ai point parlé du bateau ni de ses
hôtes : quelle mission !

Les hôtes n'avaient point échappé à mon œil
clairvoyant, pas plus que l'ameublement des
salons, les tapis, les glaces et les dorures. Du
capitaine, rien à dire; le second, espèce de con-
trôleur et de receveur en même temps, avait
la plus belle figure allemande qu'on puisse
rêver : allons donc! mettez-moi ce gros homme-
là maître de brasserie, le tablier au ventre et la
serviette sous le bras, mais pas maître d'équi-
page, et ne le fourrez pas dans un uniforme de
marine ! Aussi, soyez tranquilles ! l'uniforme, il
ne le boutonnait pas; oh ! le boutonner, quel supplice ! S'il eût fallu le faire, il eût adandonné la

marine à tout jamais. Rendons justice à tout le monde : le gros bonhomme était fort poli et très accommodant.

Une armée de *Kellner, ober Kellner* et *unter Kellner*, premiers et seconds garçons, a envahi le pont, se promenant à travers les groupes de passagers. Les pauvres ! comme ils sont laids avec leur habit de pacotille et leur casquette de soie, et comme ils ont l'air ennuyé! C'est que personne, personne absolument, ne requiert leurs services : l'Allemand est économe, et ce sont bien des Allemands et des Allemandes qui sont ici en majorité.

Mon regard s'abaissa un instant, — *ein augen-blick,* par un clignement d'œil, comme dit cette délicieuse langue tudesque, — sur deux Anglais qui ne cessèrent de boire et de fumer tout le temps jusqu'à Bingen, et sur un autre fils d'Albion, qui étendait sans vergogne ses jambes sur les genoux de sa femme, pour être plus à l'aise; et je ne m'occupais plus guère de mes compagnons que pour répondre un oui ou un non à un vieux *clergyman* qui manifestait son enthousiasme toutes les cinq minutes. J'en pouffe encore de rire. Il allait, il venait, il frappait le plancher de son bâton, il ne pouvait pas se contenir. Le clergyman était un Allemand, prêtre catholique ou pasteur protestant, je ne sais trop; mais quelle ardeur! quel délirant patriotisme! Rien au monde comme son *Rhein,* son *Faterland;* sur tous les châteaux de la rive, sur toutes les ruines, sur chaque rocher et sur

chaque coin de paysage, il braquait sa lorgnette
et déclamait de la prose ou des vers, à la grande
joie de ses voisins. Quand tout le monde descendit au salon pour déjeuner à une heure, lui
et nous, nous restâmes à peu près seuls sur le
pont; lui tira d'un vieux havresac un saucisson
et une bouteille de bière, et il mangea et but;
nous, nous avions déjà déjeuné, heureusement.

Heureusement, oui certes! J'avais lu dans
Victor Tissot les pages qu'il consacre au repas
pris entre Andernach et Neuwied, dans les
mêmes circonstances, à bord de la *Germania;*
cela m'avait énormément amusé, puis un peu
dégoûté, — pas de M. Tissot, mais des Allemands. — Pensez donc! je ne pouvais pas tenir
à avoir pour voisin de droite « un gros Teuton
réjoui et pansu comme un tonneau de bière de
Munich, qui aiguise lentement ses mâchoires
et met sous sa serviette son ventre à l'aise »;
ni pour voisin de gauche « un docte Germain,
sec et maigre comme un point d'exclamation,
figure de casse-noisettes, cheveux coupés en
brosse, nez de fourmilier, menton à piler du
sucre, yeux ronds parés de lunettes bleues,
odeur de bouquins poudreux dénonçant à quinze
pas le *doctor illustrissimus;* ni pour voisin de
face « une *gretchen* dans son quarantième printemps en robe vert pomme, avec une taille en
dentelles blanches et un médaillon renfermant
la photographie du divin Klopstock, souriant
d'un air mélancolique et tendre, sous la blonde
filasse qui lui sert de chevelure et retombe

sur ses épaules anguleuses, comme les branches éplorées d'un saule ! » Fi ! monsieur Tissot, vous êtes peu galant ! mais, enfin ! si c'est vrai, ce que vous nous contez là, merci de nous avoir prévenus, merci derechef pour ce que vous nous dites de la manière de manger de la dame, « qui suçait les carcasses d'écrevisses un peu moins délicatement qu'une abeille suce une fleur »; merci encore de nous avoir mis à l'abri de certaines conversations de l'herbivore, qui au milieu de ses théories, « restait grave comme un serpent à lunettes dans un bocal d'esprit de vin »; merci enfin pour nous avoir narré la mirifique histoire de la petite cuillère à café, que je ne répéterai pas. Il y a là de quoi dérider un menhir ou une porte de prison, ou même — ce qui est plus difficile, — l'austère M. Brisson, pendant une discussion sur le budget des cultes.

Mais, ne nous occupons pas davantage des Allemands, car nous n'avons pas trop de temps pour regarder à droite et à gauche du bateau les nombreux châteaux restaurés ou en ruines qui surgissent à chaque tour de roue.

Le Stolzenfels qui appartient à la famille royale de Prusse; à l'empereur Guillaume II pour le moment.

Le Lahnek avec une tour pentagonale à créneaux.

Le Marksburg, la seule forteresse ancienne qui soit restée bien intacte.

Et tout près du bord de l'eau, là, qu'est-ce que

cette construction étrange et basse, en pierres grises, de forme octogonale : on dirait les fondements d'une chapelle et pourtant on sent que le monument est terminé et doit rester ainsi. Il faudrait chercher trop longtemps et on ne peut deviner. C'est le *Kœnigssthul*, c'est le siège du Roi.

De temps en temps quatre hommes se réunissent ici sur la rive gauche, à dix minutes de la petite cité de Rhens, et là ils font les empereurs d'Allemagne. Ce sont les électeurs du Rhin; ils sont ici chacun à quelques minutes de leurs terres : Rhens est à Cologne, Kapellen à Trèves, Oberlahnstein à Mayence, Braubach est du Palatinat. Ce sont les trois électeurs de Cologne, Trèves et Mayence et l'électeur palatin. Bohême, Brandebourg et Saxe arrivaient à leur tour et le collège était complet. — Ce n'est qu'au XVII⁰ siècle que Brunswich et Bavière leur furent adjoints et déjà depuis le siècle précédent on nommait les empereurs à Francfort, dans la salle du Rœmer.

Quand l'édicule érigé en 1376 par Charles IV tomba en ruines, on le réédifia sur le même emplacement et dans la même forme. C'était en 1843.

Qu'on se figure une masse de 7 mètres de diamètre et de 6 mètres de haut, formée par sept piliers de pierre et un gros pilier central, lesquels soutiennent une large plate-forme. Sept fauteuils de pierre étaient autrefois disposés sur la plate-forme et on y accédait par un escalier, comme celui d'aujourd'hui, de quatorze degrés, deux degrés par électeur.

Tout était symbolique dans le *Kœnigssthul*, tout était grandiose dans l'élection qui s'y accomplissait. Quand les électeurs étaient montés processionnellement jusqu'à leurs sièges et qu'ils s'y étaient assis, l'évêque de Mayence, debout, disait : « Très généreux princes, l'empire est vacant », et il entonnait le *Veni sancte spiritus;* les évêques de Trèves et de Cologne récitaient les *oremus* et les répons. Pour la cérémonie du serment, les séculiers étendaient la main sur les saints Evangiles, tandis que les ecclésiastiques la posaient sur la poitrine, l'Evangile vivant. Ils se concertaient alors entre eux et l'évêque de Mayence, se relevant, étendait les bras vers le ciel et criait aux quatre vents, devant la multitude assemblée, le nom de l'impérial élu, chef temporel de la chrétienté. Le maréchal de l'empire plantait la bannière impériale sur le *Kœnigssthul* et le peuple répondait par de longues acclamations : *Vivat rex! vivat rex!*

Il ne peut se concevoir rien de plus beau que cette scène digne des temps antiques; sur le Rhin majestueux, grand, coulant tranquille et fier au milieu de ces monts superbes, il n'est pas de souvenir plus grandiose que celui-là. Et j'ai pensé, moi, en me le rappelant, que le Rhin était bien allemand.....

— Nous voyons sur les hauteurs les tours de la *Souris* et celles du *Chat,* la masse du Rheinfels et nous venons nous arrêter devant Saint-Goar.

Saint-Goar, avec Saint-Goarshausen en face, situé dans un coude du fleuve, est un des en-

droits les plus pittoresques de notre parcours.
Nous voulons mettre pied à terre ici. A Saint-
Goar on peut s'installer pour plusieurs jours, si
l'on désire faire quelques excursions, et il y en
a à faire. D'abord la visite du château du Rheinfels, ensuite on peut passer le fleuve pour aller
à Saint-Goarshausen, et de là voir dans le détail
les deux châteaux le *Katz* et la *Maus*, et la jolie
vallée suisse (*Schweitzerthal*), puis encore un
château dans l'intérieur des terres, le *Reichen-
berg*.

Si l'on s'arrête on pourra prendre gîte dans
un hôtel sur la rive pour avoir la vue; autrement
je conseillerai d'aller dans une bonne auberge
que l'on rencontre en montant du fleuve à la
gare du chemin de fer, un peu au-dessous de
l'église. Une brave hôtesse qui a de jolies chambres pas cher, mais qui est très prudente sur le
chapitre de la politique, c'est l'hôtesse de l'auberge en question. Pendant que nous avalions
un verre de lait frais en cassant un œuf à la
coque, dans une salle à manger grande comme
la main, ornée comme partout des portraits de
la famille impériale : ceux de Guillaume Ier, de
Frédéric et de Guillaume II, et aussi du tableau
représentant le couronnement du vieil Empereur.

« Nous avons vu l'Empereur à Cologne, di-
sons-nous à la bonne femme », et pour la flatter
nous ajoutons :

C'est un bel homme, un vrai cavalier.

— Oh ! répond-elle, j'aurais bien voulu le voir,

mais j'ai dû rester ici pour le service. L'Empereur est cependant passé à la gare, dans un train qui le conduisait à Carlsruhe, où il a été saluer son oncle le grand-duc,... mais il est passé si vite qu'on n'a rien vu, malheureusement.

— Dites donc, Madame, nous n'avons pas vu le prince de Bismarck à côté de lui; c'est bien étonnant?

— Non! il paraît que le prince se repose; il est très fatigué depuis quelque temps.

— Fatigué? on nous a dit — mais nous ne voulons pas le croire, — qu'il est en délicatesse avec le souverain.

— Les uns disent comme ceci, les autres disent comme cela; c'est une chose bien ennuyeuse. Espérons que tout s'arrangera....

Hum! espérons que tout s'arrangera. — Cela n'en prend pas la tournure. Mais toi, bonne hôtesse, tu m'as l'air de représenter en ce moment l'opinion publique et le sentiment populaire : la déception, la tristesse, la crainte devant les fameux démêlés impériaux. Espérons que rien ne s'arrangera et qu'ils se mangeront tous les deux le mieux du monde.

Les pasteurs protestants — les Anglais surtout, — affectionnent notre petite auberge. Mais assez de réclame.

Les guides racontent toujours des choses mirifiques. Toutes ces petites cités rhénanes sont situées sur des hauteurs, d'où descendent des murs garnis de tours qui les enceignent et se prolongent jusqu'à la rive, etc., etc. — A les entendre, toutes ces fortifications sont encore admirablement conservées. Oui, sans doute, une tour par ci, un vieux mur par là; mais les tracés des deux chemins de fer de la rive droite et de la gauche, les besoins du commerce et de l'industrie, les nouvelles constructions, les ravages du temps ont fait disparaître la plus grande partie de ces vieilles choses, de sorte que pour voir un château du Rhin, une forteresse curieuse, des murs et des bastions du XIII° siècle, il m'a fallu faire une ascension. J'ai été au Rheinfels, le plus beau et le plus grand des *burgs* du Rhin.

Heureusement qu'un chemin commode et tout ombragé de noyers y conduit.

Trois étages d'appartements et de corridors, des salles gothiques dont les ouvertures ont cinquante pieds, une chapelle aux murs bien conservés, sept cachots, une cave immense, des embrasures pour les canons et les catapultes, un escalier qui vous conduit haut dans les airs, sur une terrasse de guetteur d'où l'on domine le Rhin et tous les alentours, tel est le vieux burg.

Je n'apprendrai rien à personne en disant que tous ces vieux châteaux ont reçu la visite des Français. Quels enragés nous sommes! nous les avons tous visités, tous! et naturellement avec armes et bagages. Nous sommes venus ici, notamment, quatre fois : la première en 1692, avec le général comte de Tallard; mais le général hessois de Gœrz se défendit vaillamment et ne rendit point la place.

En 1758, le marquis de Castries prit la forteresse et la garda cinq ans.

En 1794 le commandant hessois Von Resius livra encore la forteresse à nos compatriotes.

En 1812, ceux-ci la démantelèrent et la vendirent à je ne sais qui pour 2,500 fr. !

Encore une fois, allez n'importe où sur le Rhin, regardez une ruine et demandez : Qui a fait cela? — On vous répondra : Les Français! C'est beau la gloire, mais je l'avoue, quelquefois un peu humiliant. Je me suis senti gêné dans certaines occasions.

En face du Rheinfels, du haut de la terrasse où se promenaient reîtres et lansquenets, la hallebarde ou l'arquebuse au poing, on plonge sur un château-fort bâti par Kuno de Falkenstein. Les ruines sont assez considérables et il n'y avait là dans le principe qu'un petit castel qui faisait face à un château bien plus grand érigé sur une crête en face. Le propriétaire de ce dernier, le comte de Katzerelnbogen, l'avait appelé le *Chat,* et avait donné à l'autre par dérision le nom de *Souris,* mais Kuno sut se faire respecter et prononça même cette parole : « La souris maintenant mangera le chat! »

Ces Falkenstein n'étaient pas tendres. Il paraît qu'à Welmich, le village d'en bas, sur le Rhin, il se trouvait dans le clocher de l'église une cloche d'argent qu'on ne sonnait que pour les prières des Quarante-Heures et quand un seigneur de Falkenstein était gravement malade. Un jour, un de ces seigneurs, celui de la

Maus, ayant besoin d'argent, prit tout simplement la cloche de Welmich pour la faire fondre. Mais il n'en eut pas le temps. Le curé arriva bientôt au donjon et de réclamer le bien d'église. « Tu l'auras, cria le seigneur furieux, et elle ne te quittera plus ! » Il la fit attacher au cou du prêtre et ordonna qu'on le jetât dans une oubliette que l'on combla avec de grosses pierres. Quelques jours après le burgrave tomba gravement malade et l'on entendit avec terreur un son métallique qui venait des profondeurs de la terre. C'était la cloche d'argent de Welmich qui sonnait le glas du seigneur de Falkenstein ! Depuis ce temps-là tous les ans, à l'anniversaire de la mort du seigneur, la cloche tinte sous la montagne.

Voilà ce qu'on apprend au Rheinfels. J'y appris autre chose : c'est que le château appartient au roi de Prusse, Guillaume II, glorieusement régnant. Or, le gardien nous réclamait 1 mark pour nous montrer les ruines. — Cette aumône au roi de Prusse me parut raide. Je proposai la moitié : 50 pfennig. Le roi de Prusse, par l'entremise de son concierge, accepta. Ils ne sont pas fiers en Prusse !

Quand on est sur la terrasse du Rheinfels, on voit que d'un côté la montagne s'abaisse en pentes douces jusqu'à Saint-Goar, tandis que de l'autre elle est coupée presque à pic et surplombe au-dessus d'une profonde vallée qu'on appelle le *Grandelbachthal.*

Oh ! comme j'eusse aimé me perdre là-dedans,

suivre le petit sentier du vallon que dominent les tours éventrées du château et m'en aller là-bas, je ne sais où. Comme j'envie ceux qui ont du temps à perdre pour rêver! comme j'aime la verdure, les champs et les bois! et comme mon âme de pauvre citadin a soif de converser avec la nature et ses mille habitants visibles et invisibles !

Eh bien ! j'ai encore en écrivant ces lignes le regret de n'avoir pas suivi le petit sentier paradisiaque, et j'éprouve le désir de revenir à Saint-Goar pour voir comment les guêpes bourdonnent autour des clochettes violettes; comment les nécrophores cuivrés et les féronies blancs se réfugient dans les petits antres microscopiques que les pluies leur creusent sous les racines des bruyères; « comment les ailes froissent les feuilles; ce qui tressaille sourdement dans les mousses, ce qui jase dans les nids.... la richesse des scarabées, l'activité des abeilles, la gaieté des libellules, la patience des araignées.... les luttes d'insecte à insecte, les catastrophes de fourmilières, les petits drames de l'herbe, les rayons qui viennent du ciel à travers les arbres comme des regards; les gouttes d'eau qui tombent des fleurs comme des larmes; le travail calme, harmonieux, lent et continu de tous ces êtres et de toutes ces choses qui vivent en apparence plus près de Dieu que de l'homme (1). »

(1) V. Hugo. — *Le Rhin.*

Ah ! poète, poète, toi qui as remarqué « montagnes, prairies, eaux vives, vagues, verdures, molles brumes, lueurs humides qui chatoyaient comme des yeux entr'ouverts, vifs reflets d'or noyés dans le bleu des lointains, magiques forêts pareilles à des touffes de plumes vertes, horizons moirés d'ombres et de clartés », comme tu as vu le Rhin, toi !

Nous allons de ravissements en ravissements : après Saint-Goar le rocher de *Lurlei*. C'est ici qu'une sirène attirait les passants par la douceur de ses chants et les dévorait ; un jour vint où, vaincue par l'amour elle-même, elle se jeta dans le fleuve. Je flaire un écueil dans cette histoire, un tourbillon, un entonnoir quelconque ; je ne vois rien, rien que de paisibles pêcheurs de saumon postés avec leurs filets au pied de l'énorme massif de roc.

Après le Lurlei *Oberwesel ;* mur d'enceinte et tours à créneaux. Autrefois, paraît-il, on s'amusait à faire parler un écho qui est là tout près et l'on criait :

« Quel est le nom de ton bourgmestre, Oberwesel ?

— *Esel* (âne), répondait l'écho. »

Après Oberwesel, *Caub,* mur d'enceinte, tours à créneaux. Tout à coup apparaît au milieu du Rhin — sur un récif — une construction hexagonale, avec toiture en ardoise et logettes accrochées à ses flancs. Tout le monde se précipite pour voir le château-fort en miniature qui ressemble à un bateau en pierre au milieu de l'eau.

C'est la *Pfalz* (palais). Elle était destinée à la perception du péage sur le fleuve : d'autres disent que c'était l'endroit .où la comtesse palatine venait faire ses couches et affirmer ainsi l'autorité de l'électeur, son mari, sur cette partie du Rhingau.

Après Caub et la Pfalz, *Bacharach*, l'antique autel de Bacchus (*Bacchi ara*). C'est là, amis, qu'il faut vous arrêter, puisqu'un géant, marchand de bric à brac, ayant pris la montagne pour étagère, y a disposé du haut en bas un tas de curiosités énormes. Des tours carrées, des édifices amusants, des masures fantastiques, des façades bossues, des pignons impossibles, des greniers en volutes, des escaliers à clochetons, des balcons à jour, des cheminées en forme de tiare, des girouettes extravagantes, des portails à losanges, des places burlesques où le fouillis domine, une ville du XIIIᵉ siècle, enfin, un coin destiné à un sabbat de sorcières, tant il est drôle, bizarre, renversant.

Je ne m'y suis pas arrêté et j'ai eu tort. Ne faites pas comme moi ! Passant devant la *Tour des Souris* où l'évêque Hatto fut mangé par les rats, d'après la légende, nous arrivons à Bingen où il n'y a plus rien du tout à voir que le *Niederwald*. Ce bon C..., mon vieux camarade et compagnon de voyage, jure ses grands dieux qu'il ne montera pas là haut pour voir la *Germania*. Le pauvre garçon n'en aurait pas le temps, du reste; il est obligé de me quitter tout à fait cette fois pour rentrer en France. — Je le conduis à la gare où il prend le train de Strasbourg-Nancy....

Je suis à l'hôtel *Distel,* qui est recommandé en ces termes par le Bedecker : « /Bon vin, pas cher. » Il faut dire à mon ami le lecteur que Bingen est en plein pays vignoble : des deux côtés du Rhin, rien que des vignes et souvent des vins célèbres. Ainsi, au pied du Niederwald, nous avons d'un côté *Assmannshauser,* et de l'autre *Rüdesheim.* A Bingen, on ne boit que du vin et on vient chez Distel pour en boire : le verre, qui contient un demi-litre, coûte 50 ou 70 pfennig, et tout le monde a un de ces verres devant soi. Un bellâtre, coq de village des environs, qui faisait beaucoup d'embarras et n'était que ridicule. vint s'installer non loin de l'endroit où j'étais; il avait avec lui un compagnon, et ils buvaient tour à tour au. même verre, en fumant un infect cigare. Pouah ! Ah ! Monsieur Tissot, j'ai pensé à vous!... Les gens comme il faut poussaient jusqu'à une demi-bouteille d'*Assmanshauser* (vin rouge) ou de *Rüdesheimer* (vin blanc); ce qui donne une idée vraie des vins du Rhin.

— Mon petit hôtel est très bien situé. Devant la porte et sur toute la largeur de la façade, on a dressé à demeure une tente, où l'on peut s'installer commodément pour prendre ses repas et regarder la vue. Tout à côté de la tente et séparé seulement par un petit sentier, passe la ligne de chemin de fer, la grande ligne de Mayence à Cologne, rive gauche; au delà, c'est

le quai, très large, planté d'arbres, et le grand
fleuve, sillonné de bateaux à vapeur. Sur l'autre
rive, le Niederwald, qui monte vers la colossale
statue de la *Germania*.

Je vais à la poste en suivant la ligne ferrée.
Ces Allemands sont pratiques vraiment : je veux
faire diriger mes lettres ailleurs, poste restante;
l'employé très poliment me remet une feuille de
papier avec les indications imprimées. Au
bureau de tabac *Salztrasse*, on enveloppe ce
que j'achète dans un petit paquet sur lequel se
trouve l'indicateur des trains, *Uebersicht der in
Bingen abgehenden bahnzüge*, pour Mayence,
Coblentz, Kreuznacht.

Il y a aussi les départs du bateau à vapeur
pour Rüdesheim et *vice versâ*. C'est on ne plus
commode et je m'en servirai tout à l'heure.

A midi j'étais au cimetière, assis sur un banc
en face de la *Germania*, le dos appuyé contre
une pyramide en pierre, surmontée d'un glaive
et d'un casque : c'est le tombeau de plusieurs
soldats français morts ici ou non loin d'ici, dans
les premières années du siècle, des soldats de
Napoléon Ier. Leurs noms sont inscrits sur la
façade en commençant par celui de Delingen,
grenadier au 1er régiment de la garde à cheval,
chevalier de la Légion d'honneur, né le 22 octobre 1778, mort le 15 mai 1808. Suivent une
vingtaine d'autres noms ; c'est un voltigeur
du 4e régiment de la garde qui clôt la série.

Dans l'après-midi, vers quatre heures, je traverse le Rhin sur le bateau de Rüdesheim,

pour monter au Niederwald afin de voir le monument, le *Denkmal*. On comprendra bien que j'allais là pour me rendre compte; il faut tout voir en voyage, le cœur dût-il en saigner un peu; mais cela aiguise le patriotisme, allez! J'en avais tant vu du reste des monuments de victoire, à Baden, à Heidelberg, à Calsruhe, à Darmstadt, à Cologne.... un de plus, allons! mon pauvre cœur, courage!

Mais ce soir-là, je n'eus pas de chance. L'excursion demande trois quarts d'heure environ; à mi-côte, je rencontrai un gros garçon joufflu, pansu, imberbe, en lunettes, avec des cheveux couleur de chanvre et très gras. Il m'accapara, bonté divine! je fis tout pour me débarrasser de lui; vains efforts! Il me tenait, le monstre! il me tenait dans l'étroit sentier, courant au milieu des vignes et je ne pouvais lui échapper; il me conta qu'il était Bavarois, de Munich; il me conta qu'il était étudiant, qu'il mangeait une fois par jour seulement, vers le soir; il me conta ses amours; il déclama des vers patriotiques, avec de grands gestes circulaires, en montrant le panorama qui s'étendait à nos pieds et se retournant vers moi, il s'écria : « Ça, c'est du Schiller ! — Ah ! » dis-je. — Alors il chanta :

> « *Gaudeamus igitur*
> *Dum juvenes sumus !* »

Puis, il me montra son billet circulaire de Munich à Munich, par le Rhin. J'étais exaspéré. Et comme nous arrivions en haut près du monument national qui se détachait vigoureusement sur le fond rouge du soleil couchant : « Vous avez une blessure dans le cœur, hein ? » me dit-il, en désignant la statue. — « Tout juste », répondis-je, en grinçant des dents. Je venais d'apercevoir le grand bas-relief qui surmonte le socle de la *Germania* et qui représente tous les soudards de l'Allemagne, grands et petits; l'empereur, à cheval au milieu d'eux; tous le casque en tête, — ce qui est peu artistique, accouplé avec la tunique et le pantalon modernes. — J'avais vu aussi de chaque côté du socle l'inscription :

« *1870-1871. Paris. Metz. Sedan.* »

Vingt ans ! il y a vingt ans ! Ils ont déjà des soldats qui étaient à peine nés en ce temps-là et qui considèrent cette funèbre époque comme appartenant à l'histoire ancienne.... Et nous, il nous semble que c'est d'hier.... Oh ! nous n'avons pas oublié ! nous n'oublierons jamais !...

« *Herr ! herr !...* » Je me retourne; c'était mon Bavarois. « Nous allons prendre une chope ensemble », me crie-t-il. J'ai cru que j'allais le tuer avec mes yeux; je m'enfuis.

Le lendemain comme je déjeune, un monsieur et une dame viennent à moi pour me demander un renseignement; ils parlent français et m'interrogent pour savoir s'ils doivent monter au Niederwald. — « Non ! n'y allez pas ! à moins que vous ne soyez Allemands; en ce cas je n'ai rien à vous conseiller. — Nous sommes Hollan-

dais; vous voyez notre pavillon et nos couleurs
sur les bateaux du Rhin. M. de Bismarck voulait les voir disparaître, lui! Nous ne l'aimons
guère, pour cela et pour autre chose encore;
parce que.... nous sommes catholiques. »

A midi, j'étais à Mayence dans la cathédrale,
où l'évêque donnait la confirmation; le soir à
Francfort où Blondin, le héros du Niagara, donnait une séance au *Zoologischer garten*. Il passa
en courant sur la corde raide, puis il s'y assit
devant une table et mangea des cerises arrosées
d'une bouteille de bière, puis il monta sur sa
chaise, et enfin traversa son périlleux chemin
en.... vélocipède. De plus fort en plus fort,
comme chez Nicolet. Ce fut une distraction;
j'en avais besoin, après mon aventure au Niederwald.

CHAPITRE XV

En Haute-Bavière.

Dans le train pour Bâle un monsieur et une dame; ils m'ont d'abord regardé du coin de l'œil pour me jauger. Oh! je ne suis pas bien terrible! la preuve, c'est qu'au bout de deux minutes, ils se livraient à un innocent badinage, consistant en coups de poings sonores et amicales bourrades : ça faisait : plof, plof, plof!... Un peu après j'entendis : glou, glou, glou! les deux bons enfants de Guillaume Tell donnaient de nombreuses accolades à la dive bouteille : ils en burent six à eux deux. Comme c'est drôle! mais le moyen de faire autrement! ils étaient de Saint-Gall, à ce qu'ils me contèrent, un pays où l'on ne connaît pas la vigne; on était gai et content, et allez donc !...

Nous arrivâmes à Bâle vers six heures du matin sans encombre : là on change de train.

En wagon suisse jusqu'à Zurich et Romans-

horn; les voitures ont un couloir central, des
lavabos et W. C.... Mon Dieu! quand donc en
France daignera-t-on nous donner ce que les
étrangers ont depuis longtemps? Je sais bien
que des ingénieurs m'ont promis il y a deux ans
que ce serait pour bientôt; je sais bien que dans
la galerie des Machines, à l'exposition des chemins de fer, on a vu de beaux types de voitures
avec des couloirs latéraux, etc.; tout cela c'est
pour les voyageurs des premières et les heureux
du monde. A-t-on pensé aux petits bourgeois et
aux pauvres gens?

A Romanshorn, on s'embarque sur un petit
bateau d'aspect piteux, qui, en deux heures,
vous amène à Lindau, en traînant à la remor-
que un train de marchandises sur un lourd
chaland; tout à fait les *ferry-boats* de New-York.

Oh! vraiment, Lindau est une jolie petite
ville, comme le lac de Constance est une des
curiosités de l'Allemagne. Celui-ci a 30 lieues
de circonférence, 14 lieues de long; ses eaux
sont d'un beau vert; des montagnes boisées
s'élèvent dans le sud sur ses bords, et l'on aperçoit à l'horizon les sommets neigeux des Alpes;
vers le nord, on voit longtemps, en suivant la
route de Lindau, deux hautes tours qui produisent un effet grandiose et indiquent, je crois, la
position de Constance.

L'entrée à Lindau est pittoresque : on entre
dans le petit port, en passant aux pieds du lion
de granit construit à l'extrémité de la jetée : le
Lion de Bavière! il a fort bon air. Nous sommes

donc en Bavière! Les douaniers vous reçoivent avec des airs bons enfants : ils ne sont pas terribles et vous laissent aller aussitôt. On peut passer une agréable journée à Lindau, qui a une population de 5,000 habitants environ et possède des coins assez curieux. Une vieille ville du moyen-âge, c'est tout dire, et aussi une antique forteresse; des tours bien conservées, des remparts, des auberges avec des enseignes qui grincent et se balancent au-dessus des portes, des voûtes sombres, des rues en arcades, des places où l'herbe croît entre les pavés, quelques églises intéressantes, sinon par leur architecture, au moins par leur mobilier; le tout est bâti sur une île reliée à la terre ferme par un pont en bois et celui du chemin de fer. Et là, à Lindau, la bière n'est pas trop mauvaise : on sent déjà Munich.

Sur la route de Lindau à Munich, il y a 220 kilomètres; on ne rencontre rien d'intéressant, si ce n'est peut-être Kempten, qui a 13,000 habitants et fut autrefois la résidence de puissants princes abbés, dont on voit encore le château. On va par Buchloe; c'est l'embranchement pour la ligne d'Augsbourg : petites collines boisées, grasses prairies, et puis les marais de Munich.

Un peu avant d'arriver dans la capitale, à Buchloe, précisément pendant l'arrêt, un homme vient déposer dans les compartiments, sur les banquettes, un journal à l'usage des étrangers qui s'appelle : l'*Illustrirter Internationaler Frem-*

denführer Eisenbahn Journal. Inutile de traduire,
n'est-ce pas? c'est un journal d'annonces, avec
des illustrations, s'il vous plaît, et une foule de
renseignements précieux donnés en trois langues : allemand, anglais, français.

Je sais bien que nous autres Français, nous
n'avons pas trop le droit de critiquer les étrangers qui parlent mal notre langue, puisque
nous, nous n'en parlons aucune, si ce n'est la
nôtre, ou à peu près. Mais vraiment, quand on
imprime, ou bien il faut parler correctement,
ou bien ne pas parler du tout. Comment voulez-
qu'un Parisien ne tombe pas dans une attaque
de folle gaieté, quand il lit des choses comme
celles-ci, par exemple, et avec cette aimable et
naïve orthographe germano-gauloise :

« *Guide de l'étranger à Munich et dans ces
principales curiosités.* Antiquarium : collection
des bronzes et *terra cottes* antiques....

Bavaria et Salle de gloire, le plus grand monument *en* Allemagne.

Collection de tableaux du comte Shack;
s'adresser au domestique de *Gallérie.* Café Ai-
chinger. Curiosité de premier rang pour son
style arabe-turc. » — (Mais c'est vous le Turc,
ô bon rédacteur!)

« Jardin de la Cour avec les arcades; sur les
mures de l'intérieur, des fresques de l'histoire
bavaroise, des tableaux de la guerre d'*indépen-
dance grec* et des groupes *collossales* en bois *re-
présentativ* des faits d'Herculès. » — (Cette phrase
pénible a dû nécessiter un travail d'Herculès!...)

« Jardin anglais renommé comme une des plus *célèbre* et plus *grande plantation* du monde avec les *lieus* de *séjours*. Tour *chinois*, etc....

Monument et statues : *Statue colonnaire de la Sainte-Marie*, à Marienplatz. Statue colossale du roi *Maximilian II* dans *la rondelle* de la Maxilianstrasse. Statue de Fraunhofer *opticin*....

Musée *nationale*.

Musée de Schwanthaler : on donne *un purboir* au domestique.

Pinacothèque ancienne : *cabinet de vases*....

Pinacothèque nouvelle : mardi, etc.... Peinture sur porcelaine *le même temps*.

Portes monumentales : les *Propylaes*....

Théâtre royal et national de la Cour: opéras et *dramas*. Théâtre populaire : comédies en langage *nationale bavaroise*.... etc., etc. »

Le lecteur est édifié pleinement; — qu'il me pardonne cette longue nomenclature : il est bon de se dérider quelquefois. — Pourtant Munich est une belle ville : la vieille ville et les quartiers nouveaux, tout me plaît, et il y a là-dedans des trésors incomparables, des richesses artistiques renommées, de beaux monuments, de larges rues, des places bien conçues, de vastes jardins.

Ah! il faut voir comme je l'ai vu une fois dans un précédent voyage, la procession de la Fête-Dieu se dérouler dans les grandes artères, et sur les vastes places, et la ville tout entière qui y assiste, et le grand soleil qui brille sur ces magnificences; l'archevêque portant l'osten-

soir, et le prince régent avec toute la cour et
des milliers d'officiers de tout rang, marchant
des heures entières derrière le dais, et le Dieu
des armées traînant après lui les régiments,
les escadrons et les batteries attelées : infanterie, cavalerie et artillerie, pendant que les
fanfares militaires éclatent, que les cloches de
la ville sonnent à toute volée, et que la voix
puissante du canon proclame la gloire et la
magnificence du Très-Haut. Non ! rien n'est
beau comme ce spectacle, qui étonne et enthousiasme les étrangers. Il n'y a qu'à Munich
et à Vienne qu'on puisse le voir; et, en le
voyant, le Français, s'il est chrétien, se prend
à rêver tristement, car il est amené bien vite
à faire des comparaisons désastreuses pour lui
et pour les siens.

Ce qui me plaît à Munich, c'est cet admirable
Jardin anglais. Un jardin anglais! qu'on ne
se figure pas une pelouse large comme la main,
avec de petits chemins tournants et deux ou
trois géraniums entourant un rocher artificiel
surmonté d'un kiosque lilliputien. Pas du tout :
un parc immense, un Bois de Boulogne dont on
ne voit pas la fin, avec des prairies qui s'étendent à perte de vue, de larges allées, des rivières et des pièces d'eau, quelque chose de bien
agreste, de bien champêtre, où l'on vous promène en voiture pendant deux bonnes heures,
en offrant à vos regards ravis toujours un côté
nouveau. J'aime cela : c'est le *parc anglais,* le
parc américain, où le pauvre citadin peut vrai-

ment jouir du repos, de l'air et de l'agrément de la campagne.

Après l'*Englischer Garten* et les musées, il n'y a plus que les brasseries que je veuille mentionner. Bons amis de France, cessez votre campagne contre la bière allemande : si vous lui préférez celle de Tourtel ou de Maxéville, c'est que jamais vous n'êtes venus en Allemagne d'abord, où toute bière est bonne, et, surtout à Munich, où elle est délicieuse. Laissez cette supériorité aux Allemands, aux Bavarois : ils la méritent absolument. Pas de faux patriotisme ! Voyez-vous ! quand on a été en Orient, on ne devrait plus boire de café, rentré dans son *home;* quand on a été en Chine, les meilleurs thés du monde vous semblent bien fades; quand je reviens d'Allemagne, je ne veux plus boire de bière, même la bière allemande venue à Paris dans ces beaux wagons blancs qu'ils nous envoient de là-bas. Ce qu'il faut boire, c'est la bière fraîche, saine, non falsifiée, abondante, la bière au sortir du tonneau, de dix heures du matin à dix heures du soir; hormis cela, rien ! Vous n'avez que l'embarras du choix à Munich. D'abord, à tout seigneur tout honneur : le *Hofbrauhaus*, la brasserie royale. C'est une infecte petite maison, située dans la vieille ville, derrière la Marienplatz : on entre dans une cour, pas jolie, et dans une salle moins belle encore, précédée d'un vestibule horrible, où l'on débite la bière au tonneau. Là, sur une table, sont rangées des quantités de pots en grès, de la contenance d'un litre : vous en saisissez un, vous le portez dans la cour, vous le rincez vous-même à la fontaine, et vous l'apportez au distributeur, qui, grave, solennel, silencieux, remplit votre récipient jusqu'aux bords et au delà, — car la bière coule par terre, — et reçoit les douze *pfennigs* que vous avez préalablement préparés. La bière coule par terre, ai-je dit : comment voulez-vous qu'on prenne des précautions pour éviter cela? on serait débordé. C'est un flot de buveurs qui arrive et ce sont des torrents de liquide écumeux qui sont répandus, dans les gosiers d'abord, sur les tables massives et sur le parquet visqueux ensuite. Oh! cela n'est ni propre ni ragoûtant, certainement; mais qu'y faire? Autour de vous on s'accommode de cet état de choses : le professeur et le général qui sont là, fumant et buvant d'un air béat, comme le commis et le paysan, moins difficiles. J'ai vu cela à la brasserie de la cour, puis au *Lœwen,* au *Hacken,* au *Spaten,* au *Hirsch,* au *Pschor,* au *Franciscaner,* à l'*Augustiner,* et dans cent endroits divers; — à la brasserie de l'Evêque, par exemple, le *Bischof hof* de Ratisbonne, où l'on boit une des meilleures bières du monde entier.

Je prends le train pour Marktl : c'est une petite station sur la ligne de Simbach, à trois heures de la capitale bavaroise, presqu'à la frontière autrichienne. De Marktl, je sais que j'aurai deux heures de voiture jusqu'à Burghausen, la petite ville où je me rends.

. Une grande plaine peu accidentée; pourtant, déjà un peu avant d'arriver, on voit le paysage se modifier, des collines apparaître, et l'Inn, au cours rapide et aux eaux glacées qui se montre près de la voie. On passe à Mühldorf, ville industrielle de 2,000 habitants, puis à Neu-OEtting; la forêt s'étend au loin profonde et noire. On voit pointer entre les arbres deux hautes flèches : c'est le fameux pèlerinage de *Alt-OEtting,* où l'on vient vénérer une Vierge noire renommée. J'aperçois dans la gare, sur les quais, un grand nombre de pèlerins, hommes et femmes : celles-ci portent sur la tête une jolie coiffure composée d'un long voile de soie noire coquettement noué; — la coiffure alsacienne, si l'on veut, mais non pas arrangée en papillon, car les bouts du voile noué retombent jusqu'au milieu du dos; l'effet est certainement gracieux.

A la station toute rustique, je trouve mon ami F..., un Parisien de Paris, mais qui est né en Bavière et parle l'allemand depuis sa naissance. Il m'apostrophe en français du plus loin qu'il m'aperçoit, au grand ébahissement des naturels du pays.... D'abord, un arrêt dans une auberge, sous les tilleuls, au milieu d'une foule de paysans placides, à l'air un peu abruti. Un ecclésiastique, à longue redingote et en *chapeau melon,* se promène au milieu d'eux en fumant un énorme cigare : il est évident que c'est un curé de village en chemin pour *Alt-OEtting* avec des paroissiens. Nous buvons un verre de bière, qu'on ne refuse jamais dans ce pays, même quand on n'a pas soif, et le *post-omnibus* de Burghausen nous attend là pacifiquement.

En route! Nous nous hissons sur le siège de devant, à côté du conducteur, personnage un peu primitif, d'une grande naïveté, et qui ne peut en revenir d'entendre autre chose que des accents tudesques. F.... m'interroge longuement sur Paris; son babil me ragaillardit : je riposte, je lui conte les nouvelles, et le bon Bavarois qui est là ne se lasse pas de me dévisager, puis, de temps en temps, il rit silencieusement. Quel drôle de corps! Nous traversons la forêt, nous courons à travers les sapinières; une odeur exquise se dégage des arbres et du sol....

Une clairière, un vaste champ d'exercices, *marzfeld*, — car il y a des soldats à Burghausen; un bataillon d'infanterie avec musique, ce qui nous donnera le sujet de moult observations intéressantes; — puis nous commençons à entrevoir une vallée profonde et encaissée, sur laquelle on débouche tout à coup, pendant qu'on entend mugir dans le fond la Salzach. Un chemin creux, dominé, d'un côté, par de hauts rochers surmontés de restes de fortifications anciennes, s'enfonce dans la vallée; en quelques minutes, le *post-omnibus* nous amène par une pente rapide aux premières maisons du bourg.

Dans le moindre endroit, ici, on trouvera quelque chose d'intéressant. A Burghausen, par exemple, cette succession de tourelles en poivrières, reliées par un semblant de rempart, ombragées de beaux arbres, escaladant la colline : c'est le vieux château des électeurs de Bavière ; à gauche, sur la rivière, l'ancien collège des Jésuites transformé en lycée ou gymnase et en caserne, avec une jolie chapelle ; puis une longue place rectangulaire plantée d'arbres un peu maigres, mais ornée de belles maisons, avec un grand couvent d'Augustines, appelées aussi Dames anglaises, qui tiennent un pensionnat de jeunes filles ; le *rathhaus,* et l'église tout au bout, placée de travers, agrémentée d'un clocher original en forme de coupole, qui sent déjà l'Orient, la Russie ; plus loin, le couvent des Capucins, la chapelle de Napoléon, un souvenir du passage des troupes françaises pendant la grande guerre du premier empire.

Tout ceci, vu d'en bas, en arrivant ; mais d'en haut, du sommet du château, on me promet une vue splendide : vingt clochers, de nombreuses fermes, des forêts immenses, et, à l'horizon, les montagnes de Salzbourg, les glaciers alpestres, et jusqu'aux chaînes de Styrie, vers Gratz.

Le père de F..., l'excellent M. C..., est là, sur la place, qui se promène en m'attendant. Quelle accolade ! quels cris de joie ! et en bon français, avec l'accent lorrain, qu'il n'a jamais perdu, quoiqu'il parle toutes les langues depuis quarante ans qu'il est exilé. Le postillon aurait bien envie de s'associer à cette exubérance en prenant son cor pour jouer son grand air, mais pendant six semaines cela est défendu. Pourquoi donc ? La reine-mère vient de mourir : la Bavière est en deuil; de longs voiles noirs pendent aux fenêtres des édifices publics.... J'avais déjà vu cela à Munich, et les officiers portent tous un crêpe au bras, sur les épaulettes et à la dragonne de l'épée. Plus de musique non plus, si ce n'est dans le service.

Mme C.... et sa fille descendent sur la place pour me recevoir. Ils habitent là un grand premier étage, qu'ils ont loué 700 francs. C'est donc beau! Des chambres et des chambres.... La mienne donne sur le derrière; elle est délicieusement située au soleil levant, sur la Salzach, nourrie de la neige des montagnes, et qui y entretient une perpétuelle fraîcheur. Au-delà de la rivière, des collines presque à pic; mais ce n'est plus la Bavière, c'est l'Autriche. Un pont tout près; je le touche du doigt. Jusque sur le milieu, on voit aller et venir les douaniers allemands; à partir de là, ce sont les douaniers autrichiens au grand shako noir. Le pensionnat des Dames anglaises part en voyage pour l'Autriche : aller et retour, durée une demi-heure. Je m'explique leur calme et leur tranquillité; elles font cela tous les jours sans aucune émotion....

CHAPITRE XVI

En Haute-Bavière.

(Suite.)

Le vieux château de Burghausen. — Concerts nocturnes. — Nos
amis les Capucins. — Vilain tableau et joli catafalque. — La
bière du couvent de Alt-OEtting. — Coup d'œil sur l'histoire de
Burghausen. — Souvenirs français. — Ce que font les moines.

Mon Dieu! quel délicieux pays! Je ne parle
pas des gens, des C..., la famille dont je suis
l'hôte, ni des paysans, et encore! Les braves
gens! Quel dommage qu'ils soient Allemands!
Je parle de la terre, des montagnes, des vallées,
des forêts, de l'eau, de l'air.... Je suis monté au
vieux château, par un chemin derrière l'église,
après avoir assisté au service de la reine-mère,
où toute la garnison s'était rendue. L'église était
tendue de noir avec beaucoup de goût; un catafalque s'élevait au milieu du chœur, surmonté
de l'écusson de Bavière. Les soldats se tenaient
au milieu de la grande nef, les officiers dans le
chœur; un vieux colonel retraité était venu se
joindre à eux. Tout ce monde-là se tenait parfaitement, et, ce qui est mieux, priait; beaucoup avaient des livres où ils suivaient pieuse-

ment la messe : quelle différence encore avec ce que nous voyons ou plutôt ne voyons pas en France! Bref! je suis donc parti après, pour le château, où l'on monte par un chemin et des escaliers qui ressemblent à ceux qui conduisent au *schloss* de Heidelberg; on passe sous des voûtes et par des portes au pied de murailles tout à fait semblables.... En haut, le panorama est presque aussi beau sur les montagnes et les forêts. Je recommande aux touristes qui viendront ici le *aussicht punct* ou point de vue derrière le château : on se trouve au-dessus d'une pente abrupte, dominant un lac aux eaux claires et bleues; ce lac, autrefois, était renfermé dans l'enceinte, avec deux ou trois fontaines qui servaient à l'alimentation; on avait tout sous la main, et l'on pouvait désaltérer gens et bêtes avec beaucoup de facilité. Il ne faut pas croire que nous sommes ici au milieu de ruines croulantes; non pas! les Allemands ont bien trop le sentiment de la poésie pour ne pas avoir profité de cet admirable site. Sur les vieux donjons, au-dessus des oubliettes et au milieu des murs de l'ancienne forteresse, on a élevé de jolies maisons entourées de jardins. Les portes et les fenêtres sont ogivales; telle chambre à coucher se trouve juchée comme un nid d'aigle dans un coin de tour, avec une ouverture grillée par laquelle on a une vue idéale. Il fait bon habiter là-haut, je vous en réponds, et, en effet, je ne sais quel historien allemand est venu s'installer ici, et certes! il avait le plus joli cabinet de travail qu'on ait pu rêver entre le ciel et la terre ; il y est mort, je crois, et il n'a fait que changer de paradis ; heureux homme de lettres ! J'en connais qui travaillent tout le long du jour dans une mansarde ou sur une cour humide et malsaine, sans pouvoir reposer leurs pauvres yeux, sans une autre verdure qu'un vulgaire pot de réséda. Et notez que les logements ici sont à bon marché : je suis sûr que, pour 500 francs, on aurait un palais.

Par exemple, ce que je n'aimerais pas, c'est ce bruit strident qui part le soir de certaine pièce d'eau près de la chapelle : on dirait que les grenouilles veulent se venger de la tyrannie des hommes, qui, autrefois, les ont empêchées, par des moyens violents, de se livrer à leur goût effréné pour la musique. Dans les beaux temps du moyen-âge, disent les méchants, les seigneurs prenaient les corvéables à merci et les obligeaient à battre les étangs pour pouvoir dormir tranquilles : à en juger par ce que j'ai entendu certain soir ici, je crois que volontiers j'eusse été de l'avis des seigneurs. Mais il n'y a plus de moyen-âge ; le château a changé de maître. La pièce d'eau existe pourtant toujours et les grenouilles, filles et petites-filles des grenouilles martyres, s'en donnent désormais à cœur joie. Un immense concert nocturne remplit les airs et trouble le calme des belles soirées ; de temps en temps les croassements cessent, et alors on entend comme un autre concert lointain et du même genre :

ce sont les grenouilles du lac inférieur qui alternent avec le premier chœur. Il ferait bon vivre ici, mais Dieu ne nous a point donné de bonheur parfait.

La chapelle voisine a été bâtie par le duc de Bavière Georges le Riche, et sa femme, la duchesse Hedwige de Pologne, en 1480; elle a été restaurée ces dernières années par le roi Maximilien II, dont la femme, la reine Marie, vient de mourir, et qui met tout le royaume en deuil. Les cloches sonnent, sonnent, sonnent pendant des heures entières, conviant le peuple à prier pour la royale défunte; et voilà qu'il est midi quand je descends en ville, et tous les clochers des alentours — il y en a au moins vingt — se mettent à chanter l'*Angelus* dans le ciel bleu....

— M. C.... a de bons amis à Burghausen à qui il veut me présenter; ce sont les Capucins du couvent qui est tout au bout de la ville. Nous la traversons donc d'outre en outre, en longeant une grande et unique rue bordée d'assez jolies boutiques, où les paysans des alentours viennent s'approvisionner les jours de marché. Nous entrons en passant à l'église de l'hôpital, ornée à l'intérieur comme une église espagnole, c'est-à-dire, d'une façon aussi criarde que possible, avec un mauvais goût évident, et des tableaux à faire frémir; — c'est encore l'Espagne. On a choisi des sujets consolants pour les malades qui viennent prier dans le saint lieu. Je ne me rappelle plus du tout quel est le saint qui a enduré ce supplice affreux : on lui aurait ouvert le ventre; puis, après l'avoir placé sur un dévidoir, on aurait enroulé ses entrailles autour d'un treuil en tournant la manivelle. C'est atroce, n'est-ce pas? Eh bien, à Burghausen, on voit un tableau qui représente cela; aussi, nous ne restons pas longtemps ici, et, comme nous possédons des cœurs forts et une humeur joyeuse, sans être autrement impressionnés, nous voici arrivés devant le couvent des Capucins.

Un bon petit couvent bien simple et bien modeste, comme il convient; des murs pas trop haut, un toit moussu; quelques marches donnant accès, ici au couvent proprement dit, là à côté, à l'église où nous passons d'abord. Comme ici encore cela sent bon le moyen-âge! Dans le milieu de la nef, des Frères vont et viennent, préparant pour le lendemain un catafalque pour le service de la reine-mère. Rien de lugubre dans cette représentation de la mort : il est orné de fleurs de haut en bas; tous les gradins sont couverts de pots de roses et de géraniums apportés du jardin; de la voûte tombent des guirlandes de mousse et de feuillage; l'écusson royal même est dessiné en fleurs et en verdure. On ressent comme une bonne impression de fraîcheur et l'odorat est agréablement chatouillé par ces parfums divers; excellent début que celui-ci.

Nous allons sonner à la porte de la clôture à l'intérieur; il y a là un gros cordon formé de fils de fer entrelacés, terminé au bout par une croix.

De petits enfants pauvres viennent chercher un morceau de pain; on m'en montre un qui étudie au collège et loge au séminaire, c'est-à-dire dans la maison qui sert de pension aux élèves, qui sont tous externes. O moyen-âge! ô vieille Allemagne!

Un bon Frère à l'œil doux, à la barbe blonde, vient nous ouvrir; un large sourire s'épanouit sur son visage quand il reconnaît M. C..., il nous introduit immédiatement et court appeler le Père gardien, qui arrive presque aussitôt. Le P. Erhard, gardien des Capucins de Burghausen, est un bel homme, grand, solide, à la longue barbe brune grisonnante, qui nous reçoit d'une façon très affable et parle un peu français. Il nous conduit au jardin, un vrai jardin de couvent : petites plates-bandes, potager sillonné d'allées bordées de buis et de touffes de pensées, jeu de quilles, charmilles et berceaux un peu partout; enfin, un bon endroit qui invite à la prière, au recueillement et parfois au repos et au délassement. Ici, les bruits du monde expirent; on se croirait dans une Thébaïde : d'un côté, le couvent, vieille construction irrégulière avec un petit clocher rustique; de l'autre, la rivière, la Salzach, avec sa rive escarpée, la rive autrichienne opposée à la nôtre; au loin les chaînes bleues des Alpes. Un grand silence, un ciel pur, un beau soleil; quel endroit pour oublier les misères de la vie!

La bière des Capucins est célèbre; ce ne sont

pas ceux de Burghausen qui la brassent, mais bien leurs frères du couvent d'Alt-OEtting, qui leur en envoient de temps en temps une provision suffisante pour leur usage quotidien. De rares amis, comme le professeur C..., sont admis à goûter ce nectar, et tout aussitôt que le Père nous a installés au fond du jardin, dans un petit ermitage qui domine la rivière, nous voyons apparaître un bon religieux, qu'on appelle le F. Protasius; il vient compter combien nous sommes et réapparaît bientôt avec du pain bis, des radis noirs et quatre chopes d'un demi-litre (*halbe liter*). Elles sont recouvertes d'un couvercle d'étain, que l'on doit toujours abaisser quand on a bu, et on les a enjolivées avec des inscriptions bien senties; sur celle du gardien, par exemple, on lit : « *Ein frisches Trunk gibt starke zum neuen tagewerke.* Une bonne boisson fraîche donne des forces pour un nouveau travail journalier. » Et l'on boit, l'on boit, l'on boit!... mais en Bavière où et quand ne boit-on pas?

Il ne faudrait pas croire cependant que l'on boit toujours et exclusivement. Je suis retourné plusieurs fois chez les Capucins et j'y ai travaillé; — à côté de ma chope, bien entendu! — J'ai traduit, avec l'aide de F. C..., les principaux passages de la *Chronique* de Burghausen, un volume introuvable qu'un professeur avait promis de me donner, qu'il a oublié de me remettre, mais que les Pères possèdent. « Impossible d'emporter le livre hors du monastère, sous peine d'excommunication », dit le P. Erhard.

Puisque je vous dis que nous vivons ici en plein moyen-âge.

L'auteur du précieux ouvrage est un prêtre de Passau. C'est grand dommage vraiment que je n'aie pu voir, au musée de Munich, un tableau qui donne l'idée exacte de ce qu'était Burghausen au xive siècle. Mais nous trouvons dans notre volume des renseignements assez nombreux sur toute l'histoire de cette intéressante localité.

Il paraîtrait qu'à l'époque dite païenne, on trouvait sur les bords de la Salzach des peuplades celtes ou germaniques; la localité qui nous occupe aurait porté le nom d'*Isonta* ou *Ivaron*, ce qui veut dire « les Eaux hautes ». Cet endroit fait partie, ensuite, de la province de Norique ou cercle danubien, sous la domination des Romains, qui y avaient introduit un *castellum* ou château-fort. Le christianisme aurait pénétré dans ce pays vers l'an 788; mais jusqu'ici nous sommes dans le domaine de l'hypothèse.

En 1025, on voit figurer pour la première fois dans l'histoire le nom de Burghausen, à propos d'un échange de territoire entre l'archevêque de Salzbourg et l'impératrice Cunégonde la Sainte. Puis on cite une longue liste des comtes de Burghausen de 1072 à 1180. C'est sous le gouvernement de ces comtes que furent fondés aux alentours tous les couvents dont on retrouve encore les vestiges.

En 1255, la ville prend corps : du temps des Romains, en effet, il n'y avait guère, autour du *castellum,* que quelques chaumières de paysans.

Les comtes disparaissent; ici les documents sont presque nuls, et le château tombe, on ne sait trop comment, entre les mains des ducs de Bavière. A cette époque régnait Henri XII dit le Lion. Ce fut l'époque grande et prospère de Burghausen, qui était vraiment une belle et vaste forteresse. Il y avait de grandes richesses dans l'intérieur du château : on y trouvait une *chambre d'or,* un trésor; et quand plus tard le château fut démantelé, la chronique dit qu'on chargea douze chariots avec les monnaies et les objets de métal précieux qui y avaient été accumulés par les seigneurs du pays.

Mais là où l'intérêt grandit, surtout pour nous Français, c'est quand nous arrivons aux premières années de ce siècle. En 1800, après la bataille de Hohenlinden, gagnée par Moreau le 3 décembre, les troupes autrichiennes débandées se hâtent d'abandonner les quartiers de l'Inn pour traverser la Salzach, vers Salzbourg. Arrive, le 7 décembre, la division du général Ney, qui établit un camp à Habsbach, à deux heures et demie de Burghausen.

Le 15 décembre, Burghausen fut livré aux Français. L'avant-garde des chasseurs parut vers neuf heures du matin aux portes de la ville, et les églises furent fermées jusqu'au 11 janvier suivant.

Le général Ney y établit son quartier général. Il avait été stipulé avec la municipalité que chaque soldat aurait droit, par jour, à un litre de bière; chaque officier devait avoir une bouteille de vin, chaque commandant trois plats, chaque colonel six plats; les généraux touchaient 66 florins.

Le 11 avril 1809, les Autrichiens passent par Burghausen, qu'ils mettent au pillage; le 25 avril, ils sont obligés de fuir devant l'armée française, commandée par Napoléon Ier en personne, qui, à la tête de cent mille hommes et de la vieille garde, arrive, entouré de ses maréchaux et de ses généraux, à dix heures du matin, par un mauvais temps d'hiver; il trouve déjà installé le maréchal Berthier, qui occupait le couvent des Dames anglaises et réparait le pont de la Salzach.

Une dame allemande, la comtesse de Berchen, se précipite aux genoux de l'empereur et demande l'élargissement de son mari, qui est aux mains des Français; elle l'obtient. L'arrière-garde autrichienne se retire, après quelques coups de fusil, du côté de la Salzach.

Les bourgeois de Burghausen montaient la garde autour de la chambre de l'empereur, qui fit cadeau à la ville de deux canons pris sur les Autrichiens.

En deux jours, les ponts furent jetés. C'était Napoléon lui-même qui donnait les ordres du haut de la petite éminence qui domine la rivière à l'endroit où il y a un passeur, et qui est indiqué maintenant par une chapelle qui a déjà été mentionnée.

Le 30 avril, la garde défila devant l'empereur et

passa les ponts; le passage dura jusqu'au 2 mai; ce jour-là, à six heures du matin, eut lieu le départ de Napoléon.

Un journal de la localité, fort enthousiaste assurément, — mais le moyen de ne pas l'être pour la Bavière alliée! — dit alors : « Aujourd'hui Burghausen est le centre de l'Europe, puisque Napoléon est le centre de l'Europe.... » Il faut dire que le malin journal ajouta : « C'est aussi le centre de grandes calamités. »

Est-ce le journal où est-ce l'auteur du volume qui a ajouté ce petit membre de phrase complémentaire? Toujours est-il que le grand empereur passa sept jours entiers dans ce petit Burghausen : il n'en fallait certes pas autant pour l'illustrer....

Je n'oublie pas qu'il y a eu une autre guerre qui nous a mis aux prises avec l'Allemagne, et j'interroge le Père gardien pour lui demander si Burghausen n'y a joué aucun rôle. D'abord il y a ici, comme dans toute ville allemande qui se respecte, un monument, un obélisque commémoratif à la gloire des enfants du pays tombés à l'ennemi; ensuite on envoya ici en 1870 cinq cents prisonniers français. C'était à la frontière! Deux soldats tentèrent de gagner la rive autrichienne en plongeant dans la froide et impétueuse Salzach : l'un se noya, l'autre réussit à fuir; mais il arriva chez nos amis les Autrichiens dans un costume si sommaire, que tout le monde se sauvait devant lui en se signant : on croyait que c'était le diable.... Enfin le malheureux put se faire reconnaître, et on lui apporta des habits.

Quelques autres de nos compatriotes sont morts à Burghausen; ils sont enterrés dans le cimetière de la ville....

M. C.... invite le P. Erhard à venir chez lui le lendemain prendre une tasse de café; le Père accepte; il amènera avec lui un de ses religieux.... Après le dîner, vers une heure, à l'heure dite, le lendemain, les deux Capucins arrivent. Le compagnon du gardien est un homme magnifique; il a trente ans à peine et une barbe comme je n'en ai jamais vue : elle descend à flots pressés jusqu'à la ceinture; cette figure mâle est éclairée par deux yeux d'une douceur infinie et par un sourire et une gaieté sans pareils. Le P. Andreas est une belle âme. J'admire ces hommes et j'envie leur bonheur, car ils sont heureux absolument : aucune charge, aucun souci; ils aident le clergé paroissial dans le ministère, disent la messe dans les églises de la ville et des villages voisins, président les processions nombreuses dans le pays, prêchent, administrent les sacrements. En retour, on leur donne le vivre et le couvert, s'il y a lieu; mais, généralement, ils reviennent au couvent après avoir acquitté leur tâche. Au couvent, il y a toujours un morceau de pain bis et une cruche de bière.... Les Frères vont quêter à domicile, et on leur donne toujours généreusement; le gouvernement même ne leur fait pas payer les droits de douane.... Enfin, si par hasard le couvent sé trouvait à court, on sonnerait la cloche d'alarme, nous dit le gardien, et certainement le peuple de Burghausen ne laisserait pas les moines mourir de faim.

CHAPITRE XVII

En Haute - Bavière.

(Suite.)

Dans le bureau du brigadier de la douane. — Comment on comprend la religion en Bavière. — En Autriche. — Nous visitons une ferme. — Idylle. — La chapelle mortuaire de Hochburg et l'épitaphe du grenadier Johann Wagner. — Ce que c'est que le *Parade Marsch* déjà nommé. — A Braunau, première ville autrichienne. — Les Allemands. — Français, garde à vous !

Ma chambre est gentillement située; quatre grandes fenêtres à rideaux violets à fleurs, dont deux donnent sur la Salzach; le pont de la rivière est là; les douaniers s'y promènent. De l'autre côté, l'Autriche; cette rive étrangère m'attire : allons nous promener de ce côté-là aujourd'hui.

Nous sommes en très bons termes avec les douaniers. L'un d'eux, le chef, qui est décoré d'un ordre bavarois, et porte, pour tout uniforme, je ne sais pourquoi, une simple casquette, nous invite à entrer au bureau de la douane. Nous lui offrons un cigare, et il nous montre les tarifs. Sur le pont de Burghausen, venant d'Autriche, il ne passe guère que des bestiaux, des cuirs travaillés et du bois de construction. Les chevaux payent 20 marks (le mark vaut 1 fr. 25) par pièce; les bœufs, 30 marks; les cuirs travaillés, 36 marks par 100 kilogrammes; les cuirs bruts, 18 marks. On passe aussi un peu de vin, à raison de 48 marks par 100 h.; mais, le croirait-on? il s'en présente sur le pont, dans le courant d'une année, à peine 18 hectolitres, qui forment à peu près la provision envoyée au couvent des Capucins. Ceux-ci, nous l'avons dit, sont exempts de droits : ce vin est considéré comme une aumône en nature, et le déficit est porté au compte de l'Etat bavarois, qui verse le montant des droits à l'union douanière (*Zollverein*).

Le rendement annuel pour Burghausen monte à environ 82,000 marcs, et il passe à la frontière, sur ce point, près de 2,000 têtes de bétail dans les douze mois. A Simbach, qui est, nous dit-on, une des stations douanières les plus importantes, les droits payés arrivent à un million par mois.

Nous continuons notre promenade. En passant au milieu du pont, voici le poteau de délimitation des frontières : il est surmonté de l'écusson de Bavière et bariolé de blanc et de bleu. Tout à côté un grand crucifix; plus loin un tableau représentant la Vierge Marie et l'Enfant Jésus: une lampe brûle devant jour et nuit. Oh! c'est que ce pays est profondément religieux : je n'en veux pour preuve que ces groupes de pèlerins qui passent sans cesse à côté de nous, tête nue, le chapelet à la main, en récitant d'une voix grave : *Fater unser, der du bist in dem Himmel.... Gegrusezeist Maria....* Ils vont tous à Alt-Œtting; plusieurs, en arrivant, feront le tour du sanctuaire à genoux. Il y a là par an 322,000 pèlerins qui viennent visiter la célèbre Vierge noire. Nulle part le sentiment religieux n'est aussi développé : personne ici ne manque à la messe; le prêtre et le moine, comme dans le Tyrol, sont en grande vénération; une foule de chapelles et d'images pieuses s'élèvent dans la campagne, à tous les carrefours, sur toutes les éminences; le nom de Jésus-Christ et celui de la Vierge sont gravés partout, ils sont sur toutes les bouches; on s'aborde en disant : *Kruss Gott!* « que Dieu soit loué ! » ou : *Gelobt sei Jesus!* « que Jésus soit honoré ! »

Quand l'*Angelus* sonne, toutes les têtes se découvrent et tous les fronts s'inclinent; pareillement aussi lorsqu'on entend tinter la cloche qui annonce l'élévation pendant la messe. On me raconte qu'un jour un baladin exécutait ses plus beaux tours sur la place de la petite ville, devant un grand nombre de badauds qui le contemplaient avec admiration; tout à coup le signal de la bénédiction du saint Sacrement retentit, et aussitôt les spectateurs tombent à genoux; l'artiste dut s'arrêter en plein succès; il eût continué, qu'on eût démoli son matériel et qu'on lui eût fait un mauvais parti. Je passais un jour devant une auberge, au moment du dîner, vers sept heures; en regardant par une fenêtre qui donnait sur la route, je vis sept ou huit grands gaillards à genoux autour d'une table, où l'on avait servi la soupe, flanquée de plats tout chauds et qui fumaient : les braves gens disaient leur *Benedicite* avec dévotion.

Si le Pape devait malheureusement un jour quitter Rome et le Vatican, ce n'est pas en Espagne qu'il devrait aller; c'est en Bavière : il arriverait triomphalement ici, en marchant, comme autrefois Jésus, sur les vêtements que le peuple jetterait sous ses pas, et toute une nation monterait la garde à la porte du plus beau palais mis à sa disposition.

Nous voici maintenant devant les douaniers autrichiens, bons hommes à la figure placide, qui font bon ménage avec leurs confrères bavarois, sans leur dénoncer jamais les petites peccadilles commises journellement au détriment de ceux-ci. La Bavière, c'est le royaume de la bière : on boit le jaune liquide jusqu'à extinction. « Combien un gosier bavarois peut-il absorber de litres de bière? » demandai-je un jour à un gros cocher, « pour aller jusqu'à la limite de l'ivresse? » — « De 7 à 20 litres », me fut-il répondu : « cela dépend des gens ». Quand les habitants de Burghausen sont fatigués de la bière, ils passent de l'autre côté de la rivière et viennent dans le petit village d'Ach; on y trouve une excellente auberge, où l'on sert de très bon vin d'Autriche ou de Hongrie : je recommande celui qu'on appelle « Perle du Danube », *Donau-Perle,* de la marque Franz Leibenfrost, de Vienne. Et quand on est fatigué du tabac allemand, on recourt à la régie autrichienne : il y a à Ach deux ou trois sortes de bons cigares, entre autres les *virginia*, ces cigares longs avec paille, qui sont les préférés de l'empereur Franz-Joseph.

On monte un chemin escarpé, qui longe un précipice. Passant, faites bien attention ! et pas d'imprudence ! Sur les poteaux plantés çà et là, on a cloué des tableaux, sur lesquels on voit de grossières peintures qui rappellent plusieurs accidents arrivés à cet endroit. Oyez : « Simon Paffauer, maître tonnelier, voulant passer par le nouveau chemin de la montagne, fut appelé par Dieu, sans s'y attendre, dans l'éternité, à 72 ans !!! »

Quand on est en haut, on remarque avec surprise que le plateau est presque dénudé, eu égard aux immenses espaces boisés que l'on rencontre dans ce pays : c'est l'Autriche que nous avons devant nous. On n'est plus en pays ennemi, au moins, et l'on respire. Pour signaler notre satisfaction et notre joie, nous ne voyons rien de mieux à faire que d'entrer dans la brasserie Sinzinger, qui se trouve là tout à point. Hélas ! l'Autriche n'est pas le pays de la bière ! celle qu'on nous apporte nous fait regretter l'Allemagne, et nous partons bientôt.

J'ai grande envie de visiter cette ferme qui est là, un peu plus loin. On entre dans les fermes autrichiennes comme dans un moulin français : personne pour nous en empêcher, pas même un chien. Nous voilà au milieu d'une cour pleine de fumier, entre le bâtiment d'habitation et les écuries, où il y a, ma foi ! de très belles vaches : c'est çà qui donne envie de boire un verre de lait, pour faire passer la bière. Nous appelons : une jeune fille sort de l'écurie et vient gracieusement nous demander ce qu'il nous faut. Blonde comme les blés, les yeux bleus comme des bluets, la taille fine, élancée comme les épis des champs voisins, un joli sourire sur les lèvres, une voix douce : voilà les vachères d'Autriche. La bonne fille se rend à notre désir, elle prévient immédiatement son maître, et nous apporte deux tasses de lait tout chaud, qu'elle vient de traire devant nous; et quand nous voulons la récompenser par une pièce de monnaie, elle refuse absolument.

Bien mieux encore ! le fermier nous invite à voir sa maison. En bas, une vaste salle, avec des tables et des bancs le long des murs; un grand poêle en faïence, dans un des coins; une antique horloge, qui sonne mélancoliquement les heures, toujours pareilles. Le poêle n'est pas la seule chose qui rappelle que nous approchons de la Russie et de ses hivers; dans un endroit bien apparent, on a suspendu les saintes images : le Sauveur Jésus d'un côté, la Vierge Marie de l'autre.

En haut, où l'on accède par un bel escalier à rampe de bois, une longue chambre, qui sert de dortoir, avec cinq ou six lits, rangés l'un à côté de l'autre ; deux vieux bahuts en marqueterie, assez curieux ; un cor de chasse, un vieux képi militaire, souvenir du régiment ; sur une tablette, la « Collection des lois de l'Empire », ou Code autrichien.

Le fermier nous montre sa maison avec une bonne grâce et une aisance parfaites. Ce n'est pourtant qu'un simple paysan. Comme tous les paysans, du reste, il se plaint : les impôts sont assez lourds, et il est difficile d'écouler son bétail sur les marchés ; les droits de douanes notamment, sont trop chers pour l'entrée en Allemagne ; on souffre ici du voisinage de la frontière, qui est une véritable barrière et un obstacle pour le commerce.

Quand nous revenons dans la salle du bas, un jeune homme de bonne mine est installé à une table et il joue de la cithare ; il se lève pour nous recevoir, mais nous le prions de continuer. C'est un paysan de la contrée, qui vient d'accomplir son service militaire à Linz ; il a l'air fort intelligent ; il joue avec sentiment, et pourtant il n'a jamais appris une note de musique. Cet instrument a des sons d'une exquise douceur, et notre artiste rustique en tire uu admirable parti : tantôt c'est un air vif et joyeux, tantôt des accents mélancoliques, qui sortent de cette petite cithare, qui est comme un diminutif de la harpe ou un piano en miniature.

Soudain la porte s'ouvre : entre dans la salle une jeune et jolie paysanne, qui vient, sans façons et sans embarras, s'assseoir à côté du musicien. « Est-ce votre sœur? » lui demande F... Signe de tête négatif. « Votre femme? — *Nein!* — Votre fiancée? » — Regard intraduisible jeté sur nous et un autre échangé entre les deux jeunes gens, avec une expression indicible....

Si l'on fait quatre kilomètres de chemin du côté de Simbach, on rencontre Hochburg, le premier village autrichien, dont l'église offre une particularité intéressante. Qu'on se figure une chapelle mortuaire accolée à l'édifice principal, où la piété des habitants a rassemblé, sur les gradins, tout autour de l'autel, toute une collection de crânes et de têtes de morts : ces têtes, on sait à qui elles appartenaient, et les noms sont inscrits dessous, en gros caractères, avec la date de la mort. Il en est qui remontent jusqu'à deux cents ans et plus. Parfois on a eu la bizarrerie de peindre en bleu cette pauvre dépouille, et le nom est inscrit en lettres d'une autre couleur. Les chandeliers, la croix de l'autel sont plantés dans des têtes de mort; le bénitier est un crâne humain. Pour peu que vous ayez l'imagination vive et exaltée, je ne vous engagerais pas à venir passer la nuit dans ce funèbre caveau. Voyez-vous un rayon de lune se jouer sur ces têtes luisantes, aux yeux caves, à la figure grimaçante? à certain moment, il vous semblera peut-être qu'elles se remuent, s'agitent, s'unissent entre elles pour je ne sais quelle danse macabre et quelle horrible fête!

Allons-nous-en bien vite; mais n'allons pas bien loin, seulement sous le vestibule de l'église. Nous trouverons encore là des emblèmes de la mort, mais peut-être avec un élément de gaieté. Qu'on nous le pardonne, pour une pauvre petite fois!

Les enfants de Hochburg qui sont morts au service du pays, n'ont point, naturellement, de place dans le cimetière; mais, pour éterniser leur mémoire, on a fait peindre leurs traits énergiques et leur figure martiale, et l'on a suspendu ces tableaux militaires aux murs du vestibule, avec des épitaphes plus ou moins senties, mais qui peuvent devenir divertissantes et attendrissantes tout ensemble. Ecoutez-en une, entre autres; elle est écrite en vers :

> Adieu ! mes chers parents et amis !
> Adieu ! mes frères et sœurs !
> Je suis là, enterré dans le sable,
> Au milieu d'un pays étranger.
> Je ne peux plus aller en congé;
> Vous ne pouvez plus me voir,
> Parce que, dans le lazaret,
> J'ai trouvé mon lit de mort.
> Vous ne pouvez pas aller à mon enterrement,
> Et vous ne verrez pas mon tombeau;
> Vous pouvez cependant prier pour moi,
> Afin que Dieu me prenne en pitié (1).

(1) Adie ! liebe Eltern und Freunde !
Adie ! liebe Geschwisterte heunte !
Ich liege verscharrt im Sande
In einem fremden Lande.
Ich kann nicht mehr auf Urlaubgehn,
Ihr werdet mich nicht, mehr sehn,

SOUVENIR
DE L'HONORABLE JEUNE HOMME
JOHANN WAGNER
DÉFUNT, FILS DE PAYSAN,
DANS LE BIEN (TERRE) DE STANDERER,
A STANDERER,
QUI, APRÈS AVOIR REÇU LES TRÈS SAINTS SACREMENTS
DE MORT, EST MORT A L'HOPITAL DE VIENNE
DE LA FIÈVRE NERVEUSE,
LE 29 SEPTEMBRE 1842,
A TROIS HEURES DU MATIN,
DANS LA VINGT-SEPTIÈME ANNÉE DE SON AGE,
APPARTENANT A LA 1re COMPAGNIE DE GRENADIERS
DU GRAND-DUC DE BADE

Dans le même vestibule, on voit une statue que l'on rencontre partout en Bavière et en Autriche, et qui représente le Christ au jardin des Olives, à genoux devant le calice d'amertume, pendant que les anges accourent pour le consoler : le Sauveur tient toujours entre les mains un beau mouchoir brodé, qu'on renouvelle de temps en temps avec soin. Inutile d'expliquer que la foi naïve de ces populations de l'Allemagne méridionale a voulu témoigner sa piété et sa compassion, au sujet de la sueur de sang et de l'agonie de l'Homme-Dieu.

J'ai voulu pousser un peu plus loin en Autriche, et certain dimanche j'ai pris, à six heures

Weil ich in dem Lazareth
Gefunden hab mein todten Beth.
Ihr konnt mit der Leich nicht gehn
Und werdet auch mein grab nicht sehn,
Doch beten kannt ihr für mich
Dass mein Gott erbarmet sich.

du matin, en compagnie de mon ami F..., la diligence qui va à Braunau, la ville la plus rapprochée de la frontière. Ce n'était pas sans regrets que je m'éloignais, même pour un jour, de Burghausen, et surtout ce jour-là, un dimanche! On me comprendra mieux quand j'aurai dit que tous les dimanches il y a messe militaire à l'église paroissiale, à dix heures du matin.

Le bataillon qui tient garnison ici, est réparti en deux casernes : l'une, située à l'extrémité du château ; l'autre, dans l'ancien collège des Jésuites, à l'entrée de la ville. C'est dans cette dernière que le bataillon se réunit tous les dimanches pour se rendre de là à l'église ; la musique joue, les soldats passent, toute la ville les regarde, ses 3,333 habitants sont là. C'est bien! mais à la sortie c'est encore plus beau. Pourquoi? Parce qu'il y a *Parade Marsch*, la parade!

Celui qui n'a pas vu une fois, dans sa vie d'homme et de Français, la parade militaire allemande, n'a rien vu, et il doit gémir sur sa malchance et son triste sort; mais je déclare que celui qui en a été témoin a emmagasiné de douces joyeusetés dans sa mémoire pour le reste de ses jours : au milieu des circonstances les plus solennelles, quand il aura toutes les raisons d'être triste et malheureux, sur son lit de souffrances, de mort même, le sourire viendra sur ses lèvres, s'il pense au *Parade Marsch....*

Voici donc ce que c'est que le *Parade Marsch :* Quand le bataillon des habits bleus bavarois sort de l'église, musique en tête, et que le

tambour-major fait des grâces, brandissant sa
canne de la main droite et le poing gauche
appuyé sur la hanche; que les soldats mar-
chent raides, compassés, le cou droit, les jambes lancées en avant, l'une emboîtant l'autre,
avec le sublime mouvement des petits soldats
de bois qui ont fait le bonheur de nos jeunes
années, de façon que tout le bataillon s'aplati-
rait par terre, sur le dos, au cas où l'une de ces
jambes dévierait d'une demi-ligne; quand les
jeunes lieutenants, rouges comme des coqs,
fiers de porter le casque pointu au lieu du casque à chenille d'antan, sanglés dans leur redingote ouatée et leur écharpe de service, ont l'air
d'affirmer leur supériorité sur toutes les milices
passées, présentes ou futures, y compris les
légions romaines, l'infanterie d'Espagne et les
grenadiers de Napoléon; à un moment donné,
la musique se range d'un côté de la place, le
major ou l'officier le plus élevé en grade lui fait
face, tenant la main à la hauteur du casque, et
les compagnies défilent. Mais chaque soldat,
arrivé à deux mètres du chef, avant de passer
devant, prend un air féroce, on ne sait pourquoi, tourne la tête de son côté d'un mouvement sec et le fixe avec des yeux flamboyants,
comme s'il voulait l'avaler par le travers. Cela
s'appelle le *Parade Marsch !!!...*

Que j'aime mieux les bons soldats de François-
Joseph! Au sortir d'une luxuriante forêt, un peu
plus loin que l'endroit où l'on découvre de la
route un admirable panorama, presque au con-

fluent de l'Inn et de la Salzach, nous rencontrâmes, ce dimanche-là, deux sous-officiers que je m'empressai de saluer et qui me rendirent mon salut très cordialement. Plus rien de guindé; de l'aisance dans les manières, de l'élégance même : on aurait dit des Français pour le costume et l'allure.

Braunau n'a rien d'intéressant : c'est une ville de 3,300 habitants, ayant une vaste place rectangulaire et un mauvais petit square, où l'on remarque la statue de bronze de Palm, par Knoll. Palm, libraire de Nuremberg, fut fusillé dans cette ville, en 1806, par ordre de Napoléon, pour avoir répandu un pamphlet intitulé : *l'Allemagne dans son plus profond abaissement*. C'était vrai alors; depuis, l'Allemagne s'est relevée. Cela durera ce que Dieu voudra.

Nous allâmes assister à la messe dans une église du quinzième siècle qui possède une jolie tour. Une voix de femme fit entendre à l'orgue l'*Ave Maria* de Gounod; il y avait à côté de nous un jeune et charmant sergent-major (*feld webel*), qui lisait ses prières dans un paroissien et montrait beaucoup de piété : je voudrais voir comment nos sous-officiers se tiendraient en pareille circonstance....

Relevé cette inscription sur une des tombes qui abondent dans les chapelles de cette église, et où l'artiste a évidemment jonglé avec les mots :

LEGE viator ac LUGE
Qui hic conditus
Illustrissimus Lotharius
L. B. de Weickel
DOCTOR simul et DUCTOR
MICABAT dum DIMICABAT
Triomphalem canitiem
Victoriis laureavit
Hostium sanguine purpuravit
Pietate chistiana candidavit. (1732).

Après avoir jeté un coup d'œil sur l'Inn, qui affecte des façons de grand fleuve devant la ville, nous donnons rendez-vous au conducteur de la diligence qui doit nous prendre dans une brasserie des faubourgs, et nous partons. Pourquoi faut-il qu'après avoir admiré les beaux officiers autrichiens, qui portent le skako, une coiffure militaire bien française, nous en ayons vu quelques-uns fraterniser avec des officiers allemands, de rudes reîtres à la moustache hérissée, au sabre traînant sur le pavé? Nous eûmes une consolation : rencontrant, quelques instants après, de braves soldats, nous leur offrîmes des cigares en avouant notre qualité de Français. Le cigare fit un tel effet, que l'on se sépara au cri de : « Vive l'Autriche! vive la France! » J'avais besoin de cela après mon petit séjour à Burghausen.

Je voudrais dire que nous trouvâmes une autre consolation dans notre demi-litre de bière : non! la bière allemande, décidément, rend difficile à jamais. Ce qu'il y a de joli, par exemple, ce sont les peintures que l'on décou-

vre sur les chopes qu'on vous sert : un homme
à genoux devant une délicieuse créature, et qui
avoue qu'il la trouvera bien plus à son goût,
si elle consent à payer ses dettes :

> *Du bist wie eine Blume*
> *So hott, so schon und rein !*
> *Bezahl mein schulden*
> *Du wirst noch schoner sein !*

Comme ces vers sont poétiques! et comme
c'est bien allemand!

Toujours le même enchantement, soit que
vous vous égariez dans les sapinières du côté
de Marktl, soit que vous remontiez la vallée de
la Salzach : c'est une succession de collines, de
bois, de fermes joliment entourées de prairies;
de clochers de chapelles, qui luisent entre les
bouquets de noisetiers et de chèvrefeuilles; et
toujours la forêt de charmes et de hêtres, où
bondissent les chevreuils, les lièvres et les écu-
reuils, où chantent les coucous et les fauvettes
à tête noire. Telle est la route de Mariahilf et de
Reitenhaslach. On est tout étonné de rencontrer
au milieu de ces campagnes une église comme
celle de Mariahilf (Notre-Dame de Bon-Secours),
enrichie au siècle dernier par un peintre de
Munich de fresques qui ont une grande valeur,
et tenue avec une excessive propreté. Quand
on arrive là, on trouve un brave menuisier qui
vous remet les clefs de l'église, des tribunes et
du clocher, et qui s'en va sans vouloir de pourboire. Je me rappelle notre ascension dans une

des tours, où nous voulûmes monter pour avoir
la vue du pays, et un grand balancier d'horloge
monumentale s'en allant de ci, de là, avec un
tic-tac solennel et lugubre comme le bras tendu
de la mort indiquant l'éternité : « Toujours!
jamais! » Il ne fallait rien moins que l'admirable vue que l'on a de là-haut pour nous remettre de notre émotion.

Quant à Reitenhaslach, c'est un château et
une brasserie. Autrefois, sur cet emplacement,
on voyait une riche abbaye de cisterciens; les
armes de l'abbé sont encore gravées sur la porte
d'entrée de la brasserie, avec la date de 1815.
Si l'on descend vers la rivière, on trouve une
petite auberge où l'on vous sert du cidre et où la
jeunesse du village danse au son de la cithare.

Reverrai-je encore ces beaux sites et ces fraîches campagnes parcourues par la froide Salzach, nourrie elle-même par les neiges des glaciers et des montagnes? pourrai-je encore che-
miner de compagnie avec l'excellent M. C...,
qui me contait sans cesse ni répit ses histoires
à *la mode de Thuringe?* c'est-à-dire, des histoires
qui commencent *ab ovo* pour ne jamais finir,
parce qu'il y a toujours un détail nouveau à
donner, détail arrivé il y a quarante ans, mais
retenu avec une sûreté de mémoire étonnante.
C'est dans le cours de ces conversations à bâtons
rompus que j'ai appris mille choses étonnantes,
comme cette bizarre coutume des paysans du
nord-est de la Bavière, qui bordent leurs chemins dans la campagne avec des planches et des

madriers sur lesquels on a inscrit le nom de tous les défunts de la localité, rappelant ainsi sans cesse aux vivants le souvenir des morts; c'est là qu'on me narrait tout au long les mystères fameux de la Passion d'Ober-Ammergau, que représentent tous les dix ans des artistes rustiques et habiles, en m'inspirant l'idée d'aller les voir (on les joue cette année-ci); c'est là qu'on faisait de si bonnes causeries avec les passants, bons paysans en veste jaune clair et pantalons en peau de cerf, tout en saluant de la main le postillon de la diligence de Tittmoning, qui en notre honneur prenait son cor et jouait admirablement le *Waldendacht* de Abt.

Tous ces paysans, encore une fois, sont simples, naïfs, hospitaliers. Dans les villes, hélas! c'est autre chose : je ne m'y fierais pas! On ne nous aime guère, et pourtant nous sommes les vaincus; nous avons perdu deux belles et chères provinces, payé cinq milliards, sans compter les rançons épouvantables exigées dans chaque cité, chaque village, sans parler des sacoches bien remplies de tous les officiers et autres revenant de France. C'est une tradition allemande depuis Blücher qui — c'est de l'histoire — envoyait nos porcelaines à sa femme en les lui recommandant par plus d'une lettre. — Il y a deux ou trois ans, un major, le baron von X..., a osé dire : « Que les Français ne se figurent pas que lors de la prochaine guerre, nous agirons comme autrefois et que nous ferons autant de prisonniers!! » Le misérable voulait donc insi-

nuer qu'on égorgerait les pauvres blessés ! Il ne
valait, celui-là, ni plus, ni moins que les autres ;
il disait ce qu'on répète souvent en Allemagne....
Les excellents Français qui voyagent ici, *par
hasard,* peuvent se laisser tromper quelquefois
par des dehors polis et séduisants ; on affecte
des formes courtoises, on prodigue les saluts et
les compliments. Voyez ces employés, ces bourgeois entrer dans un lieu public et passer devant
chacun, le chapeau à la main en disant : « *Jeh
habe die Ehre*.... J'ai l'honneur... ; » ils tournent
autour de vous une demi-heure pour vous forcer
à prendre la droite ; ils iront jusqu'à vous proposer le pacte d'amitié et du sang, comme dans
l'Afrique centrale : « *Sei mir Freund;* sois mon
ami ! » Est-ce politesse ? Non ! ils s'admirent, ils
étalent leur élégance, leur grâce ; ils posent,
rien de plus. Un ancien diplomate, M. de Men-
neval, en disant à peu près les mêmes choses,
les a bien jugés. Et je dirai, moi, à mes compatriotes : Oui, allez en Allemagne, étudiez les
Allemands ! mais n'oubliez pas ! et.... prenez
garde !

CHAPITRE XVIII

Ober-Ammergau. — Le « Passionspiel ».

Je reviens à Munich pour de là aller assister
à Ober-Ammergau au *Passionspiel*. Munich est
une ville pieuse; c'est avec une grande émotion que j'ai assisté à l'office du Mois de Marie
dans la belle église Saint-Louis de la Ludwig-
strasse, située entre le palais royal et l'Université. Un peuple nombreux remplissait ses trois
nefs, au bout desquelles apparaît la grande
fresque du Jugement dernier, de Cornélius,
éclairée par une croix lumineuse; ces gens-là
prient avec tout leur cœur et la grande voix
des fidèles répétant le « *Bitte für uns*, Priez pour
nous », vous saisit et vous met les larmes aux
yeux. Tous les rangs de la société sont là con-
fondus, et je voyais tout près de moi une servante et un officier supérieur en grand uniforme, côte à côte.

Le lendemain dimanche, il y a cent mille personnes dans les rues, d'après les journaux locaux. On court à la gare centrale, on l'assiège; il fait un soleil radieux; on veut la campagne, on va se promener sur le lac de Starnberg, dans la montagne. A la gare, on a distribué ce jour-là 4,500 billets pour Oberau, la gare du chemin de fer de Munich à Partenkirchen qui dessert le village d'Ober-Ammergau.

Je ne sais comment le service est fait en temps ordinaire, mais ce jour-là il l'est fort mal; tout le monde se plaint, y compris les gens du pays. On ne trouve pas de place; les billets coûtent assez cher; peu ou point de réduction; 13 marks en première, aller et retour. Ouf! me voici en wagon avec trois dames anglaises, dont une est venue déjà assister au *Passionspiel* il y a dix ans.

A Oberau, on trouve des voitures en quantité; nous sommes dans les montagnes; il faut monter, monter par une route excessivement pittoresque, bordée de précipices délicieux; autour de nous, des milliers de pèlerins ou touristes, à pied, en voiture. Du monde de partout; la note anglaise domine; l'agence Cook triomphe. Le temps est beau, les cimes neigeuses s'élèvent haut dans le ciel, les torrents bondissent sur les roches; voici Ettel avec le dôme de son abbaye; voici un sommet plus élevé couronné par une croix qui brille; voici la grotte de l'*Ours*. Nous arrivons; je donne mes 11 marks au cocher, je cours au *Rathaus* pour voir Caïphe.

Caïphe, le grand prêtre, n'est autre que M. Johann Lang, le bourgmestre, qui délivre les billets de spectacle et de logement; il siège dans la grande salle de la mairie avant de siéger au sanhédrin, au milieu de nobles figures et de barbes luxuriantes que nous retrouverons demain sur la scène grandiose. Pour 10 marks, j'ai une première place; pour cinq, une chambre chez un paysan du village.

Le village, il est plein, plein à ne pouvoir se remuer; il y a ici 6,000 personnes, sans compter les habitants. Cook triomphe plus que jamais; les Anglais et les Américains abondent, ils sont 500 au moins. On trouve de tout ici; ils ont voulu du confort : les dames auront des glaces, les messieurs du champagne, s'ils en désirent; les piétistes ont même une petite chapelle anglicane où on les entend chanter des cantiques. J'avoue que ceci m'a surpris; on m'a gâté un peu mon Ober-Ammergau. Cela ne fait rien; le bon paysan qui passe à côté de moi avec ses longs cheveux bouclés et me salue en souriant est toujours un simple, naïf et pieux artiste; on me dit que c'est l'apôtre Simon; ici, on ne peut faire un pas sans se heurter à un ange ou à un apôtre, et malgré les touristes de Cook, c'est encore un paradis! Mais allons voir le théâtre.

Le théâtre est un vaste parallélogramme; la scène en occupe la moitié. Les places sont disposées sur un plan incliné, de façon que tous les spectateurs jouissent également de la représentation. Ce qui fait une grande différence au

point de vue des prix, c'est d'avoir une place
abritée ou découverte. Lorsqu'il fait beau, les
places les meilleures sont celles à 5 marks (non
abritées) et placées immédiatement au-dessous
de celles à 10 marks, réputées comme les meilleures et naturellement retenues depuis de
longs mois par l'agence Cook. Les places à
10 marks restées libres avaient été prises pour
cette représentation par de bons paysans bavarois ou de beaux chasseurs tyroliens venus
là avec leurs costumes pittoresques : le chapeau
pointu, garni d'une fleur d'*edelweis* et de la
plume de coq traditionnelle ; le pantalon court
en gros drap gris, avec la veste échancrée à bor-
dures vertes sur un gilet de velours brodé en vert
et sur lequel on voit remuer, suspendue à la
chaîne de montre, une défense en ivoire de
sanglier. Leurs jambes brunes et nerveuses ne
sont protégées que par des jambières brodées,
ainsi que le gilet. Voilà dix ans qu'ils économi-
sent pour avoir les premières places à la représentation du Mystère! Aussi il faut voir avec
quelle attention ils suivent toutes les péripéties du drame qui se déroule sur cette large
scène que nous apercevons devant nous.

La scène, construite à l'imitation de celles du
moyen-âge, avec des divisions en largeur, est
tout à fait originale et nous donne déjà une
impression de spectacle étrange et saisissant.
Elle a 34 mètres de long sur 6 de profondeur.
En avant est le *proscenium*. Au milieu, s'élève
un théâtre couvert, de 10 mètres de large, où se

joueront les principales scènes du grand drame.

Cet espace est fermé par deux rideaux, le premier qu'on n'ouvre que trois ou quatre fois, et le deuxième qui sert constamment. Le premier, peint en gris, est fendu au milieu horizontalement, de manière à ce que lorsqu'il s'ouvre une moitié s'élève et l'autre moitié s'abaisse. Au milieu, on a peint le majestueux Moïse de Michel-Ange ; à droite et à gauche, les colossales figures des prophètes Isaïe et Jérémie. Le deuxième s'ouvre en se fendant verticalement ; il représente une draperie orientale, façon persane, sur laquelle se détachent les Tables de la Loi d'un côté, la Croix de l'autre. Au fronton triangulaire, le Christ, entouré des anges. Ce n'est plus cette année le serpent d'airain figuratif. Il n'y a pas non plus de loge royale, ni d'autres loges ; toutes les places du premier et du second rang sont, du reste, des strapontins, que ne dédaigneront point les altesses royales ou autres quand il le faudra.

Tout le théâtre est construit en bois, avec des planches ; on comprend maintenant pourquoi on lit dans les environs cette défense unique en Allemagne : *Das Rauchen ist in der Nähe des Theaters aus 20 metter Entfernung verboten.* Il est défendu de fumer à 20 mètres du théâtre.

Autrefois les représentations du Mystère étaient données dans l'église même du village ; puis on les donna dans le cimetière ; c'est en 1830 que l'on commença à bâtir le théâtre en planches sur la *Passionplatz,* la *Place de la Passion* actuelle, et tous les dix ans on rebâtit un nouveau local. C'est simple et primitif, si l'on veut, les planches; mais pas tant que cela encore! car les sièges sont bons, bien disposés. Et puis quel cadre! quel cadre extérieur que celui formé par ces montagnes noires se détachant sur le fond bleu du ciel et quelle senteur exquise apportée par les pins de là-haut!

Simple et primitif ce théâtre en planches, ai-je dit. N'est-ce pas la note qui convient à un Mystère? Ce jeu de la Passion est un mystère du moyen-âge, c'est l'accomplissement d'un vœu. « Les habitants du village, disent leurs archives, firent vœu, pour fléchir le Ciel, de faire représenter, tous les dix ans, par les habitants de la commune même, le mystère de la Passion. » Ils étaient décimés par la peste (1633); le fléau disparut, mais la solennelle promesse fut toujours tenue religieusement comme il convient, et ce qui fait l'attrait d'Ober-Ammergau en somme, outre celui qui est inhérent au sujet de la fameuse représentation, c'est bien ce sentiment religieux conservé et affirmé d'une façon éclatante dans un siècle, une *fin de siècle* où tous les sentiments sont émoussés, où la foi sombre, où la piété fait rire. Contraste curieux! pour ne pas employer d'autre mot, contraste frappant qui peut faire réfléchir les blasés et les sceptiques que nous sommes!

Comment donc! ils sont vraiment étonnants ces paysans! Leur moralité est irréprochable, disons-le, comme la moralité de presque tous les paysans allemands. C'est une chose que nos paysans à nous ne connaissent guère, cette moralité, si j'en crois par exemple certain romancier trop connu et trop réaliste ; mais qu'ai-je besoin de romancier ? j'ai des yeux, pour voir le spectacle désolant offert par nos villages des départements voisins de Paris et d'autres encore. A Ober-Ammergau, on prie, on communie avant de monter sur les tréteaux ; s'ils ne le font pas tous, beaucoup le font. Un auteur intéressant qui a écrit d'Ober-Ammergau en fort bons termes (1), disait ceci dernièrement : « Pendant l'ouverture exécutée par l'orchestre, tous, derrière la grande toile qui dérobe la vue de la scène au public, sont à genoux et tous *prient*.

Or, je ne sache pas qu'il y ait rien de plus touchant, rien de plus majestueux, que cette attitude de tout un peuple préludant par la prière au sacrifice ; cela est d'une beauté antique et il n'était pas bon qu'on l'ignorât plus longtemps. »

N'avais-je pas raison de dire qu'ils sont curieux et frappants, ces paysans ? Mais ils méritent d'autres compliments et nous y reviendrons.

Ainsi donc c'est un mystère du moyen-âge, de cette époque naïve où le peuple aimait et comprenait les cérémonies et les spectacles religieux, qu'il ne trouvait jamais assez longs, ni assez pompeux : ils écoutaient réciter soixante

(1) J. de Beauregard. *Le circulaire* 94.

mille vers, les braves gens, et ils restaient plusieurs journées de suite à les écouter. Or, l'Allemagne, l'Autriche, le Tyrol, la Bavière, plus
que tous les autres peuples, ont conservé la fidélité aux traditions des ancêtres, et il est à pré-
sumer que s'ils n'ont pas été encore gâtés par
la civilisation moderne dans ces montagnes,
ils ne le seront pas d'ici longtemps; ils conser-
veront donc comme le leur recommandait leur
roi Louis II, un artiste, on le sait, « ils conser-
veront tout ce qui concerne le jeu de la Passion
avec la plus grande piété; ils ne toucheront pas
à l'ancienne tradition, ni au texte, ni à la musique. »

Le texte le plus ancien du mystère, qui existe
encore à Ober-Ammergau, date de 1662; il a été
remanié par les bénédictins d'Ettal au XVIII° siècle et au commencement du XIX°. Les deux
principaux auteurs de la refonte du manuscrit
sont le Père Ottmar Weiss, bénédictin, et son
élève le Révérend Louis Daisenberger, curé
d'Ober-Ammergau, prédécesseur du curé actuel.
Jusqu'en 1880, chose curieuse! personne, si ce
n'est les acteurs, ne possédait le texte. Deux
hommes de lettres de Munich le sténographiè-
rent alors, au cours des représentations, et c'est
ainsi qu'il nous a été permis de le posséder; on
l'a traduit dans toutes les langues : j'en ai vu
plusieurs traductions anglaises.

Quant à la partition musicale, on la doit au
maître d'école et organiste du village, Roch
Dedler; elle date de 1814, telle que nous l'avons

maintenant ; mais elle intervient dans le texte
dès 1750. Les tableaux vivants furent inspirés
par le P. V. Weiss : presque tous sont des reproductions de tableaux de maîtres fameux.

— Les places se remplissent ; la représentation va commencer ; il est huit heures moins
le quart ; ce sont les secondes à gauche qui
paraissent les moins peuplées ; tout à coup,
trois coups de canons retentissent. Les Anglais
affluent, les *clergymen* sont en nombre ; je vois
un personnage ecclésiastique allemand, qui à
son costume doit être un évêque ou un *monsi-
gnor*, s'asseoir à côté d'un ministre barbu en
longue redingote et à collet blanc ; mais j'aban-
donne le coup d'œil offert par la salle, bondée
par 6,000 spectateurs, pour regarder la scène.

Par les galeries latérales qui avoisinent les
maisons de Pilate et d'Anne, aux deux bouts de
la scène, le chœur arrive, conduit par le coryphée. La représentation va durer jusqu'à cinq
heures et demie, — ceci est à noter, — avec
un seul entr'acte qui durera une heure et demie,
vers midi.

Le coryphée s'avance avec le cortège d'anges ;
lui tient le milieu de la scène, la face tournée
vers le public, comme ses compagnons ; ils sont
au nombre de vingt : six hommes, quatorze
femmes. Ils portent des costumes simples, mais
fort riches : tous sont revêtus d'une tunique
blanche serrée à la ceinture par une cordelière
d'or et recouverte d'un manteau de couleur
éclatante, bleu, vert, rouge, rose ou violet.

Leurs mouvements sont pleins de grâce; ils lèvent les bras en chantant; jamais ils ne font le même geste que le voisin; une voix très pure et très belle part à gauche de nous. Pas de fard naturellement, et n'étaient les mains un peu gourdes de ces paysans et de ces paysannes, ces visages un peu tudesques, nous nous croirions transportés sur une des plus grandes et des plus sublimes scènes du monde artistique.

Deux parties bien distinctes dans la représentation : le chœur et le drame proprement dit.

Le chœur est chargé de la partie pieuse et symbolique du mystère. Les paysans d'Ober-Ammergau, qui ont conservé la pure tradition du moyen-âge et des moines de l'abbaye d'Ettal, inventeurs du drame, ont bien compris la connexion qui existe entre l'ancienne Alliance et la nouvelle. Toute l'histoire du peuple juif est la préparation et la figure de l'histoire du Christ et de son œuvre; nous aurons donc un double drame, si je puis m'exprimer ainsi, et une double représentation.

Ce n'est pas tout; si le drame est parlé, la partie symbolique du chœur est parlée et chantée alternativement. Qu'on ne s'imagine pas que tout cela est enfantin et primitif; nullement : nos paysans, sculpteurs de statuettes en bois pendant la journée, deviennent le soir des artistes d'un autre genre, et pendant toute l'année, sous la direction du curé et sans doute aussi d'amateurs distingués et intelligents, tels qu'on en trouve à Munich et qui sont venus souvent

les aider de leurs conseils, ils se préparent à ces
étonnantes représentations. Comment en pour-
rait-on douter quand on entend cette musique
délicieuse de l'orchestre d'accompagnement et
quand on voit ces décors brossés avec un soin et
une exactitude historique indiscutables ?

Le drame se divise en trois parties : la première, depuis l'entrée de Jésus à Jérusalem jusqu'au baiser de Judas; la seconde, depuis le
baiser de Judas jusqu'à la condamnation de
Jésus; la troisième, depuis la condamnation de
Jésus jusqu'à sa résurrection; en tout dix-huit
tableaux :

Ier tableau. — L'entrée de Jésus à Jérusalem.

IIe tableau. — Figure symbolique : Joseph
vendu par ses frères. — Les délibérations du
Grand-Conseil.

IIIe tableau. — Figures symboliques : le jeune
Tobie quitte sa mère. L'épouse du Cantique
pleure l'absence du Bien-Aimé. — L'adieu de
Béthanie.

IVe tableau. — Figure symbolique : le roi
Assuérus repousse Vasthi et élève Esther. —
Le dernier voyage à Jérusalem.

V^e tableau. — Figures symboliques : la manne
dans le désert. Le raisin miraculeux de la terre
de Chanaan. — La sainte Cène.

VIe tableau. — Figure symbolique : les fils de
Jacob vendant leur frère Joseph pour vingt pièces
d'argent. — La trahison de Judas.

VIIe tableau. — Première figure symbolique :
Adam accomplit la sentence divine; il bêche la

terre, couvert de peaux de bêtes, et Eve est au
milieu de ses enfants.

Deuxième figure symbolique : Joab perce
Amasa de son épée et lui donne en même temps
le baiser d'amitié. — Jésus au jardin des Oli-
viers.

D'autres figures symboliques citées par le livre que j'ai entre les mains ne sont point jouées.

La deuxième partie commence par le VIII° tableau. Figure symbolique : le prophète Michée
reçoit un soufflet pour avoir dit la vérité au
roi Achab. — Jésus devant Anne.

IX° tableau. — Première figure symbolique :
Naboth innocent est condamné à mort par de
faux témoins. — Deuxième figure symbolique :
Job supporte avec patience les injures de sa
femme et de ses amis. — Jésus chez Caïphe.

X° tableau. — Figure symbolique : Caïn saisi
de désespoir devant le cadavre d'Abel. — Le désespoir de Judas.

XI° tableau. — Figure symbolique : Daniel
accusé conduit devant le roi Darius. — Jésus devant Pilate.

XII° tableau. — Figure symbolique : Sam-
son emprisonné par les Philistins et lié entre
deux colonnes. — Jésus devant Hérode.

XIII° tableau. — Figures symboliques : 1° les
fils de Jacob montrent à leur père la robe ensan-
glantée de Joseph ; 2° le sacrifice d'Abraham.
— Flagellation et couronnement d'épines.

XIV° tableau. — Figures symboliques : 1° le
triomphe de Joseph en Egypte ; 2° la délivrance

du bouc émissaire selon l'ancienne Loi. — Jésus condamné à mort.

XVᵉ tableau. — Figures symboliques : Isaac obéissant à son père porte le bois du sacrifice. Les Juifs mordus par les serpents venimeux sont guéris par le serpent d'airain élevé par Moïse dans le désert. — Le chemin du Calvaire.

XVIᵉ tableau. — Jésus sur le Golgotha.

XVIIᵉ tableau. — Figures symboliques : 1° Jonas sort des entrailles de la baleine; 2° les Hébreux rendent grâce au Seigneur après le passage de la mer Rouge. — La Résurrection.

Tableau final. — Jésus apparaît, entouré de ses disciples, bénissant la foule. Il s'élève lentement vers le ciel, au milieu du chant triomphal de l'*alleluia*.

CHAPITRE XIX

Ober-Ammergau. — Le « Passionspiel ».

(Suite.)

Nous transportons le lecteur devant le *proscenium*. — Le texte
du mystère. — Rien d'américain. — L'entrée de Jésus à Jérusalem. — Séance du Sanhédrin. — Le Christ au Calvaire. —
Joseph Mayer. — Les prêtres. — Les apôtres. — Pilate. — Du
mauvais temps à Ober-Ammergau. — Recettes et traitements.
— Encore les soldats français, même à Ober-Ammergau.

Le lecteur qui n'a pas été à Ober-Ammergau,
se demande toujours naturellement comment
on peut parler là-bas et comment les paroles du
texte du mystère jointes à l'action et à la mise
en scène peuvent produire cet effet splendide
que l'on sait. Je ne puis mieux le lui expliquer
qu'en citant le texte même. Qu'il se figure donc
qu'il est assis en bonne place devant le *proscenium*. Celui-ci est vide, mais tout à coup paraissent les anges de chœur, conduits par le
coryphée. Ils s'inclinent gravement et respectueusement devant les spectateurs, les bras
croisés sur la poitrine, et le coryphée parle pour
la première fois :

O race infortunée, toi que la malédiction de Dieu a frappée,
    Prosterne-toi dans un saint étonnement !
La paix t'est rendue ! Le soleil de la grâce luit encore pour
L'Eternel ne sera pas toujours irrité contre toi,   [Sion !
        Bien que son courroux soit légitime.
        « Je ne veux pas la mort du pécheur ! »
        Dit le Seigneur. « Je lui pardonnerai !
            Il vivra ! Le sang de mon Fils
                Achètera son pardon ! »
Accepte nos louanges, nos adorations, nos pleurs de joie,
                O Eternel !
Mais, Dieu trois fois saint ! comment l'homme qui n'est que
                            [poussière
Oserait-il plonger son regard dans l'obscur avenir ?
Contemplez le secret divin ! Là-bas sur la montagne de Moria
Le sacrifice qui va s'offrir figure le sacrifice du Calvaire.

Est-il, je le demande, des paroles plus nobles,
plus élevées? Est-ce un drame vulgaire que
celui-là? Sont-ce des acteurs comme les autres
que ceux-ci? Non évidemment. « Nous sommes
maintenant parsuadés d'une chose, dit M⁰ Paris,
c'est que nous allons assister non pas à un
spectacle ordinaire, mais à une sorte de service divin.... on sent que les chanteurs prient
en chantant et chantent en priant.... Nous ne
pouvons nous en empêcher, nous prions nous-
mêmes; nous nous sentons emportés dans un
monde divin.... » On comprend parfaitement
que ces acteurs-là refusent obstinément toutes
les offres d'un *impresario* ou d'un Barnum quelconque, qui voudrait les promener jusqu'à Chi-
cago en leur donnant un peu d'or et en s'attri-
buant à lui-même un nombre considérable de
dollars. C'est que ces acteurs sont des chrétiens

qui accomplissent là une chose chrétienne, un vœu : tout le secret de leur désintéressement et de leur fierté est dans ce mot.

Aussitôt que le coryphée a cessé de parler, le chœur se sépare en deux parties de chaque côté de la scène : le rideau s'entr'ouvre et on a devant les yeux le premier *tableau vivant :* Adam et Ève chassés du Paradis terrestre; puis le second : le sacrifice d'Abraham.

Maintenant nous arrivons au premier tableau du drame, l'entrée de Jésus à Jérusalem. Celui-là est attendu impatiemment. C'est la scène première du premier acte. On entend dans le lointain l'Hosannah, chanté par les enfants; ceux-ci s'avancent par une des deux rues de Jérusalem, qui sont sur les côtés; ils forment une procession, les plus petits qui ont quatre ou cinq ans marchant devant les plus grands, chantant, agitant des branches de palmiers ou les jetant à terre; des hommes, des femmes, des vieillards les suivent et quelques-uns étendent leurs vêtements sur le sol. Et enfin, il paraît, Lui, ce Jésus, Fils de David, monté sur une ânesse conduite par l'apôtre Jean. Alors les mères élèvent leurs nourrissons dans leurs bras et leur montrent le prophète, le béni du Seigneur. Le chœur de la foule éclate :

> Salut à toi ! Salut à toi, fils de David !
> Salut à toi ! Le trône de tes pères
>   T'appartient !
> O toi qui viens au nom du Très-Haut,
> Israël, ravi, accourt au-devant de toi.

Nous te louons !
Hosannah ! que celui qui habite au plus haut des cieux
Te couvre de sa protection !

. . . .

Salut à toi, Fils de David !

Par une autre rue on voit venir le grand prêtre, les scribes, les docteurs. Jésus est descendu de sa monture. Le théâtre du milieu s'est transformé en vestibule du Temple; les marchands de l'Evangile vendent leurs colombes. Jésus s'avance vers eux, et c'est le commencement de la seconde scène; il parle :

« Que veut dire ceci? Est-ce ainsi qu'on déshonore la maison de mon Père? Suis-je dans la maison du Seigneur ou sur la place d'un marché? Les étrangers venus des pays idolâtres pour adorer ici le vrai Dieu, prieront-ils parmi cette bande d'usuriers? Et vous, prêtres, gardiens du Saint des Saints, vous tolérez l'abomination dans le Temple du Seigneur? Malheur à vous! Celui qui sonde les cœurs sait bien pourquoi vous tolérez de tels scandales!

LES MARCHANDS

Que nous veut celui-ci?

LE PEUPLE

Ne le connaissez-vous pas? C'est le grand prophète de Nazareth!

JÉSUS AUX MARCHANDS

Hors d'ici, serviteurs de Mammon! Je vous

l'ordonne. Prenez ce qui est à vous et quittez le lieu saint!

LES PRÊTRES

Pourquoi troubler ces gens-là? Tout cela n'est-il pas destiné aux sacrifices? Comment osez-vous défendre ce que le Grand-Conseil permet? »

Jésus bientôt renverse les tables et les comptoirs et chasse les marchands à coups de cordes. Ceux-ci s'enfuient pour revenir un peu après trouver les prêtres et crier vengeance. L'action est désormais engagée.

Des grands seigneurs qui causeraient entre eux, des magistrats, des véritables prêtres ne parleraient pas mieux que nos paysans jouant les rôles des membres du Sanhédrin et délibérant sur les moyens de perdre Jésus :

« Frères vénérés, dit Caïphe, prêtres et docteurs du peuple! un évènement extraordinaire est l'objet de notre réunion d'aujourd'hui. Je laisse à notre digne frère Nathanaël le soin de vous en instruire. »

Nathanaël, un jeune prêtre, beau, grand, de manières distinguées, commence d'une voix bien timbrée et insinuante :

« Ne vous étonnez pas, mes frères, si vous avez été convoqués ici à une heure inaccoutumée. Ce dont nous avons eu l'humiliation d'être aujourd'hui les témoins ne vous est que trop connu. Vous avez assisté à l'entrée triomphale du Galiléen dans la ville sainte, vous avez entendu l'Hosannah d'un peuple insensé, vous avez été témoins de la manière dont un présomptueux s'est attribué l'autorité du grand prêtre. Que manque-t-il encore à la ruine de tout l'ordre religieux et civil ? Encore quelques jours et la sainte loi de Moïse sera étouffée par les innovations de ce faux docteur.... »

En entendant parler cet acteur, je me disais : Très certainement les sanhédristes ennemis de Jésus devaient parler ainsi. J'admirais ce jeune paysan s'exprimant avec une si parfaite aisance et des gestes si nobles. Il est singulièrement doué et je devais l'admirer plus d'une fois dans le cours du drame : notamment lorsqu'il excite le peuple contre Jésus; c'est, — pour employer une expression d'artiste, — *c'est nature !*

Nous ne pouvons évidemment tout citer; à mesure que nous avançons vers le dénouement, l'intérêt grandit, les yeux sont rivés sur la scène et on ne se lasse pas d'entendre ce texte si beau, si grand dans sa simplicité. Qu'on nous permette pour finir une ou deux citations encore.

C'est dans la scène IIIe du 15e tableau : Le chemin du Calvaire.

Le centurion tend une fiole à Jésus qui porte sa croix en chancelant :

« Tiens! prends cela pour te donner des forces ! »

Le divin condamné refuse de boire.

QUATRIÈME BOURREAU

« Allons! remue-toi, roi paresseux!

DEUXIÈME BOURREAU

Rassemble tes forces !

TROISIÈME BOURREAU

Ne le traitez donc pas si doucement! Il faut bien qu'il avance. »

Puis un peu après :

« Il est trop faible, il faut que quelqu'un l'aide à marcher, sans cela....

UN RABBIN, *montrant Simon*

Cet étranger ne pourrait-il pas?...

UN PHARISIEN

Demandez-le lui.

LE CENTURION

Approchez, jeune homme, vous avez de larges épaules....

SIMON

Que voulez-vous de moi? Allez-vous m'obliger?

QUATRIÈME BOURREAU

Oui, nous t'obligerons; et sans cela gare aux coups!

SIMON, *regardant Jésus*

Que vois-je? Le saint prophète de Nazareth!

DEUXIÈME BOURREAU

Allons! prête tes épaules!

SIMON

Ce n'est point pour leur complaire, c'est pour votre amour, ô mon Maître, que je vais leur obéir! Oh! puissé-je ainsi mériter votre miséricorde!

JÉSUS *épuisé, se soulevant*

Que la bénédiction de Dieu descende sur toi,
Simon, et sur les tiens! »

Tout cela est d'un naturel achevé, comme les
insultes des bourreaux qui crient : « Voilà tout
ce que l'on fait pour toi, on t'ôte ta croix! Te
faut-il encore autre chose? » comme la répri-
mande du centurion : « Laissez-le en paix! Ar-
rêtons-nous encore un instant ici pour qu'il
reprenne un peu haleine, avant de monter le
plus rude. » Caïphe, le grand prêtre, lui, s'in-
digne : « Encore un arrêt! Quand arriverons-
nous là-haut, si nous allons de cette manière? »
Visiblement cet officier romain ne paraît pas
enchanté de la besogne qu'on lui a confiée et il
incline à la clémence et à la douceur vis-à-vis
d'un pareil criminel. Aussi nous ne sommes
pas étonnés de l'entendre sur le Calvaire, après
la mort du Christ, prononcer ces paroles mémorables :

« Quelle patience dans ses souffrances les plus
atroces! Quelle noble tranquillité! Quel touchant appel vers son Dieu au moment suprême!
Oh! oui, une pareille attitude laisse. entrevoir
quelque chose de plus grand encore! oui, vérita-
blement, cet homme était le Fils de Dieu! » Et
pendant qu'il tient ce discours, il regarde le
groupe des prêtres, ces furieux ennemis de
Jésus, avec un air de mépris indicible....

Ceux-ci, qui ont à peu près assouvi leur rage,
semblent à leur tour terrifiés par l'annonce

des évènements extraordinaires qui se sont accomplis dans Jérusalem. Un serviteur du Temple a fendu la foule sur le Calvaire et il est venu se précipiter aux genoux de Caïphe en s'é-criant :

« Grand pontife, Sanhédrin révéré, quelque chose d'épouvantable vient de se passer dans le sanctuaire du Temple! J'en tremble encore de tous mes membres.

CAIPHE

Qu'est-ce donc ? Est-ce que le Temple... ?

ANNE

S'est-il effondré ?

LE SERVITEUR

Non ! mais le voile du sanctuaire s'est tout à coup déchiré, un fracas épouvantable s'est fait entendre; il semblait que la terre allait s'entr'ou-vrir !... »

— Encore quelques réflexions à vol d'oiseau; il y aurait tant à dire ! Aussi bien, je vois encore dans ce cadre imposant et poétique les gracieux chanteurs ailés, chardonnerets et fauvettes, ve-nir se poser sur les poutres transversales de notre toiture d'abri, pendant la pièce et, sans nul souci, dans le grand silence des spectateurs, unir leurs voix aériennes aux voix du chœur, au grand émerveillement de tous.

J'ai dit un mot de ce chœur qui joue ici un rôle si important; le costume du coryphée vaut, dit-on, cette année, 800 marks; ceux des anges du chœur, chacun 100 marks.

Dans le premier tableau, *l'entrée de Jésus à
Jérusalem,* on voit en scène une foule énorme,
peut-être sept ou huit cents personnes, hommes,
femmes et enfants; l'âne marche doucement;
le fameux Joseph Mayer, qui fait le personnage
de Jésus, descend de l'humble monture avec
une dignité incomparable. Rien en lui de ridicule; mais bien au contraire la majesté, l'onc-
tion, la douceur, le geste bénissant; oh! il a
bien étudié et scruté l'Evangile, ce paysan-là!
C'est un savant et un docteur, c'est un chrétien
et un véritable artiste; tous les yeux se tournent
vers lui, comme bien on pense, et en vérité ici
il n'y a nulle désillusion. Cela est absolument
vrai.

Il est vêtu d'une robe grise avec le manteau
rouge carmin porté à l'antique, en sautoir. C'est
lui! c'est bien lui! tel que nous nous le figurons
depuis notre pieuse enfance, le Jésus historique,
celui de l'Evangile, du Chemin de la croix, et
aussi le Jésus des grandes conceptions artistiques! Désormais, notre cœur va à lui et le drame
d'Ober-Ammergau devient non pas une simple
curiosité, mais un acte religieux et comme une
sorte de pèlerinage de dévotion.

Tous les costumes de la foule énorme qui est
là sont d'une rigoureuse exactitude; on pense
bien que j'avais été rôder quelque peu dans les
coulisses du vaste théâtre : au milieu de ces
costumes appendus aux murs et aux cloisons,
j'avais cru errer dans les vestibules et les ves-
tiaires du célèbre temple de Sion, une des mer-

veilles de l'univers. Les figures des hommes sont bien juives; ce sont des barbes noires et blanches idéales, très soignées, et pendant de longues années. La tiare des prêtres est d'un grand effet; leurs habits sont étincelants.

Dans la scène première du 2° tableau, *l'assemblée du Grand-Conseil*, les deux grands prêtres sont magnifiques. Caïphe a l'éphod et le rational, la lame d'or sur laquelle est écrit le nom de Jéhovah. A noter les marbres du fond et la disposition de la salle à l'antique.

Les apôtres sont très réussis. Pierre a la tête caractéristique, le front chauve, l'air un peu naïf; il porte une robe bleue et un manteau jaune; Jean (1), à la figure imberbe et si douce, si affectueuse, porte la robe verte et le manteau rouge; Judas, qui a une tête crépue, frisée, hirsute, porte la bourse suspendue à la ceinture; tous ont à la main de grands bâtons surmontés d'une boule, le bâton du marcheur....

C'est surtout dans la Cène que les apôtres sont beaux; le lavement des pieds a lieu avec une dignité rare; je ne crois pas que l'on puisse mieux rendre l'Evangile; et quand Jésus impose les mains sur le calice, quand il communie les douze, qui ont pour ce grand acte déployé leurs manteaux en chape, quand on entend dans le lointain le chœur chanter, l'impression est grande et profonde. Je convie tous les prê-

(1) Pierre Rendl, qui a joué le rôle de Jean en 1890, est dit-on désigné pour remplacer Joseph Mayer dans le rôle du Sauveur en 1900.

tres et tous les artistes à venir ici, ils ne me démentiront pas; pour moi j'ai été remué profondément et j'ai presque pleuré quand j'ai suivi les regards ineffables de Pierre et de Jean attachés sur leur divin Maître.

Même impression quand paraît la Vierge, qui a une attitude si discrètement touchante, et quand Madeleine verse du baume sur la tête du Sauveur. « Maître! » dit-elle — « Marie! » répond Jésus. Ces deux mots valent des pages et des discours bien longs !

Non pas cependant qu'il n'y ait rien du tout à redire. Les chœurs sont peut-être un peu longs, quoiqu'ils donnent du temps pour le changement des décors et qu'ils expriment des sentiments fort élevés. Les figures des femmes sont plutôt un peu vulgaires et ne valent pas celles des hommes; Madeleine ne rend pas tout à fait l'idéal qu'on s'est créé…. Joseph Mayer, qui a tenu le rôle du Christ en 1870 et en 1880, est déjà âgé et a dépassé les trente-trois ans de Jésus, car ses cheveux et sa barbe grisonnent; Pierre paraît un peu vieux; Caïphe a le même âge que son beau-père Anne; Pierre entre trop facilement dans le prétoire du grand prêtre et y semble attendu; mais les détails disparaissent dans le grand tout.

Le préfet Pilate apparaît comme un vrai gentilhomme, très ennuyé d'avoir à tremper dans cette affaire avec d'ignobles Juifs aux instincts pervers et haineux. Il y a un endroit du 14e tableau : « Jésus condamné à mort », la scène

deuxième, où tout le peuple de Jérusalem est
sur la scène avec les prêtres qui l'excitent à
demander la mort de Jésus; celui-là est vécu.
Enfin, nous arrivons aux grandes scènes du
portement de croix et du crucifiement. Dans la
première, chaque détail est à examiner. D'a-
bord, le décor : une rue de Jérusalem admirablement reproduite, la foule bariolée — 700 personnes au moins, — les prêtres dédaigneux et
superbes, les bourreaux insouciants, la Vierge
et les saintes femmes pleines d'émoi, les soldats
romains ennuyés de leur corvée, le centurion,
le bâton à la main, veillant à tout, rigide dans
sa discipline; le porte-étendard à cheval avec
la lance surmontée de l'écusson marqué
S. P. Q. R., Jésus, enfin, chancelant, brisé,
agonisant, le visage convulsionné, la véritable
attitude du martyr et du divin Martyr.

Dans la 2ᵉ grande scène, Jésus apparaît en
croix au milieu des deux larrons crucifiés. Il
parle, il meurt; par un ingénieux *trucage*, les
nuages et les ténèbres envahissent la scène au
moment de la mort; on lui perce le flanc et le
sang coule le long du corps. Les prêtres et le
peuple sont terrifiés. C'est beau, grand, sublime!

La descente de croix est d'une exécution difficile, mais réussie à souhait; c'est, je crois, la
reproduction du célèbre tableau de Rubens.
Enfin, nous voyons la Résurrection et l'Ascension, autres reproductions, celles-ci de Raphaël;
et le joyeux *alleluia* clôture ces tableaux saisissants et ces émotions.

Nul incident à noter pendant la représentation parmi les spectateurs, si ce n'est peut-être
celui fourni par un élément avec lequel il faut
compter : le mauvais temps, qui peut venir
s'abattre à un moment donné sur les acteurs et
les gens placés aux dernières places, devant le
proscenium et l'orchestre.

Nous avons eu beau temps en général, et les
montagnes étaient bien belles à contempler
derrière le frontispice du théâtre; mais, vers
10 heures, voilà qu'un nuage crève. Le chœur,
qui arrive en plein air, ne bronche pas; il continue à chanter comme si rien n'était; une
partie des spectateurs se lasse et ouvre les
parapluies; ceux qui sont derrière ne voient
plus; un *tolle* s'élève : « Asseyez-vous ! crie-t-on;
fermez les parapluies! » Un spectateur grin-
cheux tombe à coups de canne sur un malheureux riflard et le coup retentit avec un *floc* désastreux; on rit un peu et le spectacle se poursuit. Dès le commencement, les dames et les
messieurs, placés au premier rang, avaient enlevé leurs chapeaux avec une bonne grâce qu'il
faut reconnaître.

Une question qui vient naturellement à l'esprit du lecteur : Quelles sont les recettes qui
peuvent être encaissées à Ober-Ammergau? Il
ne faut pas craindre de traiter cette question-là;
elle est tout à l'honneur des bons paysans bavarois.

Au xviiie siècle, les représentations ame-
naient toujours un déficit dans la caisse com-

munale; le premier bénéfice date de 1810 :
343 florins. En 1880, le chiffre des recettes a été
pour quarante représentations de 330,000 marks
ou 412,500 fr. En 1890, pour le même nombre
de représentations, on a encaissé 700,000 marks,
soit 875,000 fr. Les frais ont absorbé 300,000 fr.,
et on a affecté le reste à des œuvres pies et
réparti une certaine somme entre tous les acteurs. Ainsi Mayer (le Christ) a eu 2,500 fr., le
bourgmestre Lang (Caïphe) 1,625 fr., le coryphée, le chef d'orchestre autant; Pilate, Jean,
Pierre, Judas, chacun 1,125 fr. Les enfants
avaient 50 fr. ; les jeunes gens de 100 à 250 ; les
sanhédristes, un millier de francs; les hommes
du peuple 375 fr. La Vierge a eu 1,000 fr., Madeleine 750 fr.

Non ! les acteurs ne jouent pas pour de l'argent et voilà ce qui explique leur jeu merveil-
leux, voilà ce qui fait qu'Ober-Ammergau n'est
pas seulement un théâtre, mais un pèlerinage.
Il y a longtemps que ceci a frappé les observa-
teurs impartiaux. L'un d'eux écrivait en 1840 :
« Quel zèle, quelle abnégation! que de sacrifices! avant que cet orchestre, ce chœur, les
tableaux vivants, les scènes dramatiques,
tout enfin ait pu atteindre une pareille perfection. »

Le protestant Devrient écrit en 1850 : « Pour
jouir pleinement de cette représentation sin-
gulière, il faut perdre de vue le théâtre impérial de Berlin; mais cela fait, on jouira d'un
incomparable spectacle religieux, et l'on expé-

rimentera en son âme les plus belles, les plus
nobles émotions. »

Enfin M. G. Monod a dit dans la *Revue critique,* en parlant de notre mystère : « C'est une
création artistique unique en son genre, étrange
et belle à la fois, absolument indépendante de
toutes nos habitudes et de toutes nos conven-
tions théâtrales. »

— Les Français ont-ils été nombreux à Ober-
Ammergau en 1890 ? Je ne sais, mais ils ont
pourtant été plus nombreux qu'il y a dix et
vingt ans. Sait-on qu'en 1800, toute une armée
française était sur les gradins du théâtre, ap-
plaudissant les bons paysans ? Allez à l'église
du village, sous la tribune des orgues, à gauche, vous verrez suspendus cinq boulets, trois
gros et deux petits. Ce sont des boulets à nous,
lancés par des canons français dans la vallée
d'Ober-Ammergau, et la grande pancarte noire
qui est là tout auprès avec une inscription,
supplie le Dieu des armées d'épargner désormais à la paisible vallée une semblable épreuve.
Que Dieu entende cette prière ! Mais qui peut
connaître l'avenir ?...

Ce qu'il y a de curieux, c'est que le spectacle
du doux Sauveur et de ses doux apôtres puisse
encore évoquer des souvenirs belliqueux.

On raconte que Joseph Mayer partit en guerre,
en 1870, avec l'autorisation de porter ses longs
cheveux sous le casque bavarois ; mon hôte, qui
avait en scène un rôle de licteur romain, me rappelle lui, qu'en 1870, il jouait le rôle d'artilleur.

CHAPITRE XX

Ratisbonne. — Nuremberg. — Wurtzbourg.

Les *fraüprofessorin* au marché de Ratisbonne. — Curieuses fantaisies gastronomiques. — A la *Wurstküche* : Ce qu'on y voit. — Au *Bischofshof* : Ce qu'on y dit et entend. — L'excursion de la *Walhalla*. — Une autre vieille cité. — Maintenant tout aux étudiants. — Visite à une *kneipe*. — Description d'une pipe de corporation. — Les sobriquets. — Organisation des corps. — Du duel universitaire. — *Baviera para vivir !*

Le moment du retour est arrivé et je vais l'effectuer par Ratisbonne, Nuremberg et Wurtzbourg. Un voyageur qui se respecte ne peut faire moins que de jeter un coup d'œil sur les vieilles cités de l'Allemagne du Sud et de la bonne Bavière. J'y ai, du reste, des amis Français et je veux en passant leur serrer la main.

Belle gare à Ratisbonne comme dans toutes les villes allemandes et toujours même décor. Une avenue de beaux arbres conduit à la ville. Ne cherchez pas ici dans le caractère général une apparence guerrière et féodale comme dans d'autres endroits que nous avons vus ensemble. Non ! A droite et à gauche de notre avenue, une promenade plantée de marronniers qui contourne la ville, et nous voici à la porte d'entrée. De larges fossés, qui jadis protégeaient Ratisbonne, aujourd'hui sont convertis en jardins et tendent à disparaître. C'est pourtant un premier indice historique. Devant nous s'allonge toute droite une rue monotone, la *Maximilien-strasse*....

Je suis déjà très au courant de la vie allemande pour avoir bien observé pendant ce voyage et pour être venu déjà nombre de fois en Allemagne. Vous ne savez pas ce que c'est que toutes ces respectables matrones, marchant tranquillement, flanquées d'une bonne portant un panier débordant de provisions; elles ont une tenue superlativement digne, un maintien majestueux et se saluent entre elles comme si elles étaient issues de la cuisse de Jupiter; des reines, des princesses, quoi ! Ah ! mais ! Ce sont, voyez-vous, les *fraüprofessorin, rathin;* toutes les femmes des professeurs royaux, des très royaux et innombrables employés de l'administration allemande et bavaroise, cette administration que l'*Europe leur envie.*

Et tout en les regardant, — coup d'œil qui fait plaisir, elles sont éclatantes de santé, de dignité et de félicité, — j'arrive dans la pleine bousculade du marché et je suis sur la place de la Cathédrale dont les deux tours dominent majestueusement le brouhaha. De chaque côté de la place, c'est un alignement très régulier de hottes, derrière lesquelles siègent les marchands, paysans des deux sexes venus des villages voisins. Les femmes en jupons courts et manches bouffantes, les hommes en culottes de cuir, vestes

courtes et gilets ornés en guise de boutons de
vieilles pièces de monnaie, thalers et silbergross
à l'effigie de tous les Ludwigs et Maximiliens
qui se sont succédé sur le trône de Bavière.

Jouant des coudes, je traverse la foule et dans
une rue étroite, bien féodale celle-là, rappelant
la rue des Bouchers à Francfort, me voici obligé
de boucher mes oreilles.

> Qui frappe l'air, grand Dieu! de ces lugubres cris?

De tous les paniers et de toutes les hottes
sortent des clameurs perçantes, horribles, épouvantables.... C'est un festival de.... petits co-
chons de lait. Ce qu'on en vend et ce qu'on en
achète, ce qu'on en consomme à Ratisbonne,
est une chose invraisemblable. Toute *fraüprofessorin,* toute femme de *betriebs director* quelconque, toute ménagère se croirait déshonorée,
si elle ne rentrait au logis avec cet intéressant
animal qui fait les délices des gourmets teutons.
Ein Spanferkel, ein liter Bier (1), voilà qui repose joliment des travaux et des soucis admi-
nistratifs !

Nous reviendrons à la bière. Mais à quelques
pas de là j'aperçois le *Rathaus,* édifice sombre
et irrégulier des xive et xviie siècles, où se tenaient, s'il vous plaît, les diètes de l'Empire. J'ai
les oreilles encore pleines de l'assourdissant
vacarme des petits pourceaux et il m'est impossible de me recueillir devant le fauteuil impé-

------

(1) Un cochon de lait, un litre de bière.

rial et d'évoquer le souvenir du capuchon du P. Joseph. Oui vraiment du P. Joseph, frère Leclerc du Tremblay, l'*Eminence grise*, le confident du cardinal de Richelieu, celui devant qui les seigneurs et les courtisans se courbaient jusqu'à terre. Il est venu ici à la diète de Ratisbonne, en 1630. Et ce n'est pas le seul Français qui soit venu ici; tout le monde sait que Napoléon Ier prit Ratisbonne non sans coup férir, ni sans y être lui-même blessé.

Par une autre rue étroite, encombrée de charrettes et bordée de curieuses maisons, après avoir franchi une porte sous laquelle passaient jadis les escortes des électeurs, j'arrive sur le pont du Danube. Un vieux pont aux puissantes arches, contre lesquelles gronde le fleuve et qui comme tout pont qui se respecte a sa légende, une légende où le diable intervient toujours; témoins le bonhomme et le coq taillés dans la pierre et regardant la cathédrale. Ce bonhomme c'est l'architecte qui a vendu son âme à Satan, mais Satan n'a eu qu'une âme de coq! et voilà un Satan bien désappointé, comme on pense....

Vue de ce pont, Ratisbonne est réellement belle et pittoresque. Ce fleuve impétueux, ce décor moyen-âge, cet enchevêtrement de toits, cette vieille porte au bout du pont, ces tours, ces fenêtres étroites ont un très grand cachet.

Mes regards courent le long des quais et aux pieds d'un grand bâtiment aux fenêtres innombrables, petites, irrégulièrement disposées, aux toits en saillie se terminant en arêtes, je vois une maisonnette, autour de laquelle une foule énorme se presse. — Qu'est-ce donc que cela? J'y cours. Spectacle inoubliable! Ils sont une centaine là-dedans, empilés les uns sur les autres, paysans, bourgeois, soldats sanglés dans leur tunique, chanoines au ventre proéminent, professeurs en lunette, mangeant, pilant, avalant, dévorant des mètres de saucissons et de saucisses. Et pendant qu'ils dévorent, la galerie les contemple d'un œil féroce, car la galerie a faim et claque des mâchoires comme une meute à la curée. Aussi les sièges occupés ne le sont pas longtemps. Dix minutes, un quart d'heure; le temps d'avaler son mètre, et pan! d'autres consommateurs s'emparent des chaises, vides pendant une demi-seconde.

Cette petite maison est la célèbre *Wurstküche*, la cuisine aux saucisses; son propriétaire fait 40,000 francs de bénéfices par an.

Rien qu'à voir manger des saucisses, cela m'avait donné soif. Je demande où se trouve une autre maison célèbre à Ratisbonne, le *Bischofshof*, la brasserie de l'évêque. — « Là, tout près, *herr*, à gauche de la cathédrale. » — Bon! j'y parviens sans peine, mais j'aurai de la peine à y trouver de la place. Les nombreuses et vastes salles regorgent de consommateurs.... Miséricorde! Quel spectacle pantagruélesque! Quelles capacités stomachiques ils possèdent, ces honnêtes Bavarois!

Une petite bonne en tablier rose à bavette me toise et me dit :

« Le Monsieur désire-t-il entrer dans la chambre des prêtres?

— Comment donc! Mais certainement et tout de suite. »

J'étais sauvé. Dans une salle oblongue, ils sont trente, assis autour d'une grande table ovale, fumant et buvant. Il n'y a pas rien que des prêtres; il y a aussi des laïques : on les reconnaît à leur costume respectif. Quand j'entre, je saisis sur ces figures vénérables un sentiment d'étonnement. Je vois qu'on m'a reconnu comme n'étant pas du cru et je romps la glace en m'écriant en langage ecclésiastique, celui que j'avais entendu employer si souvent autrefois en Autriche-Hongrie :

« *Dignentur Reverentiæ vestræ, me in lingua latina audire : melius erit, credo, et hœc est lingua vestra* (1).

— *Bene! bene!* » répondent-ils tous.

Et alors je dis que je suis Français; ce qu'ils accueillent sans sourciller. Pendant ce temps-là, une autre petite bonne à bavette, chargée spécialement de cette salle avait placé devant moi le *halbe liter* (2) de rigueur, et moi, l'élevant à la hauteur des yeux, je dis :

« *Prosit! domini!* A vos santés !

— *Prosit! domine.* A votre santé! » répliquèrent-ils.

La conversation était engagée. Ils me décli-

____

(1) Permettez-moi, Messieurs, de parler le latin qui est aussi votre langue.
(2) Demi-litre.

nèrent leurs noms et qualités. C'étaient des prêtres de la campagne ou des ecclésiastiques attachés à la cathédrale; l'un d'eux, directeur de
je ne sais quelle école de musique, m'interro-
geait sur la France et les Français.

« Que devenez-vous là-bas ?

— Heu ! Nous nous recueillons, nous pansons
nos plaies, nous reprenons des forces....

— Oui, bien ! je sais; mais la France manquera
toujours d'une grande qualité : le respect de
l'autorité. Cela vous ne pouvez pas le nier.

— Il y a du vrai dans ce que vous dites, peut-
être, mais avouez vous-même que nous vous
faisons toujours peur. Il serait si agréable de
boire sa bière et de fumer son cigare sans appré-
hension d'aucune sorte.

— Oui, sans doute. Vous troublez toujours la
paix de l'Europe et du monde, vous autres....

— Voulez-vous que nous ne troublions plus
la vôtre, dis-je, en m'arrogeant une mission
diplomatique qu'on ne m'avait point confiée au
quai d'Orsay, tenez, c'est bien simple; les deux
peuples redeviendront bons amis et nous crie-
rons : *Vivat Germania mater!...* Rendez l'Alsace
et la Lorraine.... »

Le directeur de l'école de musique se leva; il
avait du sang aux yeux et il répondit d'une
voix saccadée par l'émotion :

« Jamais ! Monsieur, jamais ! Nous prendrions
plutôt, s'il le fallait, le casque et le fusil que de
rendre ce qui a été si chèrement acquis. Ne
comptez pas là-dessus. Nous ferions plutôt une

révolution que de rendre ce qui est pays allemand ! »

Un grand crucifix ornait le mur principal de
la salle; c'est que nous étions dans une maison
d'église. La brasserie appartient à l'évêque de
Ratisbonne ou du moins au Petit-Séminaire du
diocèse qui, comme on le pense bien, tire de là
de jolies redevances. Du reste, entrez dans une
auberge là-bas, vous y trouverez toujours le
crucifix et des images de piété mêlés aux portraits du roi ou du prince régent Luitpold. Quelquefois on a placé à la porte un bénitier, tout
comme dans une église, et le soir venu, on
récite la prière en commun; une *kellerine* commence à haute voix, tout le monde répond et
on se quitte en se souhaitant le bonsoir : « *Guten
abend wunch ich!* »

Je n'ai pas parlé de la cathédrale qui rappelle celle de Strasbourg et qui est de 1275.
Elle est précédée d'un porche triangulaire assez
original, et une galerie à balustrade fait le tour
du toit. Dans l'intérieur plusieurs monuments
funèbres des évêques de Ratisbonne.

Quand on est en visite ici, on fait l'excursion
obligatoire à la *Walhalla* ou temple de l'Honneur, et pour ce, on prend le bateau à vapeur
près du pont et on s'arrête à Donaustauf, à deux
heures de là, sur la rive gauche. La Walhalla,
placée à l'entrée de la forêt de Bavière, est un
grand monument en marbre blanc, se détachant
bien sur un fond sombre de verdure. Un escalier
gigantesque de 250 march s, u recoupé de ter-

rasses, amène là-haut. Le pavé est en mosaïque et toutes les ornementations, les statues et les bustes des grands hommes allemands, tous les sièges et candélabres sont rangés dans un bel ordre, de façon à flatter l'œil, même d'un colonel prussien. C'est allemand. Pour éviter d'endommager le monument, le visiteur est forcé de fourrer ses pieds dans de monstrueux chaussons de feutre, que le gardien lui présente. Au demeurant tous ces bonshommes avec leurs yeux blancs sont parfaitement ennuyeux. La vue au dehors, cette immense plaine qui s'étend au loin, ce beau Danube bleu qui y serpente et les magnifiques forêts de sapins, constituent un spectacle infiniment plus grandiose.

— Nuremberg, sur la Pegnitz avec 100,000 habitants, dont la plupart sont protestants (dans cette catholique Bavière), est un des endroits les plus curieux du monde auquel s'applique parfaitement tout ce que Victor Hugo dit de Baccarach sur le Rhin. Un géant qui du haut du ciel aurait laissé tomber de petits cubes, de petits cylindres, des joujoux de forme polygonale et qu'il aurait coiffés avec des éteignoirs, voilà! Et pas seulement dans un petit coin. C'est toute une ville conservée, telle qu'elle était au XVIe siècle, au temps d'Albert Dürer, son enfant le plus remarquable, dont on montre encore la maison.

Et quelles belles églises que celles de Saint-Laurent, de Notre-Dame de Saint-Sebald! Quelles belles fontaines que la *Belle Fontaine, Schœne*

Brunnen! que la fontaine de la Vertu ! que celle de l'Hôtel-de-Ville ! que celle de l'*Homme aux oies !*

Un tas de choses intéressantes à Nuremberg, mais que je renonce à décrire : le musée germanique, le pilier de la grande salle du Rathaus, où l'on voit une exécution par la guillotine en 1522. Docteur Guillotin, guillotinez-vous ! Le tabernacle de Saint-Laurent est une merveille pyramidale. Le château est intéressant à visiter. Brrrr ! j'ai encore froid dans le dos en pensant à ce que j'y ai vu : cette chambre de la question avec la *Vierge de fer !* On enfermait le patient dans l'intérieur d'une bonne grosse dame, intérieur hérissé de pointes et probablement de lames de rasoirs, comme dans certain conte de Perrault que j'ai lu, il y a trente-cinq ans, et on le secouait fortement. Je vous laisse à penser dans quel état de bouillie le malheureux sortait de là.

Par un contraste singulier, Nuremberg, qui jouait ainsi avec la vie des hommes dans les temps passés, est aujourd'hui la ville où l'on fabrique le plus de joujoux pour les enfants. Qui ne connaît de réputation au moins les joujoux de Nuremberg ? Lecteur, j'ai parcouru la ville en tous les sens, m'extasiant sur les pignons pointus, les cours à galeries, les fenêtres en saillie, les statues de saints suspendues aux coins de ces maisons maintenant huguenotes et parpaillotes, les escaliers vermoulus accrochés à l'extérieur : or, je n'ai pas vu une seule poupée, ni une seule boîte de soldats de plomb !

— Je suis reçu à Wurtzbourg, sur le quai de la gare, par un étudiant de l'Université. Grand, gros, énorme même, la tête coiffée d'une microscopique casquette entourée d'un ruban vert, blanc et rouge; le même ruban en sautoir sur le gilet, voilà le portrait de mon ami Anton. Et ce n'est pas un Allemand; c'est un Français des provinces annexées, né en Allemagne du reste et n'en étant guère sorti; mais qui ne le reconnaîtrait pour un Allemand, sous l'extérieur qu'il a? La crème des hommes, par exemple, le cœur sur la main, un penseur; les qualités françaises et teutonnes réunies; cela s'arrange encore mieux qu'on ne pourrait le supposer. J'en ai été convaincu après avoir vu et entendu l'ami Anton.

Il est étudiant en médecine et il me pilote à travers une ville d'aspect agréable et propret, toute pleine de collègues à lui. C'est le soir; les collègues sont sortis de leurs chambrettes ou de leurs amphithéâtres. La ville est à eux. Plus d'étude; une récréation qui durera jusqu'à minuit.

Des églises tout plein Wurtzbourg : la cathédrale romane, *Hauger Kirche, Marien Kapelle, Michels Kirche, Neuban Kirche, Peters Kirche, Neumunster Kirche,* et *Saint-Burkhard,* de l'autre côté du Mein, qui passe ici. Un magnifique jardin entourant le Palais-Royal, bâti en 1720 sur le modèle du palais de Versailles. Un splendide hôpital, l'hôpital Julius, fondé par l'évêque de Wurtzbourg, Julius Echter de Mespelbrunn :

c'est ici que viennent travailler les étudiants, qui sont 700 environ, presque tous appartenant à la Faculté de médecine.

Dîner sous une gloriette, dans un restaurant champêtre, au vin, car le vin est remarquablement bon ici. Puis, à la brasserie. Mon étudiant me conduit à la brasserie où se réunissent ses camarades. On nous introduit dans une petite salle fort bien meublée et on nous sert deux demi-litres d'*Augustiner-Münchener-Bier*, la bière des Augustins.

« C'est notre bière », dit Anton, « nous n'en buvons pas d'autres. »

Les étudiants ne sont pas très nombreux autour de nous. Quelques-uns seulement qui entrent et sortent, la badine sous le bras, s'inclinant, se cassant en deux plutôt, d'un mouvement sec, quand ils passent près de nous.

« Voyez-vous, dit Anton, d'un ton grave, — nous, nous avons des défauts, tout comme les autres. Mais, je préfère infiniment mieux la vie de l'étudiant allemand à celle de l'étudiant français : celui-ci s'abrutit dans des plaisirs innommés et qui ruinent sa vie; nous, nous avons la bière et elle nous suffit. Le soir, quand on a bu cinq ou six demi-litres, on n'éprouve plus qu'un besoin : celui de rejoindre son lit et d'y dormir à poings fermés. Le lendemain on n'en travaillera que mieux. »

Il désire me montrer sa *kneipe*.

La *kneipe* est la salle appartenant à la corporation, à une des corporations (*verein*) d'étudiants, et où trois fois par semaine ils tiennent leurs assemblées ou *commers*, sous la haute direction d'un président ou d'un vice-président appelé *champion,* celui qui répond de l'honneur du corps. Nous n'avons rien de semblable chez nous et c'est organisé ici d'après les traditions antiques et un invariable usage. Est-ce bon ? est-ce mauvais ? Je ne puis juger ; dans tous les cas, ils ont l'esprit de corps, ces Allemands, il faut le reconnaître. Quand on est sorti de l'U-niversité et qu'on est devenu un personnage, on se souvient toujours de la *kneipe,* comme un ministre se souvient en France, de l'Ecole polytechnique et traite un simple petit ingénieur des ponts-et-chaussées ou un officier d'artillerie de « cher camarade. » L'Empereur Guillaume n'a pas manqué, après ses enivrants triomphes de Cologne, d'aller à Bonn, où il a fait ses études, et de fraterniser dans sa *kneipe,* avec les jeunes, orné qu'il était des couleurs de la société.

Ce n'est pas aujourd'hui jour de *commers ;* sans cela j'eusse été invité à m'asseoir à cette table de chêne, au centre de laquelle sont gravées les armes de la corporation d'Aschaffenbourg.

Au mur, le blason du corps toujours ; dessous les casquettes des étudiants bordées des trois couleurs, verte, blanche, rouge ; des rapières, des inscriptions, les couleurs et les armes des corporations amies.

Au-dessus de la table, suspendues au plafond, deux immenses cornes de buffle, cerclées d'argent dans la partie évasée : ce sont les coupes d'honneur qu'on remplit dans les occasions solennelles et qu'on vide à la ronde. Sur les rayons d'une petite bibliothèque des rangées de petits volumes : ce sont les recueils des chants à l'usage des réunions. Quand ils sont tous ici, le président se lève, frappe sur la table avec une rapière et crie :

« Prenez le chant n° 2 du *Commersbuch!* » Et tous de hurler en chœur, en tenant leurs longues pipes à la main, le litre de bière placé devant chacun d'eux.

Oh! ces pipes! Anton m'en a donné une, que j'ai encore devant moi présentement. C'est tout un poème.

Imaginez le dernier modèle sorti des magasins et manufactures de Wilhelm Imhoff, de Cassel, pas très long : trente centimètres; le foyer en porcelaine blanche, composé de deux parties : un réceptacle inférieur très ventru, dans lequel vient s'emboîter le fourneau proprement dit, énorme, capable de contenir 40 grammes de tabac, la quantité qu'on nous vend en France pour 50 centimes. Sur le fourneau on a imprimé d'abord le chiffre de la corporation, ses couleurs et si vous voulez, une inscription pompeuse comme celle-ci : *Palatia, seis Panier!* Voici nos armes : Palatia! Et puis les noms de tous les membres du corps dans l'ordre suivant :

Aff	Pump
Bier	Rausch
Brandt	Reif
Cunz	Schild

Fass	Schnaps
Goi	Spitz
Hahn	Spund
Loch	Suff
Pabst	Sumpf
Pech	Ulk

Wurf

Doctor

Quelques noms sont intraduisibles, mais vous y trouverez ceux-ci en bon français : Trou, robinet, poix, pompe, ivrogne, gelée, enseigne, roquet, bondon et marais.

Ce sont des sobriquets, bien entendu, dont la plupart s'appliquent à la noble coutume d'ingurgiter sans fin, sans repos ni trève, des quantités incommensurables de la liqueur chère à Gambrinus. Tout étudiant qui veut entrer dans une corporation doit préalablement se soumettre aux épreuves de rigueur. Il reçoit un nom de baptême et il est baptisé : on l'arrose de bière.

Pour en finir avec ma pipe, ce glorieux instrument a aussi un tuyau de vingt à vingt-cinq centimètres de long, et qui est composé de trois parties qu'on peut dévisser séparément : le bout du haut recourbé, une partie tissée avec du crin, et qui est molle, une autre en bon et beau merisier, le tuyau proprement dit, assez gros de diamètre. Où la chose devient intéressante, c'est quand on dévisse ledit instrument; on trouve dans l'intérieur du gros tuyau un appendice qui peut causer au novice une certaine émotion : c'est une cartouche. Rassurez-vous pourtant, jeunes étudiants ; c'est une cartouche inventée par l'ingénieux Imhoff, de Cassel ; elle recèle dans ses flancs au lieu de poudre une petite éponge longitudinale, composée d'une sorte de ouate légère et destinée à absorber la nicotine. On la change tous les huit jours.

« Nous avons adopté ce système, me disait mon étudiant en médecine ; c'est le plus hygiénique que je connaisse ; avec cela, on peut fumer toute la journée. »

Dans les corporations deux sortes de membres : les *burschen*, membres proprement dits et les *fuchs*, postulants. Ceux-ci apportent les chopes, allument les pipes, ouvrent et ferment les portes, et finalement sont les domestiques des premiers, pendant un stage plus ou moins long. Quand ils se sont signalés par quelque action d'éclat et ont reçu nombre d'estafilades, on les reçoit *burschen* à leur tour.

Il y a des étudiants libres et on les appelle les sauvages (*wilden*) ; généralement cependant, tout étudiant appartient à un corps. Certains corps qui ne sont composés que de jeunes gens nobles et riches ont pignon sur rue, c'est-à-dire de fort beaux hôtels à eux, où l'on mène une vie de prince.

Cela ne fait rien ! J'eusse bien voulu assister à une séance de *commers* dans une *kneipe !* J'avoue que j'aurais joui énormément en voyant mes bonshommes s'égosiller en chantant :

> *Gaudeamus igitur,*
> *Dum juvenes sumus;*
> *Post exactam juventu'em,*
> *Post molestam senectutem*
>   *Nos tenebit humus.*
>   *Vivat academia!*
>   *Vivant professores !* etc., etc. (1).

J'aurais voulu les voir exécuter avec leurs chopes des roulements sur la table sans renverser une seule goutte et puis les vider d'un trait. J'aurais voulu voir une cavalcade de *fuchs,* à califourchon sur leurs chaises et tournant autour de la salle. Ce sera pour une autre fois.

Dans la rue, les étudiants allemands ne portent plus les vestons à brandebourgs ni les hautes bottes à l'écuyère; du moins je ne les ai pas vus accoutrés ainsi. Je les ai vus la bouche en cœur, faisant des grâces, le lorgnon sur l'œil et prononçant d'un ton de suprême élégance ces mots qui reviennent à chaque instant dans la conversation : « *Natürlich !* » (naturellement !) en appuyant sur *tür,* et *Unberufen !* le mot qu'on met à toutes les sauces et qui équivaut à notre : « Ce qu'à Dieu ne plaise ! » Ils disent cela et bien d'autres choses en s'admirant de tout leur cœur.

Dans nos courses à travers la ville, Anton m'avait amené au fond d'une rue, dans une es-

---

(1) Amusons-nous pendant que nous sommes jeunes. Après la jeunesse et la triste vieillesse, la terre nous aura. Vive l'académie! Vivent les professeurs ! etc.

pèce de grange assez noire; en m'y introduisant il me dit que c'était la salle où ont lieu les combats d'étudiants de sa corporation.

On se bat toujours dans un endroit couvert et à huis clos et on déploie pour ces sortes de combats un appareil extraordinaire, à la barbe de la police qui fait semblant de ne rien voir.

Les deux adversaires se déshabillent, ne gardant que le pantalon; mais on va voir qu'ils sont bien vêtus tout de même :

Sur la poitrine, une chemise en grosse toile écrue. Puis un plastron très épais qui monte jusqu'aux aisselles.

Puis une triple cravate entourant le cou.

Puis un fort gant à crispin serrant la main droite.

Puis des bandes ouatées enveloppant le bras droit, du poignet à l'épaule.

Puis des lunettes de fer dépourvues de verre et qui protègent pourtant bien les yeux.

Les voilà placés l'un devant l'autre, le pied droit touchant une raie tracée à la craie sur le plancher et qu'ils ne peuvent dépasser. Deux témoins, un pour chaque adversaire se tiennent en face l'un de l'autre aussi, formant la croix avec les combattants : ils ont la tête couverte d'une casquette à large visière et le bras protégé par un long gant ; ils tiennent chacun une rapière pour parer les coups maladroits.

Il y a encore un juge du camp, et c'est à lui qu'un des témoins s'adresse en ces termes, en le saluant : « Nous demandons la permission pour

un duel à la rapière, sans casquettes, avec témoins, d'une durée de quinze minutes ou jusqu'à ce qu'un des adversaires soit mis hors de
combat. »

Ceci posé, il ne reste plus qu'à se taillader
convenablement le crâne, les oreilles et le nez.
Pourquoi faire? Pour rien : tout au plus pour
exécuter fièrement un *Parade Marsch* dans
les brasseries et sur les places publiques. Pour
quelle raison? Pour rien ou pour des riens.
Quelquefois il y a des luttes homériques entre
différents corps et même des corps appartenant
à des villes universitaires différentes et très
éloignées l'une de l'autre. Cela rappelle le combat des Trente.

Nous l'avons dit à propos de Heidelberg : c'est
tout simplement stupide.... Qui sait, maintenant
que j'ai prononcé ce mot, si je ne recevrai pas
moi-même cinq ou six cartels venant de Bonn,
Fribourg, Tubingen, Berlin et Munich?...

— Assis sur la terrasse d'un restaurant d'étudiants, en plein air, devant la rivière, avec les
deux tours de l'église Saint-Burckhard et les
vignes qui l'entourent en face de nous, le lendemain, nous fêtions mon départ et c'était moi
qui offrais à déjeuner à mon ami Anton.

« Laissez-moi, m'avait-il dit, je composerai le
menu. »

Deux plats de viande, deux verres de vin,
d'un quart de litre chacun, et deux autres pour
le dessert; un vin blanc fort bon, j'ai dit, venant
des coteaux d'en face. Après le déjeuner la note.

Je lis sur un bout de papier que me tend le garçon : Deux *marks* vingt *pfennig* ! Et nous avions fait un repas de Lucullus ! A l'hôtel, quand je demande combien, — c'était un très bel hôtel où l'étudiant m'avait conduit, — on me demande un *mark* vingt-cinq *pfennig*.

C'était pour rien. La Bavière est un pays de cocagne ; on le savait déjà. Il ferait bon y vivre avec de petites rentes, bon aussi d'y mourir, car on serait assuré d'y recevoir les sacrements et d'avoir des prières sur sa tombe. Le proverbe espagnol dit :

> *Francia para vivir,*
> *Espana para morir* (1),

Moi ! je tiens pour la Bavière, qui réunit les deux qualités ; seulement.... mes amis de là-bas, écoutez ! nous ne ferons cela, que lorsque vous aurez rendu.... ce que vous savez !!...

(1) C'est en France qu'il faut vivre, en Espagne qu'il faut mourir.

FIN

TABLE DES MATIÈRES

CHAPITRE VI. — *Fribourg et environs.*

CHAPITRE VII. — *Francfort et le Taunus.*

CHAPITRE VIII. — *Cologne. — L'Empereur.*

CHAPITRE IX. — *Cologne. — L'Empereur.* (Suite.)

CHAPITRE X. — *Cologne. — L'Empereur.* (Suite.)

CHAPITRE XI. — *A Aix-la-Chapelle.*

17021 — Laval, imprimerie Chailland, rue des Béliers, 2.

DELHOMME et BRIGUET, Editeurs, 13, rue de l'Abbaye, PARIS
3, Avenue de l'Archevêché, LYON

NOUVELLES PUBLICATIONS ET RÉIMPRESSIONS

Le Livre d'or français

LA MISSION DE JEANNE D'ARC

Par Frédéric GODEFROY, *lauréat de l'Académie française et de l'Académie des Inscriptions et Belles-Lettres.*

Ouvrage illustré de quatorze encadrements, de frises, ornements et culs de lampe du XVᵉ siècle.

Un beau volume grand in-8. Prix, broché . . . 6 fr.
Reliure spéciale, riches ornements dorés . . . 9 fr.

(L'Académie française a décerné à cet ouvrage le prix Monthyon).

Le même ouvrage, avec un portrait inédit de la Pucelle, en chromolithographie, tiré d'un manuscrit du XVᵉ siècle, et de quatorze compositions originales, imprimées en camaïeu, de *Claudius Ciappori-Puche.*

Un splendide volume in-4. Prix, broché . . . . . . 16 fr.
Reliure spéciale, dos en chagrin, riches ornements dorés. 24 fr.

Trois Artistes chrétiens

MICHEL-ANGE, RAPHAEL ET H. FLANDRIN

Par M. François BOURNAND, *professeur d'esthétique et d'histoire de l'art à l'École professionnelle catholique,*

Avec une préface sur *la Renaissance et l'art chrétien en Italie* avant Michel-Ange, par M. L.-Ov. Sceibe

Un beau volume grand in-8 illustré de nombreuses gravures.
Prix, broché. . . . . . 6 fr.

HISTOIRE DE FRANCE
Par M. LAURENTIE

Continuée depuis 1830 jusqu'à nos jours, par M. A. RASTOUL

Septième édition. — Dix volumes in-8. Prix . . . . 50 fr.

On vend séparément :

Origines et Moyen-Age, 3 volumes in-8. . . . . 15 fr.
Temps modernes et Révolution, 3 volumes in-8 . . . . 15 fr.
Consulat, Empire. Restauration, 2 volumes in-8 . . . 10 fr.
La Monarchie de Juillet et la deuxième République, 1 vol. in-8. 5 fr.
Le second Empire et la troisième République, 1 vol. in-8 . 5 fr.

ESSAI SUR LE TIERS-ÉTAT RURAL
ou
LES PAYSANS DE BASSE-NORMANDIE AU XVIIIᵉ SIÈCLE

Thèse pour le doctorat ès lettres présentée à la Faculté des lettres de Caen, par l'abbé P.-D. BERNIER, ancien élève de l'école des Carmes (Paris).

Un volume in-8. Prix . . . . 6 fr.

AU LOIN

Souvenirs de l'Amérique du Sud et des îles Marquises

Par Aylic MARIN

Un beau vol. gr. in-8. Dessins d'A. de Bar, G. de Mare et R. Beau.
Prix. . . . . . 6 fr.

Beau et bon livre, écrit par un marin qui a vu et bien vu; écrit par un homme de cœur et de talent. Le volume a bon aspect; il est élégant, parfaitement imprimé, orné de dessins et de cartes qui sont toujours les bienvenus pour le lecteur.

C'est qu'il s'agit ici de contrées peu explorées et peu connues. *Au loin!* qui donc va si loin? Si j'en juge par ma propre expérience, on va facilement en Orient, en Chine même, et aussi dans l'Amérique du Nord; mais dans l'Amérique du Sud, là-bas, vers le détroit de Magellan et chez les Fuégiens, non! Il faut pour cela être de service à bord d'un beau croiseur de la division du Pacifique. C'était le cas de M. A. Marin.

Il nous narre son voyage d'une façon si française, si instructive, si alerte, si enjouée! Il a fait le grand tour du nouveau monde et vu les jeunes civilisations et les vieilles sauvageries.

D'abord Montévidéo, puis les déshérités de la terre désolée et glacée, puis le Chili tout fier encore de sa victoire inespérée sur de puissants voisins, puis les Marquises, puis le Pérou, puis l'Equateur.

Je recommande au lecteur l'histoire d'un certain Robin, qui n'était pas un homme, mais un mouton, et celle d'un nommé Kuamua qui, au lieu de manger du mouton, avait mangé sa belle-mère avec laquelle il ne s'accordait pas. Çà et là, le récit est illuminé par de douces figures sauvages où la beauté et la bonté resplendissent; ce que certainement on ne s'attendait pas à rencontrer dans les parages de Nuka-Hiva. Mais là où je deviens franchement l'ami de l'auteur, c'est quand il nous trace le portrait de l'évêque des Marquises, S. G. Mgr Dordillon, de la congrégation de Picpus, qui fut missionnaire pendant quarante-deux ans dans l'archipel, et quand il nous raconte la poétique histoire de Rose de Lima, la douce patronne de l'Amérique du Sud. Oui, il fallait un Français, un marin et un chrétien pour nous redire cela.

(*Le Monde.* — L'abbé L. Vigneron.)

PAR DELA L'ADRIATIQUE ET LES BALKANS

AUTRICHE MÉRIDIONALE, SERBIE, BULGARIE, TURQUIE et GRÈCE

Par l'abbé HAMARD, de l'Oratoire de Rennes.

Un beau vol. gr. in-8 avec de nombreuses gravures. Prix. 6 fr.

Sous ce titre, M. l'abbé Hamard donne ses impressions et d'intéressantes observations faites au cours d'un voyage de vacances, entrepris en 1889 dans le sud-est de l'Europe. Les excursions de ce genre, ayant pour principal objet le repos de l'esprit, ne sont généralement présentées que sous la forme d'un récit où le pittoresque et les aventures tiennent la plus grande place; l'auteur ne s'est pas contenté d'une œuvre aussi facile, peu en rapport d'ailleurs avec ses habitudes d'analyse. Sans négliger ce côté toujours attrayant, il étudie successivement l'état des contrées qu'il traverse, leur histoire et leur avenir.

Nous n'avons pas à insister ici sur l'intérêt de cet ouvrage; il s'est déjà recommandé lui-même à nos lecteurs, M. l'abbé Hamard ayant bien voulu leur donner, dès 1889, la primeur de quelques-unes des bonnes pages de son livre. (*Cosmos.*)

COLLECTION VARIÉE — PUBLICATIONS RÉCENTES

UN POÈTE-APOTRE
OU
LE R. P. LÉON BARBEY D'AUREVILLY
MISSIONNAIRE EUDISTE
Par le R. P. Joseph DAUPHIN, de la Congrégation de Jésus et de Marie.
Deux beaux volumes in-8. Prix. . . . 8 fr.
On vend séparément :
Vie du R. P. Léon d'Aurevilly, 1 volume. . . . . . 4 fr.
Choix de ses poésies, 1 volume . . . . 4 fr.

Un Poète-Apôtre, voilà un titre heureux et parfaitement justifié. Le frère du fameux polémiste et du hardi prosateur que Lamartine appelait « le duc de Guise de la littérature », était un poète d'une richesse étonnante et d'une prodigieuse facilité. « Il portait des rimes comme, au printemps, un pommier de Normandie porte des fleurs... Les vers jaillissent du cœur et de l'esprit du poète avec un naturel parfait ; ils traduisent en un langage simple et clair, sans aucune recherche et sans nul effort, des pensées élevées, des sentiments généreux, de hautes et nobles inspirations. » (*Revue de France*. — M. Edmond Biré.)

Mais, ce qui vaut mieux encore, le R. P. Léon d'Aurevilly était fou de l'amour de Dieu, comme l'ont été les saints, et son cœur brûlant aurait voulu incendier toutes les âmes du feu de ce divin amour. Pendant trente ans, il a dépensé ses forces et sa vie pour le salut des pécheurs dans le dévorant labeur des missions. Enfin, très versé dans la science de l'ascétisme, il était un admirable guide des âmes, et rien n'est plus ravissant que ses nombreuses lettres de direction. C'est donc aux âmes pieuses que nous recommandons ces deux intéressants volumes, non moins qu'aux amis des belles-lettres. (*La Croix*.)

A TRAVERS L'ESPAGNE ET LE PORTUGAL
Notes et impressions, par l'abbé Lucien VIGNERON, du clergé de Paris, officier d'Académie.
Un beau volume in-8. Prix. . . . . 4 fr.

Le livre de M. l'abbé Vigneron est d'agréable lecture et en même temps instructif. C'est l'Espagne vue non seulement par un romancier ou un touriste, mais parcourue et admirée par un artiste et un chrétien. M. l'abbé Vigneron aime les étrangers, cela est un fait, aussi les juge-t-il avec une certaine largeur d'idées bienveillantes qui le protège contre les erreurs et le parti pris du touriste vulgaire. Son livre a dix chapitres. Les deux premiers nous initient immédiatement à la vie espagnole, à laquelle l'auteur, qui sait la langue, sait se mêler dès en arrivant à la frontière. (Revue littéraire de l'*Univers*.)

Du même Auteur :
ENTRE LES ALPES ET LES CARPATHES (Autriche-Croatie-Hongrie)
Un beau volume in-8. Prix. 4 fr.

Le livre de l'abbé Vigneron est des plus édifiants, on peut le recommander à toutes les classes de la société ; il est écrit de verve et d'un style parfaitement correct. (*Polybiblion*.)

DANTE

Etude religieuse et littéraire sur la Divine Comédie
Par l'abbé HENRI PLANET

Un beau volume in-8, orné de huit gravures. Prix. 4 fr.

On parle beaucoup de Dante et de son chef-d'œuvre ; on les cite souvent, mais les connaît-on bien? Que de personnes, même lettrées, n'ont qu'une connaissance bien vague de la *Divine Comédie !* elles se rappellent quelques vers ; elles savent l'épisode de Francesca de Rimini, celui d'Ugolin, quelques autres encore, et c'est tout. Et cependant la *Divine Comédie* est un des chefs-d'œuvre de l'esprit humain, et Dante est en même temps un grand poète et un grand théologien, quoique ses tendances gibelines lui inspirent parfois des jugements regrettables.

Pour bien connaître Dante et son œuvre, nous ne saurions indiquer un meilleur guide que M. l'abbé Planet. Son ouvrage témoigne d'une longue familiarité avec le grand poète italien. Il ne donne ni une nouvelle traduction, ni un nouveau commentaire du poème ; il fait, à notre avis, plus et mieux, en groupant, sous des titres bien choisis, les impressions que lui a procurées une étude approfondie de la *Divine Comédie*. Voici, du reste, la liste de ces titres, qui, mieux que nos paroles, fera comprendre le plan, l'intérêt et l'utilité du travail de M. l'abbé Planet :

« *La nuit terrible : voyage chez les morts. L'enfer. Le purgatoire. Dante régénéré. La mission. Béatrix. Paroles d'un croyant. Orthodoxie de Dante. Le poète. La langue vulgaire. L'imagination. Le sentiment. Epopée et drame. Satire et Comédie. Patriotisme. Le poème de la Vierge. Dante et le pessimisme.* »

(Revue littéraire de l'Univers.)

EN ORIENT

Par le R. P. DE DAMAS

Quatre volumes in-8. Prix. . . . . 16 fr.

On vend séparément :

Voyage au Sinai, 1 volume in-8. . . . . 4 fr.
Voyage en Judée, 1 volume in-8. . . . . 4 fr.
Voyage a Jérusalem, 1 volume in-8. . . . . . 4 fr.
Voyage en Galilée, 1 volume in-8. . . . . . . 4 fr.

Jamais on n'avait écrit sur l'Orient avec autant de vérité, ni réuni tant de précieux souvenirs de ces pays extraordinaires, de ces lieux vénérables et si profondément intéressants. Il semble qu'on les parcoure soi-même avec l'auteur jusqu'à la fin de l'ouvrage.

Le P. de Damas embrasse la matière sous son aspect le plus complet. A chacune des stations de son voyage, il s'arrête à peindre et à décrire et, quand il a mis clairement les choses sous les yeux, il s'élève à des considérations supérieures, à des rapprochements instructifs, à de chrétiennes méditations. Plusieurs de ces pages sont remplies de feu, de doctrine, de réflexions profondes et élevées, de vues remarquables sur le passé et sur l'avenir. On y sent battre le cœur du prêtre, du religieux, d'un homme éminent par l'esprit, et on ne les ferme point sans emporter quelque solide et profitable instruction.

BRETONS ET VENDÉENS

AUTREFOIS ET AUJOURD'HUI

Par G. D'ETHAMPES

Sixième édition. — Un beau volume in-8. Prix . . . . 4 fr.

Récit très intéressant de faits historiques qu'on ne saurait mettre trop souvent sous les yeux des jeunes lecteurs. Que de beaux noms dans cette galerie que l'auteur fait passer sous nos yeux! Cathelineau, Bonchamps, Charette, La Rochejacquelein, Lescure, Elbée, Talmont, Stofflet, noms d'autrefois, et pour plusieurs, noms d'aujourd'hui, et le soin qu'a l'auteur de mettre en regard les femmes de l'Ouest aux deux époques de 93 et de 70 n'est pas l'un des moindres intérêts de son livre. Les Bretonnes et les Vendéennes de nos jours, comme leurs maris, leurs frères et leurs fils, se sont montrées dignes de leurs aïeules, et la France chrétienne a fait voir au monde que la foi et l'amour de Dieu sont les plus puissants mobiles du courage et du patriotisme. Nous recommandons vivement ce livre, l'un des meilleurs à donner comme étrennes et comme prix.   (*Annales catholiques.*)

RÉCITS BRETONS

Par l'abbé A. BLANLŒIL

Un beau volume in-8. Prix . . . . 4 fr.

TABLE DES MATIÈRES. — La Ville d'Is. — Le roi Marc'h. — Le Festin miraculeux. — Gwennola. — Herbadilla. — Notre-Dame du Mûrier. — Une messe des Morts. — Le tombeau d'Almanzor. — La Grotte des Corrigans. — La vengeance de Nomenoë. — Le Combat des Trente. — Jean de Pontorson. — L'Ogresse. — Le Captif. — Notre-Dame du Folgoet. — Saint-Yves. — Meurtre d'Arthur de Bretagne. — Double trahison. — Gilles de Bretagne. — Gilles de Retz.

LES CANNIBALES ET LEUR TEMPS

Souvenirs de la Campagne de l'Océanie
sous le commandant Marceau

Par EUGÈNE ALCAN

Un fort volume in-8. Prix. . . . . 4 fr.

.... Vous ouvrez une mine abondante et précieuse; vous y puisez, pour les faire passer sous les yeux de vos lecteurs, des faits pleins d'intérêt, des scènes dramatiques, des contrastes saisissants, vous mettez en regard « le mal extrême de la barbarie et les sacrifices nécessaires pour l'extirper; les mœurs des cannibales, leurs instincts féroces, et la merveilleuse abnégation des grandes âmes décidées à tout pour tirer les sauvages de l'abime. » En un mot, vous nous montrez la vérité prêchée victorieusement par la charité; ce ne sont pas des fictions, mais des faits réels que vous exposez.

Vos pages ne demeureront pas stériles.

(Extrait d'une lettre adressée par
Mgr l'Evêque de Coutances à l'auteur.)

Histoire de la Vie de Jésus-Christ

RÉDIGÉE AVEC LES TEXTES ÉVANGÉLIQUES

Par G. BOVIER-LAPIERRE

Professeur honoraire de l'Université, Officier de l'Instruction publique,
Membre de la Soc. de linguistique de Paris, Auteur de plusieurs ouvrages classiques.

Un beau volume in-12 de 372 pages, contenant :

**Une carte de la Palestine, un plan de Jérusalem ancienne,
une carte des environs de cette ville,
une vue du Temple**

*Avec les approbations de NN. SS. les Archevêques de Chambéry
et d'Albi et de NN. SS. les Evêques de Grenoble et d'Autun.*

Deuxième édition corrigée et augmentée. Prix, broché, 3 fr. 50.

Voici le jugement porté sur cet ouvrage par Mgr l'Archevêque d'Albi, dans une lettre adressée à l'auteur : « Votre livre est un résumé très complet, très sobre, très méthodique de la vie de Notre-Seigneur Jésus-Christ. Dans les trois premiers chapitres, vous donnez sur la situation géographique, politique et religieuse de la Judée les notions les plus précises, et vous tracez le cadre dans lequel va se dérouler toute la vie du divin Maître. Votre récit n'égare pas le lecteur dans le dédale de la concordance évangélique. Vous avez fait ce travail pour lui et vous ne l'obligez pas à le refaire avec vous. Votre narration, dégagée de ces entraves, court librement, vive, précise, rapide et sagement contenue. Si vous rencontrez au passage une ville ou un lieu célèbre, un personnage, une tradition ou un usage local, vous donnez à l'instant et sans vous arrêter, les indications les plus intéressantes. Ainsi les faits évangéliques, les paraboles, les discours se fondent avec les commentaires, dans une histoire où abondent la lumière, le mouvement et la vie. »

Edition de propagande. — Des ecclésiastiques directeurs de catéchismes de paroisse, des chefs d'institution chrétiens, des supérieurs de communautés religieuses ont exprimé plusieurs fois le plus vif désir de répandre cet ouvrage et de le faire pénétrer dans les familles, en le donnant comme récompense à leurs élèves; mais ils se trouvaient arrêtés par le prix de l'ouvrage.

Cédant à leurs instances, l'auteur et l'éditeur se sont décidés à publier une édition spéciale, au prix le plus bas possible, en en faisant exclusivement une œuvre de propagande religieuse.

Le volume, de format in-8, imprimé sur joli papier, relié en percaline, sera livré au prix de 1 fr. 50, mais par demandes de 25 exemplaires au moins et le port à la charge de l'acheteur.

VIE DE SAINT CHARLES BORROMÉE

Par N. COLOMBEL-GABOURD

Un beau volume in-8, 7 fr. — Edition in-12, 4 fr.

C'est une bien grande et intéressante vie que vous avez eu la bonne pensée d'écrire. Elle édifiera et instruira les fidèles; le clergé la lira aussi avec un vif intérêt. (*Mgr l'Evêque d'Orléans.*)

DOM FRANÇOIS RÉGIS

Fondateur et premier Abbé de la Trappe de Notre-Dame de Staouéli (Algérie)

Par M. l'abbé BERSANGE, chanoine honoraire de Périgueux, Professeur de Rhétorique au Petit-Séminaire de Bergerac.

Deuxième édition (sixième mille). — Un volume in-18 jésus, avec deux photogravures et plusieurs vignettes reproduisant des scènes de la vie des Trappistes. Prix, 4 fr.

Ouvrage béni par N. S. P. le Pape Léon XIII. Recommandé et loué par LL. EE. les Cardinaux Desprez, Lavigerie, Place et Bernadou. LL. GG. NN. SS. les Evêques de Périgueux, de Genève, de Nimes. Le T. R. P. abbé de Melleray, vicaire général de la Congrégation des Trappistes de la Nouvelle Réforme.

L'éloge de ce livre n'est plus à faire. Dès son apparition, notre éminent et très regretté Armand de Pontmartin lui consacra deux de ses *Samedis*. Les mille voix de la presse firent écho à celle de l'illustre critique; et le succès a magnifiquement ratifié les flatteuses appréciations des journaux.

Nous venons simplement signaler la publication de la deuxième édition du remarquable et très intéressant ouvrage de M. l'abbé Bersange. A ceux qui ne l'ont pas lu nous en recommandons instamment la lecture, leur promettant qu'après l'avoir ouvert, ils ne le fermeront qu'à la dernière page.

« *C'est, à mon avis, la perfection du genre,* écrivait naguère à l'auteur Mgr l'évêque de Périgueux. — Vous avez le talent de vous faire oublier en donnant à votre style ces qualités si rares de simplicité, de sobriété et de naturelle élégance, qualités d'autant plus précieuses qu'elles charment sans qu'on s'en aperçoive. »

Et encore :

« Peu soupçonnent les relations du R. P. dom François Régis avec les plus hautes célébrités contemporaines, et beaucoup, je l'imagine, seront fort étonnés de rencontrer dans votre livre cette galerie de grands hommes, tous pleins d'estime et de vénération pour le premier abbé du monastère africain, la plupart unis au pauvre moine par les liens de la plus douce et parfois de la plus délicate intimité. Quels noms que ceux de Soult, de Bugeaud, d'Horace Vernet, de La Moricière, de Vaillant, de Randon, etc.! pour ne parler que des morts.... Il n'y a pas jusqu'à cette mâle et naïve figure du colonel Marengo, qui ne soit une preuve de la profonde sympathie que la religion inspire. Abd-el-Kader lui-même n'échappe pas à cette influence, et a sa place marquée dans le tableau. Les grandes âmes, sous le froc comme sous les armes, se devinent et s'attirent. »

Nous avons reproduit ces lignes de l'éminent évêque parce qu'elles nous paraissent admirablement définir et les qualités littéraires de l'auteur et le caractère religieux et guerrier qui lui donne comme une saveur d'épopée chrétienne.

Ajoutons qu'au point de vue de l'élégance typographique, cette deuxième édition, ornée de deux héliogravures et d'intéressantes vignettes, ne le cède en rien à sa devancière. Le *Dom François Régis* de M. Bersange est à tous égards un bon et beau livre.

(Gazette de France.)

LES JEUNES SAINTS

Par l'abbé CHOULLIER, du clergé de Paris.

Un volume in-12. Prix, 3 fr. — Un volume in-8. Prix, 4 fr.

Voici un livre nouveau vraiment recommandable.

M. l'abbé Choullier a eu l'excellente idée de réunir en un seul volume la vie des jeunes saints, et son livre répond à un véritable besoin.

Plusieurs des vies que renferme ce volume sont publiées pour la première fois en français. Pour les autres, l'auteur a su les rajeunir. Si, pour le fond, il s'est heureusement inspiré des premiers hagiographes, puisant aux meilleures sources, comme l'indiquent les nombreuses notes dont son texte est accompagné, il a su donner à son œuvre une forme intéressante, de sorte que son recueil convient non seulement aux enfants, mais aussi aux jeunes gens et aux étudiants. Les uns et les autres y trouveront à la fois intérêt et édification.

M. l'abbé Choullier a voulu avant tout présenter des modèles à ses jeunes lecteurs. Il le fait sous une forme neuve et attrayante. Il y a là tel récit dont les péripéties sont fort émouvantes.

Les pères de famille, les chefs d'institution, les directeurs de catéchisme cherchent souvent des ouvrages qu'ils puissent mettre avec profit entre les mains des enfants. En voilà un, et des meilleurs, qu'ils pourraient choisir. *(Univers,* 22 novembre 1889.)

HISTOIRE DE SAINT VINCENT DE PAUL

D'APRÈS LES DOCUMENTS LES PLUS ANCIENS ET LES PLUS AUTHENTIQUES

Par M. le vicomte DE BUSSIÈRES

Edition revue et corrigée par l'auteur. Deux forts volumes in-12 approuvés par S. G. Mgr l'Evêque d'Arras. Prix, 4 fr.

Il n'est pas plus besoin de recommander cette Vie de saint Vincent de Paul que de l'analyser : les éditions qui en ont été faites depuis l'époque de sa première publication, témoignent du succès qu'elle a rencontré près du public catholique. Aussi bien d'ailleurs, c'est une des meilleures que nous connaissions, et, même après les derniers travaux dont saint Vincent de Paul a été l'objet, nous avons relu avec un intérêt ininterrompu les deux volumes dans lesquels M. de Bussières a raconté avec tant de charme et tant de foi la vie de ce grand serviteur de Dieu.

(Le Monde, 26 avril 1884.)

VIES DES SAINTS POUR CHAQUE JOUR DE L'ANNÉE

Précédées des Martyrologes romain et français, et des discours sur les Mystères de Notre-Seigneur Jésus-Christ et de la très sainte Vierge

Par le P. GIRY

Nouvelle édition revue avec soin par M. l'abbé GUILLAUME, et approuvée par Mgr l'Evêque de Verdun.

Quatre volumes in-8. Prix, 20 fr. — Quatre volumes in-12. Prix, 12 fr.

Nous nous sommes appliqués à choisir, pour chaque jour, une vie intéressante et populaire, et tout en abrégeant quand il y avait lieu, nous avons conservé le style du pieux écrivain. Pour que la brièveté n'empêche pas le lecteur de posséder une idée complète des annales de la sainteté, nous avons eu soin de placer, en tête de la notice quotidienne, le *Martyrologe romain* et le *Catalogue des Saints de France.* C'est un avantage tout particulier de notre publication.

www.ingramcontent.com/pod-product-compliance
Lightning Source LLC
LaVergne TN
LVHW020613060726
842526LV00003B/716